版权声明

Working Well with Babies: Comprehensive Competencies for Educators of Infants and Toddlers, 1st Edition by Claire D. Vallotton, Holly E. Brophy-Herb, Lori Roggman, Rachel Chazan-Cohen.

Copyright © 2021 by Claire D. Vallotton, Holly E. Brophy-Herb, Lori Roggman, Rachel Chazan-Cohen. Published by arrangement with Redleaf Press c/o Nordlyset Literary Agency through Bardon-Chinese Media Agency.

Simplified Chinese translation copyright © 2023 by China Light Industry Press Ltd. / Beijing Multi-Million New Era Culture and Media Company, Ltd.

ALL RIGHTS RESERVED

保留所有权利。非经中国轻工业出版社"万千教育"书面授权，任何人不得以任何方式（包括但不限于电子、机械、手工或其他尚未被发明或应用的技术手段）复印、拍照、扫描、录音、朗读、存储、发表本书中任何部分或本书全部内容（包括但不限于光盘、音频、视频等）。中国轻工业出版社"万千教育"未授权任何机构提供源自本书内容的电子文件阅览、收听或下载服务。如有此类非法行为，查实必究。

Working Well with Babies:
Comprehensive Competencies for Educators of Infants and Toddlers

0—3岁婴幼儿教师指导手册

[美] 克莱尔·D. 瓦洛顿（Claire D. Vallotton）
霍莉·E. 布罗菲-赫布（Holly E. Brophy-Herb） 著
洛丽·罗格曼（Lori Roggman）
蕾切尔·查赞-科恩（Rachel Chazan-Cohen）

何敏 李静 范宇 译

中国轻工业出版社

图书在版编目(CIP)数据

0—3岁婴幼儿教师指导手册/(美)克莱尔·D.瓦洛顿(Claire D. Vallotton)等著;何敏,李静,范宇译.—北京:中国轻工业出版社,2023.10
ISBN 978-7-5184-4178-5

Ⅰ.①0… Ⅱ.①克… ②何… ③李… ④范… Ⅲ.①幼教人员-能力培养-手册 Ⅳ.①G615-62

中国版本图书馆CIP数据核字(2022)第205926号

责任编辑:牟　聪
策划编辑:高　君　　　　责任终审:张乃柬
责任校对:刘志颖　　　　责任监印:吴维斌

出版发行:中国轻工业出版社(北京东长安街6号,邮编:100740)
印　　刷:三河市鑫金马印装有限公司
经　　销:各地新华书店
版　　次:2023年10月第1版第1次印刷
开　　本:787×1092　1/16　印张:16.75
字　　数:280千字
书　　号:ISBN 978-7-5184-4178-5　定价:58.00元
读者热线:010-65181109,65262933
发行电话:010-85119832　传真:010-85113293
网　　址:http://www.chlip.com.cn　http://www.wqedu.com
电子信箱:1012305542@qq.com
如发现图书残缺请拨打读者热线联系调换
220191Y1X101ZYW

译 者 序

自2019年起,我国新一轮的0—3岁婴幼儿托育事业建设开启了航程。国家紧锣密鼓地出台了一系列相关的政策、标准。如何将这些始于良好意愿、希望解决托育现实问题的政策、标准"落地"?当然是要仰赖提供托育服务的众多专业工作者。陪伴、照护、指导婴幼儿的工作并非如常言所说的"看孩子"那么简单,也并非谁都可以轻易胜任。相反,要做好这项工作,不仅要付出体力、精力,还需要具备认真、细致、敏锐、好奇、反思、调整等多种能力与素养,可以说是相当具有"挑战性"。

3岁以下婴幼儿的基本生理需要依赖成人来满足,他们的语言尚在习得过程中。他们用表情、姿态、声音及动作等非言语方式来表达多样化的需求,需要照护者捕捉、解读、支持与满足。家庭中的照护者(父母及其他亲人)对小宝宝有天然的亲情,常可本能地感知其各种需要,较敏锐地做出反应,也愿意投入时间、精力和耐心与其互动。而在托育机构中,照护者(教师)与婴幼儿没有生物学关联,不像在家庭中成人和儿童是一对一甚至多对一的关系,而是一名成人负责照顾多名婴幼儿。在这样的条件下要保证托育的质量,教师不仅需要兼顾多名婴幼儿的不同特点及需要,还要将精力、时间进行分割,因此要与多个婴幼儿的家庭建立良好关系,进行持续、有效的沟通,可谓任务重重。教师需要先与婴幼儿及其家庭建立信任、互助的关系,然后在此基础上给予婴幼儿尊重和回应性照护。以此为轴心,婴幼儿教师需要具备多种素养。这些素养是什么?教师通常已经具备了什么?如何习得、提高这些素养?它们怎么体现在具体的一日工作中?很多婴幼儿教师可能对此知之一二,却不完全了然于胸。

深谙0—3岁婴幼儿教育理论和实践的美国同行,于2021年出版了本书的英文版,系统地阐述了婴幼儿教师的"开展反思性实践""建立并支持关系""与家庭协作并提供支持""引导婴幼儿的行为""支持婴幼儿的发展和学习""评价行为、发展和环境"等九大专业素养(本书的第二至十章),并从知识、技能和态度倾向三个方面分门别类又相互关联地加以阐述,不仅有实例,还有概念化、结构化的框架,为我们提供了清楚、及时的参考。

以"开展反思性实践"为例,当一个婴儿把东西放进嘴里时,这意味着什么?他是想吃这个东西吗?如果他放进嘴里的东西不是食物、不干净,还有卡住喉咙的危险,那么教师可能对他说:"你不能吃这个东西,不要把它放到嘴里,它是脏的,会使你生病。"如果婴儿不听,那么教师可能会出手制止,并强调:把东西放进嘴里是一个不受欢迎的行为,无论什么时候都不要把不能吃的东西放进嘴里,不然会受到惩罚。这样一来,气氛变得紧张,小婴儿可能还会哭起来。从婴儿的角度,把东西放进嘴里更多的时候不是想要"吃"它,而是用自己的嘴巴来探索这个物品,用自己的方式来了解一个有趣的物品。这是非常正常的探索需要!教师应该理解婴幼儿,懂得他们的好奇心和探究方式,同时顾及可能的危险,对他们说:"你对这个有兴趣啊!你想尝尝它是什么味道的,啃起来怎么样,是不是?但是,为了保证清洁和安全,我们换一个干净的、大一点的东西来啃,好不好?"这样一来,婴儿和成人都会感到舒服、满意。

在上述情境中,涉及的反思性实践知识是"婴幼儿的所有行为都有意义,受到生理、人际关系及更广泛的环境的影响";相关的技能有"回应前先暂停",以及"客观、清晰、详细地观察和描述"——他把玩具放到嘴里啃,好像这个东西的味道很好;相关的态度倾向为"对自己和他人的内心生活感到好奇""对他人的观点保持开放性态度"——他究竟为什么会把味道并不好的物品啃得有滋有味呢?显然不是出于进食的需要,那是什么样的需要呢?当教师忙于手头事情时,大概没有心情想太多,因此对教师的促进性条件包括"教师有时间、空间照顾身体和满足个人需求",因为只有处于舒适自在的状态,教师才能静下心来了解婴幼儿的需求——他啃味道并不好的东西是因为缺乏安全感,是因为他长牙时痒得想磨牙,还是因为好奇?也就是说,要给予婴幼儿高质量的照护,教师不仅要对他们进行长期的观察、思考,还要了解"自己知道什么,相信什么,看重什么,喜欢什么,还想知道什么,什么让自己感到自在、舒服"等。

作者将影响各项专业素养的促进性条件列出来,让大家既能更清楚地意识到怎样将科学的理念应用到托育实践中,又能体悟到作者将托育工作放于社会生态、文化环境的思路。比如,要保证高质量的师幼互动,一个必要的条件是有合理的师幼比。这涉及托育机构的规划、建筑空间、管理、运营、人工成本以及定价等现实问题,需要多方核算、协调。再如,婴幼儿教师需要不断地对实践中的问题进行研讨,因此园方最好能提供一定的带薪研讨机会和带薪培训机会,并配备领导、指导、辅导人员等支持他们。婴幼儿教师不仅事务繁多，还常常要与婴幼儿及其家长共情，因此自身容易出现情绪情感问题，需要个别化的心理咨询和心理调适方面的帮助。此外，婴幼儿教师要应对多元化的家庭，与搭档进行协作，以及与其他同行和领导相处等。因此，他们需要多种多样的支持。这也体现了本书作者的观点：为了真正地落实对婴幼儿的支持，与托育有关的整个社会体系都要支持婴幼儿教师的工作。

婴幼儿教师的工作很重要，但不能把这一重要而巨大的责任全部压在他们身上。作为保证托育质量的核心人员，婴幼儿教师有质量、高质量地开展工作需要园所提供支持性、促进性条件，还需要整个社会、政府在资金、政策等多个方面的支持。

本书的第一章就开宗明义地指出了0—3岁婴幼儿教师的定位。在宏观上，作者将托育事业放在生态系统与文化脉络之中，倡导创设有益的生态环境，多方面支持婴幼儿教师专业素养的形成。在微观上，本书强调婴幼儿教师与婴幼儿的信任、亲近关系，重视日常生活过程中的互动和婴幼儿的游戏。对这个年龄的儿童而言，保育、照护是基础，但不能仅仅满足于此，更应以尊重、回应的方式在日常生活中有效地促进、支持婴幼儿的发展。从这个意义上说，0—3岁婴幼儿教师是"大脑的建构师"，他们的工作比"火箭工程师还有难度"。从重视、肯定、支持的角度界定这项工作，有利于全社会对托育的重视，也更能让婴幼儿教师感受到自己工作的意义和价值，以激励他们谦虚实干，持续学习，提高自身素养，更有质量地开展工作，培育我们珍视的小宝贝们。

为便于读者阅读、自学、自评，本书作者不仅提供了内容翔实的附录，还配备了本书的使用指南和补充材料，读者扫描书中的二维码即可学习使用。

本书不仅可供婴幼儿教师个人阅读，还可用于集体共学。园所创办者、管理者、更高一级的行政管理人员能够从本书中找到支持、培养婴幼儿教师的方向和策略，师资培训人员能够从中得到启发，婴幼儿的父母及其他关注托育或家庭养育的人士也能学习使用。

步入后计划生育时代，出生率持续走低，整个社会似乎慢慢发现，以往由"婆婆、妈妈"承担的无休无酬的婴幼儿养育工作并非"小事一桩"，反而有意想不到的繁杂、辛劳，而将其转为公共事业更具复杂性和挑战性，需要得到更多的支持。

愿本书的出版能够帮助与婴幼儿打交道的各界人士把握思路，一点一滴踏实践行，共同铸就早期教育的专业品质；也期望我们将来能够根据自身的文化传统和对婴幼儿的独特理解，研究、整理出系统的适合我国婴幼儿从业者的读本。

本书的前言和第一、三、五、六、七、九章由何敏翻译，第二、四、八、十章由李静翻译，附录A、B由范宇翻译，最后由何敏进行统稿。虽努力做到译文准确、通顺，但肯定还有不足之处，恳请读者斧正！

何敏

2023年3月于华东师范大学中北校区

致　　谢

我们真诚地感谢支持本书完成的每一个个体。首先，衷心感谢"婴幼儿教育教学促进会"（Collaborative for Understanding the Pedagogy of Infant/Toddler Development，CUPID）。它是一个由50多位研究婴幼儿发展、保育和教育的科学家、教育者组成的团体，旨在促进婴幼儿保育与教育实践者的职前、职后教学与培训，从而支持婴幼儿保教从业人员。我们的最终目的是支持婴幼儿保育与教育领域的高质量实践。本书致力于为相关的教学、培训提供基于研究和标准的资源。"婴幼儿教育教学促进会"的多位成员为本书观点的形成和组织架构做出了贡献，他们在婴幼儿保育与教育方面的研究、教学、主张，启发、激励我们完成本书。以下是对本书的写作、编辑有直接贡献的几位成员：

- 琼·伊斯帕（Jean Ispa），协助完成"婴儿、学步儿的教师"和"引导婴幼儿的行为"两章的写作；
- 吉娜·库克（Gina Cook），协助完成"婴儿、学步儿的教师"和"开展反思性实践"两章的写作；
- 卡利·德克尔（Kalli Decker），协助完成"支持婴幼儿的发展和学习"一章的写作；
- 玛丽安·富萨罗（Maria Fusaro），协助完成"支持婴幼儿的发展和学习"一章的写作；
- 卡拉·彼得森（Carla Peterson），协助完成"接纳需要额外支持的婴幼儿及家庭"一章的写作；
- 朱莉娅·托尔夸蒂（Julia Torquati），协助完成"领导、指导与辅导"一章的写作。

我们对那些在婴幼儿教育实践领域的同行深表羡慕与感激，从他们那里我们获得了灵感，与他们的交流充实了我们的研究和实践。最后，我们非常感谢那些富于献身精神的婴幼儿教师和慷慨的家长，以及一直探索婴儿、学步儿的密西根州立大学儿童发展实验室，他们允许我们观察、记录他们的工作，并允许我们在本书中使用相关实例和图片。

目 录
Contents

第一章　婴儿、学步儿的教师 ………………………………………… 1
　　为何聚焦于婴幼儿？大脑、依附性和关系 ………………………… 3
　　早期教育领域中婴幼儿保育的缺位 ………………………………… 4
　　如何看待 0—3 岁婴幼儿及其教师 …………………………………… 5
　　本书的结构与使用方法 ……………………………………………… 6
　　九大专业素养 ………………………………………………………… 9
　　各章的架构 …………………………………………………………… 11
　　附加资料 ……………………………………………………………… 11

第二章　开展反思性实践 ………………………………………………… 13
　　知识 …………………………………………………………………… 15
　　态度倾向 ……………………………………………………………… 21
　　技能 …………………………………………………………………… 22
　　回顾与展望 …………………………………………………………… 33

第三章　建立并支持关系 ………………………………………………… 35
　　知识 …………………………………………………………………… 37
　　态度倾向 ……………………………………………………………… 43
　　技能 …………………………………………………………………… 45
　　回顾与展望 …………………………………………………………… 59

VII

第四章	与家庭协作并提供支持	61
	知识	63
	态度倾向	70
	技能	71
	回顾与展望	85

第五章	引导婴幼儿的行为	87
	知识	89
	态度倾向	98
	技能	99
	回顾与展望	115

第六章	支持婴幼儿的发展和学习	117
	知识	119
	态度倾向	129
	技能	130
	回顾与展望	148

第七章	评价行为、发展和环境	149
	知识	151
	态度倾向	161
	技能	162
	回顾与展望	167

第八章	接纳需要额外支持的婴幼儿及家庭	169
	知识	171
	态度倾向	179
	技能	180
	回顾与展望	185

第九章	领导、指导与辅导	187
	知识	189
	态度倾向	195
	技能	197
	回顾与展望	202

第十章	专业化发展	203
	知识	205
	态度倾向	213
	技能	213
	回顾与展望	220

附录 A	婴幼儿在每个领域的发展顺序（DVL-K2）	223
附录 B	行为与发展中的危险信号和错误警报（DVL-K4）	239
全书参考文献		253

第一章 婴儿、学步儿的教师

——与吉娜·库克、琼·伊斯帕合著

关于儿童发展的科学描绘了一幅清晰而关键的图景：一名儿童在3岁时的表现可以预示他今后入学时及此后一生的状况。一个人的早期经验为其将来怎样学习、如何与人交往奠定了基础。到3岁时，儿童大脑的复杂性、掌握的词语、与成人和同伴建立关系的方式等展现出巨大的变化。在这些方面上的差异，部分源自儿童天生具备的特质，也在很大程度上取决于他们自出生以来与成人相处的经验。

各种证据不断地表明人生最初的3年是一个独特的发展时期。这一时期的婴幼儿经历了大脑的高速发展，他们极其依赖与周围成人的关系，对所处环境的质量高度敏感。在这样一个成长的关键时期，多数美国婴儿（18个月以下）和学步儿（18个月—3岁）会在家庭之外的场所里度过每一天，其中至少有三分之一的婴幼儿会进入托育机构。对于接受托育服务的婴幼儿来说，40%的婴幼儿每周要在家庭之外的托育机构里待35小时或更长时间，如果以小时来计算的话，就是每年1800小时。试想，一个很小就入托的儿童在机构里遇到一名高素质的教师和一名只是满足其基本需求却不具备真正支持其发展的技能、知识与态度倾向的成人，二者所带给他的保育与教育经验累积起来该会有多大的差异。

在人生最初的这几年，儿童给陪伴他们的成人一个绝好的机会，通过这个机会，成人可以对儿童各方面的发展产生长期的影响。在2008年，经济学家詹姆斯·赫克曼（James Heckman）强调，投资婴幼儿的高质量教育，将很可能获得长期的社会经济回报。由此，家长（指与孩子有持续关系的人，由此来界定家庭成员角色，不管他们与孩子是否有生物学或法律上的亲子关系)、教师和政策制定者对婴幼儿的保育和教育更加关注。在过去的几十年，学前阶段（3—4岁）被当作"入学准备"的阶段。现在，婴幼儿阶段成了入学准备的"新前线"。教育者、研究者努力推动早期保育和教育工作者的专业化程度，明确界定婴幼儿的"学习"目标，为婴幼儿阶段的入学准备提供最好的实践指引方向。比如，在2010年，全美只有31个州制定了专门针对婴儿和学步儿的"早期学习指南"，到2013年，则有45个州制定了此类指南，并有28个州对婴幼儿教师提供了具体的资格认证。这在专业学位或资格认证方面，提高了对以婴幼儿为工作对象的教师的要求。

当关注这个年龄阶段的儿童时，我们必须谨慎地考虑是否可以将为年龄较大的儿童制定的指南框架简单地下移并应用于婴幼儿教育。事实上，对婴幼儿发展成效和优质实践的重新定义，可以上推至3—4岁儿童的教育中。许多学前儿童的发展指南着眼于整合小学生的学习与发展指南。其实对学前儿童有利的是适用于年龄较小的儿童的教育实践——注重关系和互动质量，与儿童发展的其他领域、探索和游戏相关联。

在本书中，我们将使用"教师"（或"教育者""实践者"）来指那些有意于支持婴幼儿发展与学习的人，不管他们是否有其他的专业称谓。我们将小于3岁的孩子称为"婴幼儿"，哪怕他们能说会走，也仍然具有柔弱、易受伤害、特别依赖与成人的关系等特性。本书可供渴望学习更多优质的婴幼儿保育和教育知识、技能及态度倾向，并希望发展成专业人士的从业者使用，也可作为预备以婴幼儿及其家庭为工作对象的学生的课程教科书。本书主要针对集体托育机构（托育中心和家庭式托儿所）的工作者，图1.1有助于我们理解婴幼儿照护者的多重角色，包括婴幼儿教师、家庭访问员/家长教育者（指进入家庭中指导婴幼儿父母或其他家庭成员的专业人士），以及家庭指导员（指为家庭提供儿童教育、亲职教育及家庭生活指导的专业人员）。其中的每个角色都需要具备一些共有或独有的素养。本书聚焦于帮助这类人员发展所需要的素养——知识、态度倾向和技能，以帮助婴幼儿教师通过直接照护婴幼儿来保证他们健康幸福地成长。

图1.1 婴幼儿照护者的交叉角色和能力

为何聚焦于婴幼儿？大脑、依附性和关系

为什么以婴幼儿为工作对象的教师需要特殊的素养？0—3岁儿童有什么特殊之处？第一个原因是大脑的发育具有特殊性！人类的大脑在出生后的前三年比其他任何生命时期都发育得快。如此迅速的成长使大脑容易受到经历的影响。0—8岁儿童很容易受负面经历的伤害，同时很容易从正面经历中获益。这个时期的发展对儿童将来的幼儿园、小学及终生发展都起到奠基作用。

第二个原因是出生的前三年非常独特，这个时期的儿童不仅在安全和基本生活方面完全依赖成人，在情感联结与认知触发方面也依赖成人，非常需要教师具备特殊的素养。小婴儿依靠我们感知自己的需求，根据他们提供的微小提示做出恰当的解释，这样我们才能代表他们发声，并进行交流。因为0—3岁婴幼儿还不会解释自己的需求，并且需要身边的重要成人与其交流关于他们的经验、行为和需求。在婴幼儿身边的重要他人包括：父母（不管是否有生物学或法律上的亲子关系，只要是事实上承担父母角色的成人即可）和其他家庭成员、其他照护者（任何与婴幼儿保持持续关系、照护他们的成人）、教师，以及其他专业人员。

第三个原因是在这段特别的时期，婴幼儿的大脑发育是由关系来塑造的。在第三章中，你可以了解到，好的照护关系能够为婴幼儿提供安全感，这样他们才能够全身心地探索周围的环境。探索对婴幼儿来说很重要，因为它可以促进婴幼儿的肌肉和认知发展。此外，婴幼儿与成人的情感联系能够为他们的大脑提供重要刺激，特别是在理解他人（比如发展共情能力）、发展对自己的感觉（自我价值感），以及表达和控制情绪情感等方面。这些都是与世界相处的基本技能。

由于生命前三年中的脆弱性和机遇——大脑的快速发展、儿童对成人的完全依靠，以及人际关系的关键作用——婴幼儿教师需要基于知识、技能和态度倾向的特殊素养，以保证完成高质量的保育和教育工作。

早期教育领域中婴幼儿保育的缺位

促使我们关注婴幼儿教师素养的另一个原因是，目前在教育部门或认证机构颁布的指南中，对与0—3岁婴幼儿相处的教师素养的专门说明寥寥无几。在大多数文件中，对婴幼儿教师素养的说明都包含在幼儿教育阶段（3—5岁），甚至0—8岁儿童教育阶段的教师素养说明里。教育对象的年龄跨度如此广泛，意味着与0—3岁婴幼儿相关的教师素养得不到重视。

由于以下多种原因，婴幼儿及其教师在早期教育领域中缺失了应有的位置。
- 如果说"教育"从5岁开始，那么早期教育就应该从3岁开始。
- 为5岁及以上儿童提供的教育服务属于公共教育，由公费支付；为5岁以下儿童提供的教育服务的经费则由家庭负担，除非儿童在早期阶段需要特殊教育或参加其他早期干预计划（如因家庭贫困而得到资助）。
- 以婴幼儿为对象的工作被认为是低技术工作（普遍用词是"看孩子"），而且主要由女性来承担。

- 许多与婴幼儿及其家庭相关的专业工作者（如医学工作者、公共卫生从业人员及社会工作者）的培训中都没有儿童发展或早期教育方面的内容。

在本书中，我们认为面向婴幼儿及其家庭开展的工作既有保育，也有教育，是社会中最复杂、最有挑战性的工作。本书聚焦于婴幼儿教师的素养培养，不仅包括集体托育机构中的婴幼儿教师，也包括家庭访问员，以及许多涉及婴幼儿及其家庭的专业工作者。本书所关注的教师素养也是这些专业工作者的基础素养。

如何看待0—3岁婴幼儿及其教师

发展性和情境性构成了我们看待婴幼儿保育和教育的基本概念框架及思路。这基于儿童发展的科学研究，以及强调发展受儿童生活的多种情境所影响。我们对婴幼儿及其教师的上述理解基于以下三个信念：第一个信念是，出生后前三年的发展对人的一生发展都是独特而重要的；第二个信念是，早期的发展需要有回应性的照护关系；第三个信念是，主动参与活动，探究周围的物质及社会环境，对婴幼儿来说是最好的学习。这些信念有理论和研究结果的支持，基于到目前为止对婴幼儿保育和教育的最佳实践的思考。

根据发展理论，关系是早期发展的最基本、最重要的环境。心理学家尤里·布朗芬布伦纳（Urie Bronfenbrenner，2005）把婴幼儿和照护者放在了影响婴幼儿发展的重要关系背景的靶相图的核心位置，以表明其重要性（见图1.2）。阿诺德·舍莫夫（Arnold Sameroff，2009）指出，婴儿期的生活强调"我们"而非"我"。这些关系内嵌于社区、文化及社会情境中，影响着儿童的发展指向与目标。它们渗透于婴幼儿的每日生活流程、游戏性互动及其他有助于婴幼儿了解世界的方式之中，教师和家长在其中推动着发展目标的达成。

依恋理论强调，婴幼儿与父母及其他照护者的亲密关系，是其建立探索世界的信心、学习及与他人互动的重要基础。著名的依恋理论提出者和研究者约翰·鲍尔比、玛丽·安斯沃斯（John Bowlby & Mary Ainsworth）将依恋或婴幼儿与照护者的独特人际联结（父母或其他人）视为婴幼儿持续终生的爱和良好情感的来源。婴幼儿在关系中的安全感给予他们探索世界的信心。著名的心理学家让·皮亚杰（Jean Piaget）将婴幼儿的感知运动式的探索看成是人类智力的起源，大大地扩展了我们对婴幼儿认知发展的理解。我们将

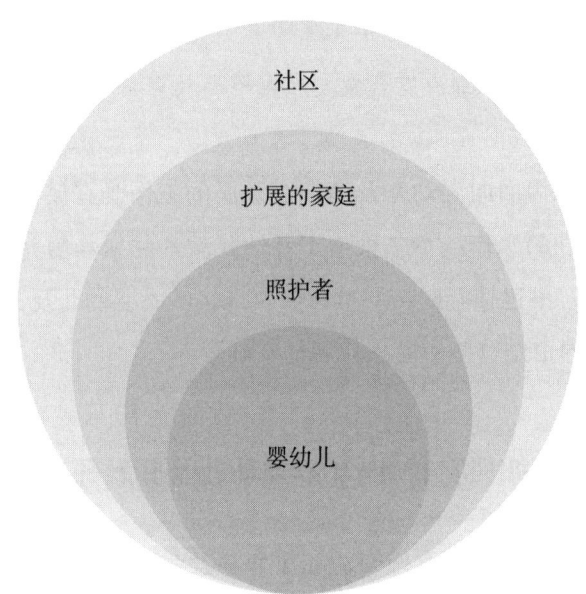

图 1.2　影响婴幼儿发展的重要关系背景

在第三章中分享关于早期照护关系的重要性的更多实例,并且在第六章中阐述婴幼儿如何认识自己的相关内容。

在多种文化中的大量研究显示,与照护者形成安全依恋的婴幼儿比没有形成安全依恋的婴幼儿,更有可能探索新的环境,发展良好的交流技能,控制自己的情绪和行为。这些技能帮助他们在今后与同伴建立积极的关系,在学校里获得学业成功,最终成为负责任的成人。他们能够与伴侣建立稳定的亲密关系,与子女形成温暖、有回应性的关系。虽然在早期阶段缺失的回应性照护在稍晚时获得也能有所裨益,但是如果在最初的生活中就享有(与家庭成员及托育机构人员)回应性照护,那么儿童的发展将更顺畅。回应性照护能够支持婴幼儿的探索,指导他们理解亲密关系的作用,以及世界怎么运转。这就是家长、教师对婴幼儿发展如此重要的原因,也是我们撰写本书的原因。

本书的结构与使用方法

本书聚焦于正在或将要以 0—3 岁婴幼儿及其家庭为工作对象的教师。本书的核心内容是,在高质量的、为婴幼儿提供发展性支持的机构中,教师所需要具备的各项素养及其培育。我们所列出的这些素养与国家颁布的其他早期教育者的素养共同构成早期教育者的素养框架,并且将作为其专业化发展的目标。

如图1.3所示,我们聚焦于三大方面——知识、态度倾向和技能,将其中包含的多个内容分为9个不同的领域(见图1.4)。换言之,我们会描述你所需要知道的、促进高质量早期保育和教育的态度、价值观念和做法,以支持你成为高效的婴幼儿教师。

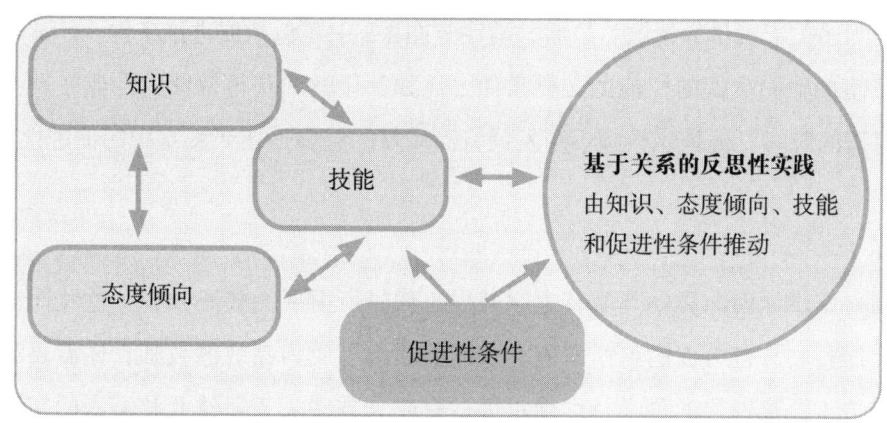

图1.3 专业素养影响实践

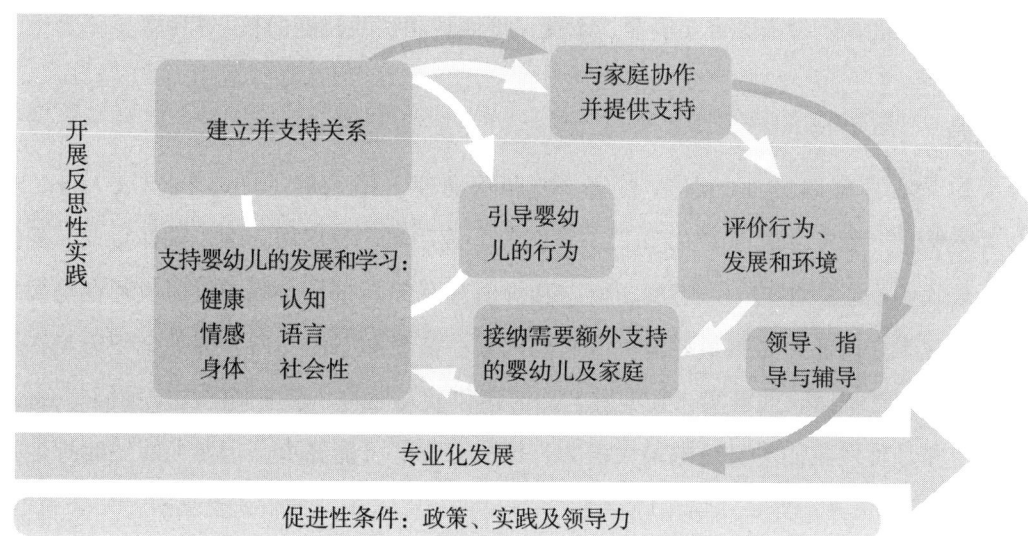

图1.4 婴幼儿教师必备的专业素养

正如图1.3所示,知识、态度倾向和技能都会影响我们与婴幼儿及其家庭相关的实践。图中知识和态度倾向之间的双向箭头表示这两者相互影响。我们的态度倾向——信念、态度和价值观,会影响我们对新的知识、技能的接纳程度。同样,当我们掌握新的知识、技能后,态度倾向也可能会改变。良好的知识储备和态度倾向有助于我们掌握新的技能。

技能和基于关系的反思性实践之间的双向箭头代表它们相互影响。当技能运用于实践时，技能会变强，更容易运用于不同的情境。当阅读本书的后续章节时，你将会注意到当阐述技能时，我们也会描述基于关系的反思性实践与这些技能之间的关系。反思性实践和基于关系的实践是与婴幼儿及其家庭工作时保证高质量的基本点。本书的第二、三章将会更多地阐述关于质量的话题。最后，请注意图1.3中还包括促进性条件——那些使教师能够练习使用他们掌握的技能的必要条件。比如，让教师获得持续的专业发展，给予他们准备课程的时间，就是让教师不断发展将高质量的经验运用于教室中的促进性条件。

知识

本书将提供你面向婴幼儿及其家庭开展工作时所需要的核心知识。这些知识来自儿童发展、保育和教育方面的科学研究。我们关注为了成为高效的教师，你需要深刻理解的知识。关于儿童发展的科学持续地扩展，有越来越多关于婴幼儿和家庭的知识，本书不可能都涉及。因此，在有些领域，我们会提供加深理解所需要的资源。如果你系统地阅读本书，到最后你会获得建立信念、态度、价值观和实践技能的核心知识。

态度倾向

婴幼儿心理健康方面的学者杰瑞·波和玛丽亚·圣约翰（Jeree Pawl & Maria St. John）提醒说，当与婴幼儿在一起时，"我们怎么做"与"我们做什么"同样重要。我们怎么做与我们的态度倾向——态度、信念和价值观有关，它是支持或阻碍教师在与婴幼儿及其家庭工作时能否做到最好的一个重要因素。信念和态度受所掌握的知识影响，但是它们不同于理解经验性事实，其本质上是情感和个人化的。态度倾向决定我们怎么做、做什么，并且促使我们尽自己的最大努力。比如，我们可能知道，当婴儿啼哭时把他抱起来，是最快止哭并培养婴儿情绪调节能力的最有效办法，但是我们仍然会有"一哭就抱"会宠坏孩子的担心。另外，我们也许知道要适应婴幼儿的需要，并且要提供略多于他们需要的支持，这是成人的法律及道德责任，但是这与我们在一群年幼的学习者当中重视每个儿童独特性的价值又有所不同。通过已有的研究可知，本书中描述的许多态度倾向都与高质量的早期教育实践及优秀的教育成果有关，另一些则是早期教育专业组织提出的关于道德和价值观的建议。不过本书没有描述那些与认知直接相关的态度倾向。在后续的每章中，我们都会阐述该章所涉及的态度倾向，在"回顾与展望"部分，我们会邀请你思考自己的态度倾向，以及它们如何影响你的工作。

技能

技能是指你为了实施高质量的反思性实践所要做的行为。它包括你运用知识采取的行动，以及根据具体情境进行的调整。本书如何帮助你形成开展高质量实践所需要的技能呢？学习理论家约翰·杜威（John Dewey，1933，p. 78）曾说过一句相关的名言："我们不是从经验中学习，而是从对经验的反思中学习。"在本书配套的《0—3岁婴幼儿教师指导手册使用指南》中，我们提供了一些自我评估、反思、实践和发展专业素养的具体方法。这个指南将指引你评估自己的能力，反思自己的实践，建立对自己和他人的觉察，从而促进你建立新的目标，寻找机会来练习你想发展的技能。

促进性条件

最后，我们会描述提升教师的技能和基于关系的反思性实践的促进性条件。促进性条件不指向个体教师，而是指向托育机构（托育中心、早教机构）的安排。教师可能有计划的能力、有高质量的保育经验，但是如果没有促进性条件，那么他们不能将其运用于教育实践，也无法持续地发展相关技能。促进性条件通常是保育和教育方面的政策及管理支持，它们可以促进教师发展自身的能力，并且将技能运用于有效的、高质量的反思性实践。虽然教师个体可以倡导支持其开展高质量实践的变革，但建立促进性条件的责任人是机构的领导者和监管者。促进性条件在每章的开始部分都会有所说明，以便领导者（管理者、指导者、监管者和辅导教练）能够容易找到，并理解他们应该怎样做才能支持教师为婴幼儿提供高质量的体验。补充材料1.1中列有促进性条件的条目，机构的管理者可以依据这些条目来评估机构中的促进性条件，并建立新的目标，以推动婴幼儿教师发展和运用其素养。

补充材料1.1

九大专业素养

支撑婴幼儿教师的高质量工作所需的九大专业素养，以图1.4所示的方式相互关联。最左边的开展反思性实践为开端。整个素养图以一个大的箭头背景来表示，因为目前所及的内容只是开始，箭头意味着教师需要持续地发展其他素养。专业化发展以一个长箭头来表示，放在图的下部，因为教师需要了解和发展其他素养，在你知晓了这个领域的更多知识并能向他人陈述后，你就能够成长为专业人员。最里面的圆圈（白色箭头所围成的图形）代表与婴幼儿日常相处的三个核心方面：建立并支持关系是有效引导婴幼儿行为的必要基础，是支持婴幼儿发展和学习的中心。中间的圈（浅灰色箭头所围成的图形）代表必须有意识地联合家庭，包括评价婴幼儿（有时候需要在家庭环境中进行）以及与家庭协力支持需要额外支持的儿童。最外面的圈（深灰色箭头所围成的图形）代表与其他成人协作，其基础是与婴幼儿家庭的良好关系，但也需要进一步发展与其他成人（如婴幼儿家族的相关人员及同事）的良师益友关系，当然这也仰赖于专业技能的建立。最后，促进性条件——罗列于图的底部，用于强调没有哪一个人能单独完成如此重要的工作。政策、机构的实践、所需的资源及领导力会使工作变得更难或更易，教师的素养能否发挥作用并以最好的状态工作，因上述条件的不同而不同。在补充材料1.2中可以找到关于所有素养和各个素养领域的促进性条件的说明。

补充材料1.2

专业素养列表

素养简述

开展反思性实践的素养（Competencies for Supporting Reflective Practice，RFP）

建立并支持关系的素养（Competencies for Building and Supporting Relationships，REL）

与家庭协作并提供支持的素养（Competencies for Partnering with and Supporting Diverse Families，FAM）

引导婴幼儿行为的素养（Competencies for Guiding Infant-Toddler Behavior，GDB）

支持婴幼儿发展和学习的素养（Competencies for Supporting Development and Learning，DVL）

评价行为、发展和环境的素养（Competencies for Assessing Behavior, Development, and Environments，ABD）

接纳需要额外支持的婴幼儿及家庭的素养（Competencies for Including Infants and Toddlers with Additional Support Needs and Their Families，INC）

领导、指导与辅导的素养（Competencies for Leadership, Mentoring, and Coaching，LED）

专业化发展素养（Competencies for Professionalism，PRO）

知识、态度倾向、技能及促进性条件

知识（Knowledge，K）

态度倾向（Dispositions，D）

技能（Skills，S）

促进性条件（Facilitating Conditions，FC）

各章的架构

本书的章节架构旨在支持教师培育作为专业人员的专业素养。因此，没有将与婴幼儿一起工作所需要的知识作为基础，而是以成为婴幼儿教育领域的专业人员所必须知道的内容作为基础（如图 1.4 所示）。在每章中，我们以所涉及的每个素养领域的概览以及该素养对婴幼儿教育项目的作用作为开始。接下来描述建立、实践该章所涉及的素养的促进性条件。然后阐述提供高质量的婴幼儿保育与教育的相关知识、态度倾向和技能。

在全书中，我们会随时邀请作为学习者和教师的读者进行反思。反思的能力是每个个体成长以及专业成长的关键。自我反思能够加深我们对自我和他人的觉察与理解，有助于我们在工作中带着意图行动并具备灵活性。当你读到每章中所说明的素养时，请思考你在该领域为自己设置的素养目标。在最后一章中，我们提供了一个简单的自我测查，这样你可以反思自己的相关知识、态度倾向及技能在你阅读、思考本书的过程中所发生的改变。

附加资料

婴幼儿保育和教育是一项复杂的、充满挑战性的工作。本书旨在明确教师所需要的关键素养，但是不包含全部所需的素养。因此，我们提供一些额外的资料（见书中的二维码），以供读者参考、拓展之用。

- 《0—3 岁婴幼儿教师指导手册使用指南》：一本涉及本书所介绍的各项专业素养的自我评估、反思、实践和发展机会的工作手册。

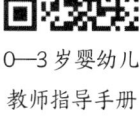

0—3 岁婴幼儿
教师指导手册
使用指南

第二章 开展反思性实践

——与吉娜·库克合著

开展反思性实践意味着，我们首先需要仔细观察周围的情况，然后停下来对当下的所见和体验进行思考，使我们能够做出有目的的回应，这个反思过程有可能改变我们的实践。你可以在工作中自然、自发地利用反思性实践，并将其作为惯用策略的一部分，例如在回应婴幼儿之前，先停下来思考他们的行为所代表的含义。你还可以采用一系列具体和系统的方法，不断提高你的工作质量，例如系统地观察、记录和反思婴幼儿在成长过程中的行为。高质量的反思性实践所需的知识、态度倾向、技能如图2.1所示。

为什么开展反思性实践很重要？ 反思使我们能够理解经验和行为的意义，并基于这种反思性学习做出主动的改变。它使我们能够提供体贴周到和有支持性的回应，并有目的地采取行动，而不是简单地根据假设或习惯做出反应。当我们做出体贴周到和有目的的回应时，我们可以更好地与婴幼儿建立关系，提供更加个性化的互动与支持，这对婴幼儿的成长和学习至关重要。

反思性实践有助于你逐渐培育自身的素养。它能够让你了解自己：你已经知道什么，你需要知道什么，你相信什么，你看重什么，这对你的工作有什么影响，你在做什么时感到舒适和自信，以及你想获得什么技能。

开展反思性实践与其他素养有何关系？ 反思性实践就像关系一样，是所有素养的基础。反思的过程会加强你与婴幼儿和家庭的关系及合作。我们希望本书能成为你进行反思性实践的工具。在每一章中，我们都会邀请你反思自己（你的想法、感受、经历、意图）以及你对婴儿、学步儿和家庭所做的工作。反思的内容包括：他人行为的潜在意义，自身经历、

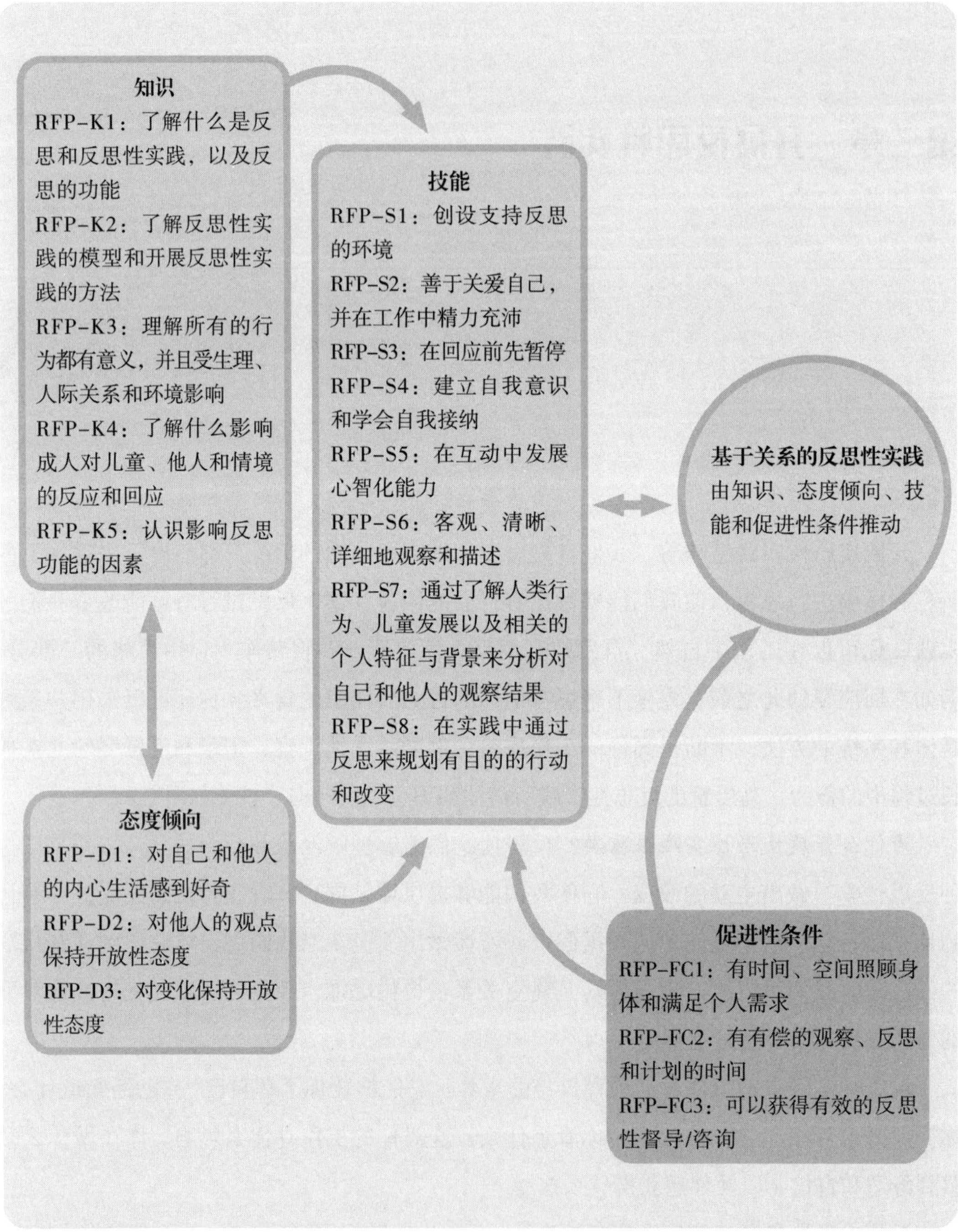

知识

RFP-K1：了解什么是反思和反思性实践，以及反思的功能

RFP-K2：了解反思性实践的模型和开展反思性实践的方法

RFP-K3：理解所有的行为都有意义，并且受生理、人际关系和环境影响

RFP-K4：了解什么影响成人对儿童、他人和情境的反应和回应

RFP-K5：认识影响反思功能的因素

技能

RFP-S1：创设支持反思的环境

RFP-S2：善于关爱自己，并在工作中精力充沛

RFP-S3：在回应前先暂停

RFP-S4：建立自我意识和学会自我接纳

RFP-S5：在互动中发展心智化能力

RFP-S6：客观、清晰、详细地观察和描述

RFP-S7：通过了解人类行为、儿童发展以及相关的个人特征与背景来分析对自己和他人的观察结果

RFP-S8：在实践中通过反思来规划有目的的行动和改变

基于关系的反思性实践

由知识、态度倾向、技能和促进性条件推动

态度倾向

RFP-D1：对自己和他人的内心生活感到好奇

RFP-D2：对他人的观点保持开放性态度

RFP-D3：对变化保持开放性态度

促进性条件

RFP-FC1：有时间、空间照顾身体和满足个人需求

RFP-FC2：有有偿的观察、反思和计划的时间

RFP-FC3：可以获得有效的反思性督导/咨询

图 2.1　开展反思性实践

想法和感受如何影响你对他人行为的理解，以及你的行为如何影响他人。了解你自己，了解你在工作中的优势，了解哪些情况对你来说是挑战，是你与他人建立关系的基本知识。

促进性条件。高质量的婴儿和学步儿托育机构需要管理层的支持，使教师能够在反思性实践中提升他们的素养。在基本需求的层面上，教师需要有空间和时间来照顾他们的身体和满足个人需求（RFP-FC1）。具体而言，支持教师基本需求的资源包括：一处成人的休息空间，一间配备成人设施的洗手间，一间供母乳喂养教师使用的母婴室，一个储存、加热食物和用餐的空间，以及足够的人员配置。足够的人员配置能够允许教师有时间和空闲去洗手间和享受餐歇。为了照顾婴幼儿，有些教师可能会经常觉得自己没有时间离开教室去洗手间。已有的许多研究表明，早期教育工作者面临着更多的身体健康问题。例如，权京雅（Kyong-Ah Kwon，2019）的研究发现，早期教育工作者（特别是婴幼儿教育工作者），比其他职业的从业者承受更多的身体压力和更多的健康问题。这主要是因为教师需要照顾婴幼儿的需求，以及教师个人护理的时间有限。

另外，管理者必须为教师们提供有偿的观察、反思和计划他们针对婴儿、学步儿和家庭开展工作的时间（RFP-FC2），在他们的工作日程中，至少应该包括每周的计划时间。计划时间应足够长，这有利于对观察结果进行回顾和反思，以及与同事进行讨论和计划。最后，管理者应确保教师每月或每两个月获得持续且有效的辅导或反思性督导/咨询（RFP-FC3）。与接受过婴幼儿心理健康培训的人员单独或集体谈话，有助于教师反思他们的经历，并处理他们的想法和感受。从这些定期活动中获得的新认识通常有助于教师与婴幼儿和其他人进行更加个性化、有反思性和高质量的互动。

知　　识

与任何新技能一样，与婴儿、学步儿和家庭一起进行的反思性实践是一种需要事先思考、计划和实践的有意行为。在教师运用反思性实践之前，他们需要先理解反思的含义、反思性实践的过程（RFP-K1），以及哪些反思性实践的模式和方法允许在早期保育和教育中使用（RFP-K2）。反思性实践倡导所有的行为（我们的、婴幼儿的，甚至家长的行为）都有一定的意义，并表达了各自的需求，因此，进行反思就是要周到体贴地解释这些意义和需求（RFP-K3）。反思性教师必须明白，我们的反应和回应往往反映了我们对婴幼儿的态度，并且它们受到我们先前经验的重要影响（RFP-K4）。基于此，教师必须了解什么会影响自身的反思功能（RFP-K5）。

了解什么是反思和反思性实践，以及反思的功能（RFP-K1）

反思是一个尝试更好地了解自己和他人的过程。它使我们能够认识和理解自己以及他人的反应、经验、信仰、价值观和发展理论。观察自己和他人是反思的第一步，这是一种有意识的观察和倾听，有利于你系统地收集关于自己和他人的详细信息。随后，你需要对收集到的信息进行反思，你对这些观察结果的反思使其有意义。观察婴幼儿的特点和互动（与你和他人），然后对这些观察结果进行反思，以使你能够确定婴幼儿的独特优势、面临的挑战和需求。你也可以从中了解他们与你、他们的家人和其他人的互动模式和关系质量。有了这些通过观察和反思得到的信息后，我们就能与每个婴幼儿和家庭进行个性化互动，从而有针对性地支持婴幼儿的发展。同时，观察和反思后进行的个性化互动能够加强你们之间的关系。

反思性实践的特点是要处于一种好奇、求知的姿态，而不是持有一种提前预设的立场。从广义上讲，采用反思性实践的教师对他人的内部经验（包括他人的想法、感受、愿望和目标）充满好奇。他们的互动是经过深思熟虑的，是有目的的，是对他人的关注。教师进行反思性实践是一个持续的过程，包括持续的观察、对观察到的行为和互动的解释，以及对儿童成长和发展需求的分析。采用反思性实践的教师运用他们得出的结论来指导自身与婴幼儿和家庭的互动，并使他们的经验个体化。

有时，观察和反思的过程是有方法可循的。例如，教师正式地记录儿童新出现的技能，然后有意识地提供经验来支持它们（我们将在第六章"支持婴幼儿的发展和学习"中详细地讨论这个过程）。有时，反思性实践非正式地发生在日常生活中。请想象一下，家长在早晨送学步儿入托后离开，此时家长和学步儿都变得非常不安。采用反思性实践的教师，在当下首先会思考对学步儿和家长来说，适应新的托育经历令他们感觉如何。其次，教师会觉察到自己的反应，例如，面对学步儿的不安，他们是表现出平静，还是变得焦躁不安。再次，教师会结合学步儿的气质类型和家庭常用的抚慰学步儿的方法来制定策略。然后，教师会仔细观察学步儿行为背后的意义，从而确定应该如何回应学步儿。最后，教师会利用这些信息，以尊重和敏感的方式对该学步儿做出回应。教师不应为了减轻自己的不适而匆忙地回应或忽略儿童的感受（"你很好，妈妈会回来的。"），而是应该承认和确认儿童的感受和经历，并以适合他（她）的方式提供安慰（"你在哭，你看起来很伤心。你的妈妈走了，你很想她。你的妈妈说，当你伤心的时候，你的毛毯会让你感觉舒服一点。当我抱着你的时候，你想抱抱你的毛毯吗？"）。

反思功能是指一个人思索心理状态的能力，如思考自己和他人的思想、情感、意图、目标和欲望，并思考这些心理状态如何影响自己和他人的行为。反思功能可以通过反思性练习逐渐增强。

了解反思性实践的模型和开展反思性实践的方法（RFP-K2）

格雷厄姆·吉布斯（Graham Gibbs，1988）开发了一个自我反思的循环模型，帮助人们反思他们的经历并从中学习。该模型也被应用于婴幼儿教师的反思过程。图2.2呈现了吉布斯自我反思模型的改编模型。第一步，教师应该注意和描述一种情况的所有方面。例如，描述情况发生的地点和时间，成人做了什么，孩子做了什么，接下来发生了什么，以及如何结束。第二步，教师应该进行反思，确定自己在互动前、互动中和互动后的想法和感受，以及婴幼儿可能在想什么，感觉怎么样。教师应该知道，所有的情绪都是可以接受的，重要的是要思考我们为什么会有某种特定的情绪，以及自己的经历和需要可能如何促使该情绪产生（我们将在接下来的内容中讨论强烈情绪的触发因素——RFP-K3和RFP-K4）。我们建议教师注意并描述自己的生理反应——如心率、呼吸和身体紧张的变化，它们反映了教师的压力程度。第三步，教师应该评估所发生的事情，仔细思考哪些事情做得好，哪些事情做得不是很好。第四步，教师应该分析可以从中获得哪些新的信息或理解。第五步，教师应该得出关于有效实施策略的结论。第六步，教师应该确定未来的行动计划。整个反思过程是不断循环的，在一定程度上，自我反思的循环可能会使教师对支持婴幼儿的需要产生新见解。这种自我反思的模型能够帮助教师认识并挑战他们原本拥有的不准确的假设，开始以多种不同的观点进行思考，并采用新的方法。

理解所有的行为都有意义，并且受生理、人际关系和环境影响（RFP-K3）

人类所有的行为都是有意义的。 即使一个行为是无意识的，它也是有意义的。婴幼儿的内部状态——如生理需要、欲望、感觉、思想、意图和态度倾向——在很大程度上影响他们的行为和反应方式。而婴幼儿的内部状态和由此产生的行为会受其气质、压力或疾病影响，也会受外部因素（如照护者的行为、物理环境和社会环境）影响。社会环境包括与婴幼儿共处一室的人及其互动方式（我们将在第五章"引导婴幼儿的行为"中详细描述影响婴幼儿行为的主要因素）。成人的行为也受生理因素影响，例如，研究表明，有创伤的照护者在看婴幼儿的照片时，某些大脑活动的水平比没有创伤的照护者低。

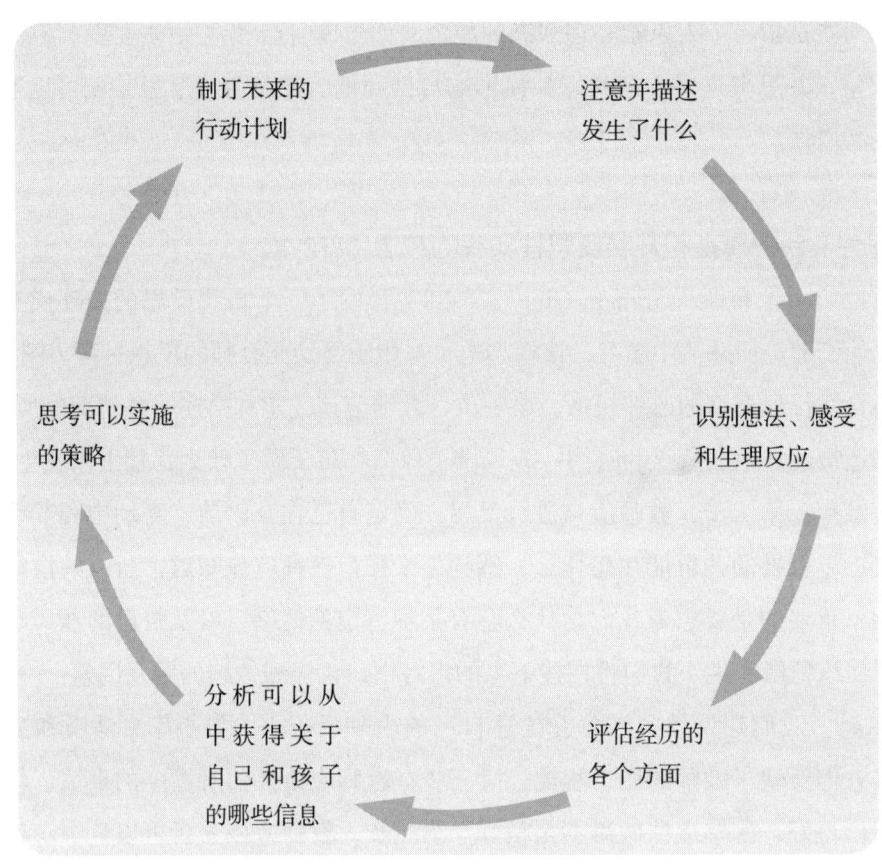

图 2.2　吉布斯自我反思模型的改编

觉察行为背后是什么。通过仔细观察婴儿的眼球运动、面部表情、身体姿势和运动、呼吸模式和活动水平,我们可以了解婴儿的内部状态。例如:一个感到平静和安全的婴儿,可能会有较缓慢和较平稳的肢体运动,肌肉也比较放松;一个紧张的、不知所措的、有压力的或焦虑的婴儿,可能会表现为肌肉更紧绷,四肢更僵硬,动作也会更不稳定。解读婴儿的肢体语言有助于我们了解他们的心理状态。

了解婴儿心理状态的另一种方法是观察环境,收集婴儿可能做出反应的对象的线索。例如,有些婴儿对环境的刺激非常敏感,明亮的灯光或婴儿从未见过的人进入房间,可能会使其感到焦躁不安,不易被安抚。采用反思性实践意味着教师要观察行为和环境,并思考行为背后的意义。虽然我们不可能总是明确地知道婴儿行为的意义,但随着我们对个别婴儿的了解,以及观察和反思技能的发展,我们的解释会越来越准确。在本章的后面,你将学习到在回应婴幼儿的行为之前(紧急、危险的情况除外),你需要问自己的四个问题（参见第 29 页的"观察、反思和回应循环"）。

了解什么影响成人对儿童、他人和情境的反应和回应（RFP-K4）

要充分运用反思性实践，教师必须能够反思成人对婴幼儿做出某种回应的原因，以及婴幼儿的行为。最重要的是，教师不仅要反思自己的行为和反应，还要反思同事和家长的行为。

关系史。成人的人际关系对他们与婴幼儿的互动有重要的影响。最早与父母和其他照护者形成的关系，影响我们对建立周围其他关系的期待。通过童年早期的安全关系，我们开始将自己视为有价值、有能力的人。当关系不安全时，我们可能会避免与他人产生亲密的情感联系，甚至感到情感上的威胁。这种不适或恐惧会使我们难以与婴幼儿和家庭建立关系。依恋研究者英奇·布雷瑟顿（Inge Bretherton，1990）的研究表明，除非我们能够仔细反思先前的经验，以及如何会或不会重复我们熟悉的关系行为模式，否则童年的依恋风格将被带入成年生活。

情绪触发器。在不同程度上，每个人都带着我们从最早的关系中内化的积极和消极体验进入成年。这些早期经历以及我们对其产生的情绪反应会植入我们的大脑根基。当刺激源让我们想起这些经历时，情绪就会被触发。触发因素包括语言、情境、感官体验（如嗅觉、视觉和听觉体验），以及其他唤起心理或身体威胁感的环境特征。当我们的基本心理需求——如自主意识、能力和与他人的联系（如接纳、爱和尊重的感觉）得不到满足时，我们就会感觉受到威胁。唤起负面感受的刺激源包括羞愧、不赞成、拒绝、轻视或蔑视。例如，一名教师在小时候因为表现出愤怒而受到惩罚，那么他可能会内化"愤怒是不被接纳的"的信息，并将羞愧或愤怒的感觉与愤怒的表达联系起来。当学步儿愤怒地对教师喊"不"时，如果教师（特别是在成长过程中因自己做出被认为是蔑视的行为而受到惩罚的教师）感到不被尊重或受到挑战，那么他们可能会对学步儿的愤怒有强烈的反应。同样，如果教师曾经历过由惩罚引起的羞耻或尴尬，而管理者又以惩罚性的、令人尴尬的方式对教师的表现进行评价，那么教师就会产生强烈的防卫反应。身体经历过虐待的父亲或母亲，当被他们的孩子过于用力地拉扯头发时，可能也会出现有敌意的反应。每个人的情绪触发器都是自己独有的，其他人不知道它们是什么。

自我反思。观察和自我反思是我们能够认识到自己的情绪触发器的有力工具。通过观察和自我反思，我们可以学会在情绪触发器被触发时，在做出反应前，后退一步。对教师来说，重要的是反思自己的强烈反应，以识别情绪触发器，并根据过去的经验，理解为什么这个情绪触发器会引起我们的强烈反应。当我们做得不够好时，这种自我反思的意识有助于我们与自己产生共情。了解有关婴幼儿行为以及育儿和家庭系统的知识，有助于我们从发展的角度来看待婴幼儿和家长的行为，从而减少他们的行为引发我们的情绪触发器的可能性。随着时间的推移，这种不断增长的自我反思意识使我们能够预测和预防情绪触发器被"引爆"的情况。当做出可能伤害他人的反应时，我们将能够学会弥补和修复与他人的互动和关系。

认识影响反思功能的因素（RFP-K5）

反思功能是指我们带着兴趣和好奇来思考自己和他人的心理状态，并理解自己和他人的行为能够反映心理状态的能力。对于反思功能来说，每个成人的能力和意愿各不相同。如果你无法识别自己的心理状态，那么你就很难识别儿童的心理状态，然后将儿童的心理状态与他们的行为联系起来。当下的身心健康、从前的创伤经历或不良童年经历，以及不安全依恋，都会影响我们识别自己或他人的心理状态。

身心健康。教师开展反思性实践的能力会受当下的需求和状态影响。例如：身体健康、饥饿感和疲劳感会影响我们还有多少情感和身体能量进行观察和反思；心理健康（特别是焦虑和抑郁，以及与工作有关的压力），也会影响教师的反思性实践。婴幼儿教师比儿童教育者的工作压力更大。这是因为照顾婴幼儿需要付出大量的情感和体力劳动。在"技能"部分，我们将介绍可以促进身心健康和支持反思功能的自我保健方法。

不良童年经历和创伤。不良童年经历包括经历虐待、目睹暴力、与父母长期分离、生活在酗酒或吸毒的家庭中，或者感到不受关爱。它们与成年后的各种负面结果有关。不良童年经历可能包括来自家庭（如虐待或家庭暴力）或社区（如目睹邻里间的暴力）的创伤，或者与国家和全球事件——如战争、饥荒和流行病（包括 2020 年在全球传播的新型冠状病毒肺炎疫情）有关的创伤。与其他成人相比，有更多不良童年经历的成人会在心理和身体健康方面出现更多的问题。他们在积极养育子女方面也会遇到更多的挑战，童年逆境的影响将会从一代延续到下一代（Lomanowski et al.，2017）。不良童年经历会妨碍照护者为婴幼儿提供敏感和回应性照护的能力，照护者自身的创伤史能够预示他们的孩子将有多少不良童年经历。研究人员苏希金及其同事（Sohye Kim et al.，2014）发现，与没有创伤的母亲相比，有未治愈创伤的母亲在观看婴儿遇险的照片时，大脑活动会受

到抑制。此外，暴露在创伤下也会对儿童的大脑发育和心智化能力（理解自己和他人的内部想法、情绪和意图的能力）产生负面影响。童年时无法发展心智化能力会限制一个人在成年后的反思能力，导致创伤代代相传。目前已有一些相关的研究，如玛丽亚·穆齐克及其同事（Maria Muzik et al., 2015）的工作表明，提高照护者的反思能力可能有助于减少其不良童年经历对儿童的影响。通过促进成人理解自己及其照护对象的情绪和反应，可能增加积极的、负责任的照护行为，并阻隔有害经历和互动的代际传递。

不安全依恋。形成安全型依恋的儿童可能有更多的机会在关系中发展心智化能力。具备安全依恋关系的儿童有温暖的、可预测的、敏感的照护者，他们对婴幼儿的线索很敏感，并试图理解婴幼儿的观点和读懂他们的心理状态。在这样的互动关系中，照护者示范什么是读懂和理解他人的想法，而婴幼儿则在体验被理解的感觉。随着时间的推移，这可能有助于儿童获得心智化能力。另一方面，不安全的依恋关系会降低一个人在童年时的心智化能力，并与其成年后的反思功能受损有关。

尽管许多事情会损害反思功能，破坏反思性实践，但成人可以学习观察等技能，并有意识地参与这些实践。练习这些技能可以逐渐提升成人开展反思性实践的素养。我们将在本章的后半部分进一步描述这些技能和实践。

态度倾向

对自己和他人的内心生活感到好奇（RFP-D1）和对新想法和观点保持开放性态度（RFP-D2），是让我们更容易反思自己和他人经历的关键倾向。从他人的角度看问题是与儿童及其家长产生共鸣的核心，它有助于我们更开放地改变自己对某件事的看法，甚至改变我们根深蒂固的信念（RFP-D3）。

对自己和他人的内心生活感到好奇（RFP-D1）

反思性实践强调教师要具有好奇心和惊奇感。反思型教师会对婴幼儿的经历以及自己的反应和回应感到好奇，这种好奇心标志着你愿意对自己的态度倾向及其源头，以及面对挑战性行为和情况的反应进行深刻反思。你想知道婴幼儿如何感受和体验日常时刻，以及这些感受和体验如何影响他们的发展。

对他人的观点保持开放性态度（RFP-D2）

这种态度倾向包括愿意对儿童（以及家长和同事）的行为和观点进行深刻的反思，以及思考什么驱使他们对你做出某种反应。在精神分析治疗师塞尔玛·弗雷伯格及其同事（Selma Fraiberg et al.，2003）开创的婴幼儿心理健康领域中，他们鼓励教师问："婴幼儿的感受是什么呢？"这意味着他们应该尝试从婴幼儿的角度看世界，了解婴幼儿的经历，并对婴幼儿可能的感受、思考和需求感到好奇。保持好奇心和开放性是思考的核心。然而，当你处于艰难境地或生活中的困难期时，进行换位思考和反思性实践都会变得困难。研究表明，那些被吸引到人类服务领域的人，例如与婴幼儿一起工作的人，比其他领域的专业人士更可能有困难的童年经历（Esaki & Larkin，2013）。那些努力理解这些早期经历对生活和发展的影响的专业人员，往往是善于换位思考的成人。

对变化保持开放性态度（RFP-D3）

对变化保持开放性态度意味着愿意挑战自己，包括挑战自己对发展的本质和成人的角色，或者儿童行为背后的意义、目的或动机的假设。例如，也许一名教师从小就有这样的想法："婴幼儿是可以被成人操纵的。"对变化保持开放性态度意味着，当学习更多关于早期发展、婴幼儿需求以及未满足的需求构成行为的基础等方面的内容时，教师愿意重新思考自己先前的假设。

对变化保持开放性态度不仅意味着你愿意进行反思，还意味着这些反思能够指导你改变自己的行为。这种开放性源于你的好奇心，以及你对自己作为一个人和从事一份职业的安全感和信心。不同的人对变化的开放程度不同（有高有低）；同一个人在生活中的不同时刻，对变化的开放程度也不同。在接受教育和培训的过程中，许多人对变化更加开放，这是因为他们在寻找新的见解和建立新的技能。

技　　能

图 2.3 呈现了反思性实践所涉及的技能，首先是创设支持反思的环境（RFP-S1），以及进行自我关爱，使自己能够在工作中保持精力充沛（RFP-S2）。在互动过程中进行有效反思所需要的关键技能包括：在回应前先暂停（思考）（RFP-S3），建立自我意识和学会自我接纳（RFP-S4），然后理解他人的、奠定行为基础的心理状态（RFP-S5）。最后，

反思性实践需要持续的、客观的观察（RFP-S6），还需要对这些观察的解释，以了解自己和他人（RFP-S7），使教师能够有意识地规划和改变他们的互动（RFP-S8）。

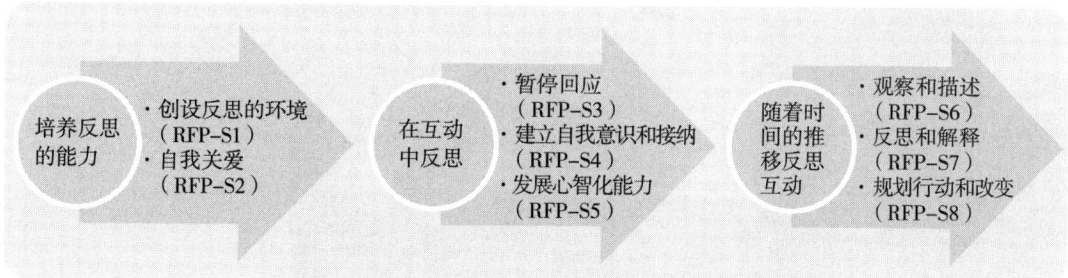

图2.3　建立反思功能和反思性实践的背景和技能

创设支持反思的环境（RFP-S1）

反思有赖于定期（通常是每周）对婴儿、学步儿进行有目的的观察。机构预算应包括支持教师反思的材料，如用于写逸事记录或连续记录的记事本和笔，用于拍摄婴幼儿互动照片或视频的相机，以及存放此类文件的空间。通过一些简单的安排——如按日期、儿童或领域将观察结果归档——教师可以创建一种方法来汇编丰富的信息，以促进他们的反思性实践。

策略

- 制订一个计划，来收集和组织全天的想法、反思和观察。例如，可以在教室里放置一套笔记本和笔。在全美幼教协会（National Association for the Education of Young Children，NAEYC）提供的资源中，贝茨和她的同事（Bates et al., 2019）建议采取一些策略，例如每天关注特定的儿童（如你的主要照护群体），并使用彩色索引卡做笔记，用不同颜色代表不同的领域或日常关注重点。在每周的计划时间里，重新审视你的反思和观察。
- 将观察结果收集工具（如纸笔、相机或带摄像头的平板电脑）放在教室里容易拿取的地方。试着在每个教室区域（图书区、积木区、房间角落等）放置一套笔和笔记本或便签纸，或者使用语音转录软件来有效地记录观察结果。

杰茜卡女士一直用相机和记事本记录婴幼儿的工作和发展。

善于关爱自己,并在工作中精力充沛(RFP-S2)

建立自我关爱的内在条件和习惯是绝对必要的,因为你作为一个独立的个体十分重要,而且自我关爱有助于你进行反思性实践。婴幼儿及其教师之间的互动是他们发展的主要环境。这些互动的质量在很大程度上取决于教师的幸福感。与婴儿和学步儿一起相处,对教师的体力要求很高,他们容易产生情绪性疲劳,而且会在认知上受到挑战,因此,早期教育工作者的工作压力特别大。同样,有意识地、深刻地反思婴幼儿的行为也需要充足的心理空间和其他内在条件,而良好的自我关爱可以促进这些资源的发展。

有足够的睡眠、健康的饮食,花时间进行工作之外的放松活动,做你喜欢的事情,以及花时间与让你感到被爱的人在一起,都是自我关爱的重要内容。同样,制定积极的策略来应对压力是至关重要的。如果你要全身心地为婴幼儿及其家庭服务,那么照顾好自己是必不可少的。最后,正如我们前面指出的,管理者提供的部分便利条件要能够确保教师在一天中有身心休息的机会(RFP-FC1)。在关照婴幼儿的持续需求时,教师很容易错过休息时间。

策略

- 为自己列出一份清单，在清单上写明能够帮助你感到平静、快乐和成为最好的自己的活动或人；确保你每周的生活中都有这些活动或人。
- 建立一个简单的睡眠常规，例如在睡前听平静的音乐或阅读几分钟。如果可能的话，将你的睡眠空间只用于睡眠，而不是用于工作。尽量避免在你睡觉前一小时使用手机、计算机或其他电子设备。
- 写一本感恩日记，或者干脆在一天刚开始的时候，想一想你所感激的一件事（不论多么小或多么大）。大量的研究表明，常常感恩的人有更大的幸福感。
- 养成在工作中关爱自己的习惯，例如寻求短暂的休息，向你的合作者和主管表达额外的需求，并参与正念练习（如后文所述）。

在回应前先暂停（RFP-S3）

在你做出回应之前暂停一下，是走向反思回应的第一步。暂停是一种自我调节的技能，需要不断地练习来发展它。当你停下来注意当下的想法和感受时（更多内容见 RFP-S4），你能够经过深思熟虑，再做出回应，而不仅仅是以习惯的方式做出回应。暂停、反思，然后做出回应，这是一个关键的反思性练习，可以促进教师与婴幼儿的关系和提高照护的质量。它也为婴幼儿（和其他人）示范了你希望他们发展的自我调节行为。在一天中，有无数的机会可以让我们停下来，经过深思熟虑后再做出回应，而不是无意识地做出回应。例如，每天的入托和离托时间对婴幼儿、家长和教师来说都是一种情感上的挑战。因此，可以在入托和离托时间，停下来注意你的想法和感受，以及婴幼儿和家长的感受和需求，这有助于你做出有同理心的反应，支持家长与婴幼儿的关系以及教师与家庭的关系。

请思考一下婴儿泽维尔在家长接送时的情况：当泽维尔的母亲朱厄妮塔准备离开时，泽维尔正在尖叫，朱厄妮塔在门口停了下来，脸上露出担忧的神情。威尔老师可能会迅速做出回应，让这位母亲不要担心。他可能会说："他不会有事的。去吧，去吧。"尽管朱厄妮塔会离开，但她可能会整天担心泽维尔，在工作中难以集中精力。当威尔老师使用反思性实践来思考这件事时，他可以停下来注意家长的感受以及自己的感受，然后决定如何有意识地回应。例如，他可以选择承认家长的感受并给予安慰："我能够感觉到你很担心，对宝宝说再见很困难。我会在这里帮助泽维尔，让他在机构里感觉好一些。当我在他离托时见到你,我就可以告诉你他今天的所有情况。"朱厄妮塔离开时将对泽维尔的健康状况感到放心,也会对威尔感到信任。

暂停也使你能够有意地注意到自己的想法,并暂停你对某种情况的假设。例如,想象一下,在对一个新的家庭进行家访时,你第一次来到这个家庭,看到的是地板上被丢弃的食物和溢出垃圾桶的垃圾。请花点时间注意自己的反应,让你注意到你可能对这个家庭做出的假设,然后暂停这些假设,这将帮助你了解这个家庭和他们的特殊优势和需求。

策略

- 当你在工作中面对其他人时,找到你觉得自己处于"自动驾驶"状态(on autopilot)的时候,然后有意识地把你的注意力集中于你的内部状态。当你训练自己变得更有意识时,你将不太可能进行无意识的行动。
- 当你感到有压力和不知所措时,做几次深呼吸。深呼吸可以降低你的心率,帮助你感觉更平静。
- 思考并确定让你感到焦虑或有压力的时刻,并将这作为一天结束时反思的一部分。随着时间的推移,你将开始觉察到什么样的事件对你来说是最具挑战性的,以及在什么情况下会出现这样的模式。
- 在一天中,问自己一些问题,例如:我为什么会有那样的反应?我现在的感觉是什么?我的反应真的是关于这种情况的吗?还是由于别的事情?随着时间的推移,你会注意到一些模式——你会对什么产生反应,什么时候反应,你的感觉如何,以及你的反应到底因为什么。这种意识将帮助你更准确地看待他人,因为你的观点不会被你的反应掩盖。
- 在工作之外也要练习识别你的情绪。如果你在堵车时感到愤怒,那么要想想是什么驱动你的愤怒。在通常情况下,在我们当下感觉的深处有次级情绪。例如,对交通感到愤怒可能更多的是由于早些时候被忽视的需求,例如感到不被尊重、被低估或身体能量耗尽。

建立自我意识和学会自我接纳(RFP-S4)

自我意识和自我接纳是反思性实践的关键基础。如果你想了解自己对人和情境的反应,那么你需要意识到自己在发生某些事情时身体和情绪的状态。这种理解是对情境做出有目的的回应的基础,而不是仅仅对情境做出未经思考的反应。身体的内部状态包括疲倦、饥饿、疼痛或需要上厕所。情绪的内部状态包括所有的情绪,但在婴幼儿保育和教育工作中,它们通常包括具有挑战性的情绪(如感到有压力、焦虑、不知所措、沮丧、愤怒和悲伤),以及中性情绪和积极情绪(如惊讶、好奇、喜悦和兴奋)。自我意识开始于一天中有意暂停的时刻,此刻我们会观察自己的身体和精神状态(参见 RFP-S3)。这种意识是正念的一个重要方面,正念是指在当下注意到思想、情绪和感觉,并不加判断地接受它们。例如,如果米娅老师在上班时对家里发生的事情感到紧张,那么她会注意到并承认这种紧张的感觉,而不批评自己。她可以对自己说:"我感觉全身紧张,有点焦虑,这是很正常的,因为我还在担心今天早上家里发生的争吵。"她避免了自我批评的想法,例如:"我为这个问题感到不安是很愚蠢的。"

采用反思性实践需要大量的注意和努力。正念练习是能够帮助我们进行反思的工具,将帮助我们学会暂停,变得更加重视自我意识和自我接纳。正念练习也可以成为一种自我保健的形式,有助于我们建立内在条件,应对压力,调节情绪和反应。

策略

- 婴幼儿教师可以在整个工作日里练习正念,使用这些策略来暂停、平静和自我觉察(见补充材料 2.1)。

补充材料 2.1

- 通过在课堂上使用正念练习,教师可以为婴幼儿示范如何成为一个平静、有意识和自我接纳的个体。教师可以和婴幼儿一起使用简单的练习来促进他们的情绪调节能力(见补充材料 2.2)。

补充材料 2.2

在互动中发展心智化能力(RFP-S5)

反思性实践的核心是理解自己和他人的心理状态。准确理解他人的心理状态,并将行为与心理状态联系起来,是心智化的艺术。例如,如果一名学步儿正在发脾气,那么具有心智化能力的教师会减少对发脾气本身的关注,而更多地了解导致这些行为的未被满足的身体或情感需求,比如了解这名学步儿可能会感受到多大的压力。心智化通常反映在教师与婴幼儿(以及与家长和同事)的交谈方式上。例如,当心智化发挥作用时,教师会大声地做出回应，描述儿童的情绪（"你在笑，你看起来很高兴"）、想法（"嗯，你在想如何防止积木倒下去"）、意图和目标（"看起来你正试图爬上三轮车"），或愿望和需求（"你想要红色的球"）。

当阐述他人的心理状态时，我们对他人心理状态的认识会有所增加，这些心理状态可能与我们的心理状态很不同。这有助于我们做出相应的反应。阐述婴幼儿的心理状态，向婴幼儿传达他们的想法、感受、目标和需求是十分有价值的。随着时间的推移，通过以一种有意的方式识别心理状态，教师能够帮助婴幼儿加深对自己和他人的情绪和其他内部状态的认识和理解，这种能力与其以后的自我调节和社会情绪技能有关。伊拉里亚·格拉扎尼及其同事（Ilaria Grazzani et al.，2016）等科学家的研究表明，当照护者以敏感和适当的方式谈论他们的情绪时，学步儿能够使用更多的情感对话，这是儿童在许多社会环境中表现良好所需要的技能。在补充材料 2.3 中，我们定义并提供了与婴幼儿进行反思性谈话的具体方式的例子。通过在互动中出声反思，我们将与周围人形成一种反思的习惯和文化氛围。

补充材料 2.3

策略

- 当你学习不同类型的反思性谈话时，选择一两种类型的谈话方式，有目的地进行学习和运用。
- 在每天结束时，花几分钟思考你和孩子们的经历。思考快乐和有挑战的时刻对你来说是什么感觉，对婴幼儿来说是什么感觉。你可以使用同样的策略来反思你与家庭的互动。

持续性观察和反思

一旦我们掌握了暂停、不加评价地注意和即时反思的技能，我们就可以培养更加细致和准确观察的技能。也就是说，我们将这些观察和反思的技能提高到一个新的水平。随着时间的推移，我们可以有意识地、系统地使用这些技能，从而为婴幼儿的幸福和发展制订支持计划。在这里，我们描述了在观察（RFP-S6）、反思（RFP-S7）和规划深思熟虑的回应措施（RFP-S8）的循环中共同发挥作用的一系列技能。

图 2.4 概述了一个持续的过程，在这个过程中教师需要反思婴幼儿的经历，并做出具

有同理心和支持性的回应。这个循环反映了我们已经讨论过的技能，首先要暂停和注意，然后在你做出回应前意识到你和其他人的观点和感受。在这里，我们呈现了这个循环随着时间的推移如何发挥作用，你将进行多次观察，集中反思观察结果，并且计划做出何种回应。这表明，反思性实践既有助于你发展即时交流的技能，也能够指导你更广泛地和系统地对儿童开展工作。

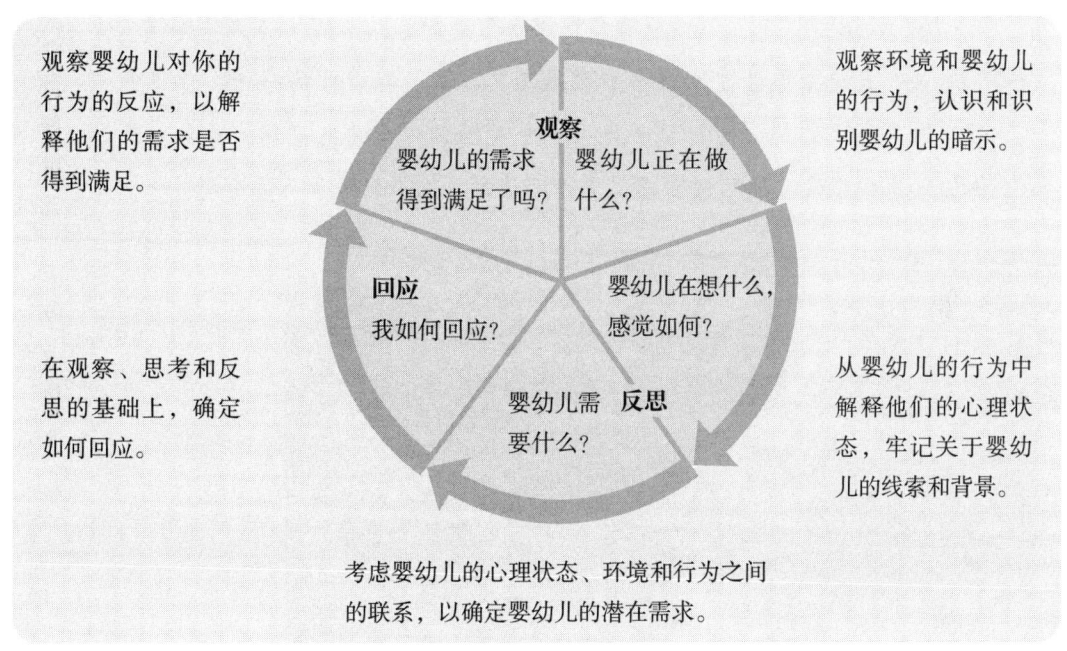

图2.4 观察、反思和回应循环

客观、清晰、详细地观察和描述（RFP-S6）

当我们有目的地观察时，我们会注意到儿童的兴趣、努力和他们的能力。客观地观察意味着，在没有假设的情况下注意和描述行为，不把任何意义或特殊意图归于他们。我们需要详细且准确地观察所发生的事情，包括婴幼儿在做什么和说什么，背景/环境是什么，以及有谁参与。我们还要观察他们的行为，例如他们的身体姿势、面部表情，或者他们在看什么。他们的行为能够给我们提供关于其内部状态的线索。同时，我们要观察自己，注意自身的生理反应、情绪和行为。这些观察记录能够成为我们在反思中使用的数据。

策略

- 做好清晰而详细的逸事记录——对婴幼儿行为或发展的有意义时刻进行书面描述。
- 记录的内容包括有关实际地点、日期和时间,以及谁在场的信息。
- 提供足够的细节,使家长或同事能够仅通过逸事记录就可以了解婴幼儿发生了什么;提供足够的信息,使你能够解释婴幼儿的行为,了解他们的发展。
- 要客观,只记录婴幼儿所说和所做的事实,暂且搁置你的分析。你可能不一定立刻有时间写下你的分析。试着记下几个关键词或简短的描述,这可以帮助你记住你的观察和想法。要尽快回顾,更全面地写下逸事记录和你的分析。

斯维兹女士与学步儿一起围桌而坐,当学步儿在笔记本上做标记时,斯维兹女士写下关于他们的逸事记录。

练习,练习,练习!随着观察能力的提高,你会注意到更多细节,并减少预设,在做出回应之前寻找所有的相关信息。表2.1提供了针对同一事件的不同类型的逸事记录,这些记录的清晰性、详细性和客观性有所不同。

表 2.1 清晰、详细、客观地记录观察结果

	不太客观 （注意变体字表示不太客观的描述）	更客观
不太清晰和详细	乔丹高兴地把笔帽从记号笔上拽下来，结果它们都从他手里滑落了。当看到它们掉在地上时，他非常生气。	乔丹在拽开几支记号笔的笔帽时，它们从他手中滑落。他看了看地上的记号笔，然后大喊了起来。
更加清晰和详细	4月3日，星期三上午，在教室里自由活动时，乔丹（23个月）对使用艺术画架上的记号笔很感兴趣，他看到另一个孩子在进行艺术创作。他用手拿着一些记号笔，试着把笔帽拿掉，并且把笔帽都放在手指上。他手里的东西太多，所以记号笔都掉在了地上，这让乔丹很苦恼。他感觉很沮丧，开始嚷嚷他的笔掉在了地上。	4月3日，星期三上午，在教室里自由活动时，乔丹（23个月）站在艺术画架前，旁边还有另一个孩子。乔丹手里拿着4支记号笔。他把一支记号笔的笔帽拿下来，放在自己的指尖上。他摘下第二个笔帽，放在另一个指尖上。当他取下第三个笔帽时，记号笔都从他手中掉了出来。乔丹低头看了看地板；他的眉头皱了起来，大声说："我的笔掉在地上了！"

通过了解人类行为、儿童发展以及相关的个人特征与背景来分析对自己和他人的观察结果（RFP-S7）

在进行观察后，下一步是对它们进行反思、解释/分析，确定它们可以告诉你关于婴幼儿和你自己的哪些情况。在这些反思中，你要考虑婴幼儿可能存在的感觉和想法，以及这与你注意到的背景和行为有什么关系。为了解释我们的观察结果，我们需要利用自己对人类行为、儿童发展以及相关的个人特征与背景的认知。对观察结果进行回顾和反思可以引发新的问题，并帮助你计划未来的观察。在表 2.2 中，我们将思考从表 2.1 的观察中可以知道什么。

表 2.2 观察分析/解释

观察	解释	笔记和问题
……在教室里自由活动时，乔丹（23个月）站在艺术画架前，旁边还有另一个孩子。	乔丹与其他孩子一起在艺术区度过了一些时光。	乔丹在艺术区花了很多时间吗？他对艺术感兴趣吗？

(续表)

观察	解释	笔记和问题
乔丹手里拿着4支记号笔。他把一支记号笔的笔帽拿下来,放在自己的指尖上。他摘下第二个笔帽,放在另一个指尖上。当他取下第三个笔帽时,记号笔都从他手中掉了出来。	乔丹在从事系统性的行为,似乎有一个目标。他有精细运动能力和力量,能够将笔帽取下并戴在手指上。但他错误地估计了自己用手握住笔的能力,没有预料到会发生什么。这种行为我未曾见过。 我认为这是乔丹自己想出来的,以一种新的和创造性的方式使用材料。	
乔丹低头看了看地板;他的眉头皱了起来,大声说:"我的笔掉在地上了!"	乔丹对笔掉下来感到很沮丧。这让我知道,他心中有一个目标,但他没有达到,因此他感到很沮丧。乔丹现在正在使用包含8个字的句子,而且他正确地使用了"我的"!	乔丹平时是否很容易生气,或者只是在他专注于一个目标,而有东西阻碍他的时候生气?
我的反应:我很想知道,一旦乔丹把所有的笔帽都戴在手上,他会怎么处理这些笔。当他不能完成自己所开始的工作时,我为他感到遗憾,我想去帮助他完成工作。但我阻止了自己,以便我可以向他了解他的感受和他接下来想做什么。		我是否常常倾向于帮助大多数孩子?还是仅仅想帮助这个孩子?或者只是在孩子感到很沮丧的时候才想提供帮助?

回顾几次观察记录,了解婴幼儿和你自己的情况。这里有什么样的行为模式?这告诉你关于婴幼儿的哪些信息?你对自己产生了哪些了解?例如,随着时间的推移,你的观察可能会加深你对婴幼儿和自己的洞察:"乔丹很有创造力,坚持不懈地追求自己的目标,但当他实现目标受阻时,他很容易感到沮丧。我倾向于介入为儿童解决问题,因为我不喜欢看到他们不高兴。但如果我能够等待一分钟,他们往往会自己想出办法。"总之,撰写和回顾观察结果是反思性实践的基础部分,能不断增强你与个别婴幼儿的关系和支持他们的能力,并随着时间的推移发展你的反思能力。

策略

- 使用关键词或缩写来表示驱动婴幼儿行为的情感或其他需求。例如:用"独(indep)"

来表示争取独立（independence）的需要；用"分（sep）"来表示分离焦虑（separation anxiety）等。随着时间的推移，你将开始看到一些作为行为基础的情感需求的常见模式。

- 识别作为行为基础的常见发展模式。识别模式意味着你可以以积极的方式更好地满足婴幼儿的发展需要。例如，当一名婴儿对因果关系感兴趣时，他可能会出现各种行为，如把食物从高脚椅的托盘上推下来，把一篮子玩具倒掉，甚至咬人。你也可以用缩写来表示这些行为。

在实践中通过反思来规划有目的的行动和改变（RFP-S8）

通过观察和反思，教师将婴幼儿的感受、目标、意图、发展技能和需求铭记在心，形成有意识的回应。这种有意识的回应建立了教师与婴幼儿的良好关系，使教师能够更周到地计划对婴幼儿发展的支持。从上文中的例子来看，教师可以在乔丹下一次努力完成一项困难的任务时，设想一个回应方式。例如，由于乔丹对语言有很强的理解力，当下次他做一项困难的任务时，我可以用语言帮助他，但我会先让他自己身体力行，等他请求帮助后，我再提供适当的帮助。有了这样的倾向，在下次遇到类似的情况时，教师就更有可能暂停、观察、反思，并做出深思熟虑的回应。

在观察、反思和回应的循环中，最后一步是回到循环的开端，重新开始，继续观察婴幼儿对你所做的事情的反应。在我们提到的例子中，当乔丹遇到一个令人沮丧的任务，教师与他谈论他的目标和感受时，他做了什么？这个策略对他有用吗？你可能会发现，在循环的最后一步写下你的观察和结论是有帮助的。随着你对这个过程越来越熟悉，可能没有必要以书面形式记录你的结论；相反，在头脑中确定并思考你的最终结论可能就足够了。无论你是否写下最后的观察结果，你已经更有意识地暂停、观察和回应这种情况，并利用你获得的信息不断完善你对这名婴幼儿的照护工作。

回顾与展望

回顾本章开头的图2.1，该图呈现了与反思性实践相关的知识、态度倾向及技能。在开始阅读本章前，你已经具备哪些素养？你的哪些素养得到了发展？接下来你会有意培养哪些素养？运用本书附有的《0—3岁婴幼儿教师指导手册使用指南》中的相关内容与本书一起支持你在这方面的专业化发展。

第三章 建立并支持关系

关系是婴幼儿发展和学习的背景。因此，关系是保育和教育工作的核心，包含你与很多人的关系，这些人对婴幼儿以及你针对婴幼儿开展的工作有所影响。关于早期关系与发展的知识有助于我们更好地向他人解释我们的实践，并且倡导高质量的保育和教育。在图 3.1 中，我们总结了在高质量实践中，有助于建立、支持关系的态度倾向、知识和技能。

为了有效地建立、支持围绕婴幼儿的所有人际关系，我们必须理解婴幼儿人际关系的本质，包括其他关系如何影响婴幼儿，以及维持良好关系的方法、原则和实践。图 3.2 中呈现了一些与婴幼儿有关的重要关系对象。

为什么建立并支持关系很重要？ 心理分析师及儿科医生唐纳德·伍兹·温尼科特（Donald Woods Winnicott，1964）曾经写道：不存在单独的某个婴幼儿，他总是跟与他有关系的人（如父母、养育者）一起存在。婴幼儿在关系中与他人互动、发展和学习。照护关系存在于其他相关的重要关系中并受其影响。教师与婴幼儿家长的关系是婴幼儿生命中的重要关系，因为它通常涉及他们生活中最重要的人之间的互动。同伴关系也为婴幼儿提供机会来练习他们将来在社会环境中交往所需要的技能。教师与同事的良好关系是工作环境质量的保证，为处在其中的婴幼儿奠定了基调。

在正向、积极的关系环境中，婴幼儿能够学习自我调节、帮助他人、表达需要等技能，并最终学会处理冲突。如果所在的关系是安全、安定、温暖、持久的，那么婴幼儿及其家庭、教师和机构都能健康发展。正如反思性实践是教师专业化发展的核心，关系和基于关系的实践是我们针对每名婴幼儿及其家庭开展工作的核心。

建立并支持关系与其他素养有何关系？ 与婴幼儿建立关系，支持他们与同伴、家庭成员的关系，是所有托育机构的发展基石。在下一章中，我们将详细说明如何与家长相处。关系是引导婴幼儿行为的基础（第五章），关系支持婴幼儿的发展与学习（第六章）。

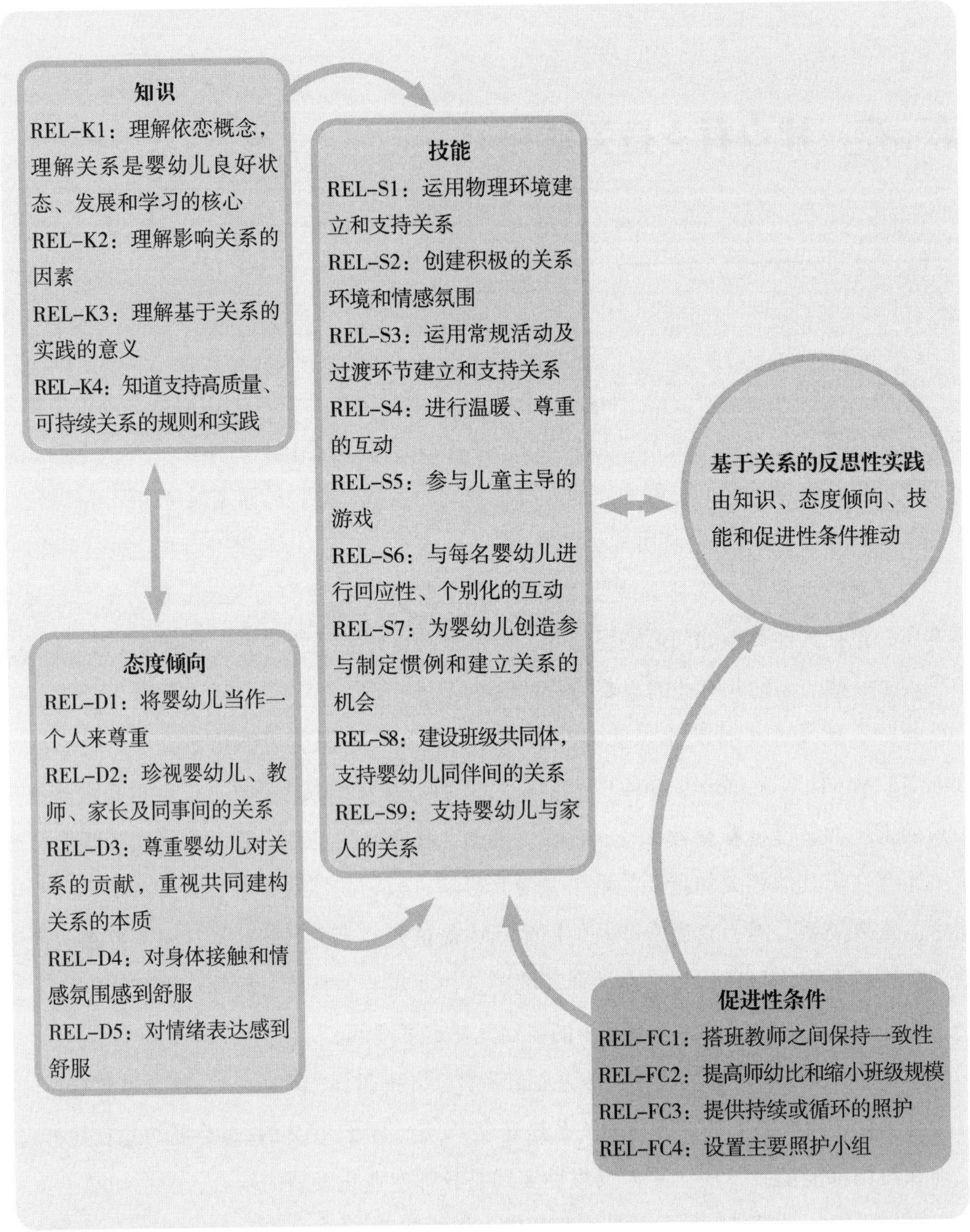

知识

REL-K1：理解依恋概念，理解关系是婴幼儿良好状态、发展和学习的核心

REL-K2：理解影响关系的因素

REL-K3：理解基于关系的实践的意义

REL-K4：知道支持高质量、可持续关系的规则和实践

技能

REL-S1：运用物理环境建立和支持关系

REL-S2：创建积极的关系环境和情感氛围

REL-S3：运用常规活动及过渡环节建立和支持关系

REL-S4：进行温暖、尊重的互动

REL-S5：参与儿童主导的游戏

REL-S6：与每名婴幼儿进行回应性、个别化的互动

REL-S7：为婴幼儿创造参与制定惯例和建立关系的机会

REL-S8：建设班级共同体，支持婴幼儿同伴间的关系

REL-S9：支持婴幼儿与家人的关系

态度倾向

REL-D1：将婴幼儿当作一个人来尊重

REL-D2：珍视婴幼儿、教师、家长及同事间的关系

REL-D3：尊重婴幼儿对关系的贡献，重视共同建构关系的本质

REL-D4：对身体接触和情感氛围感到舒服

REL-D5：对情绪表达感到舒服

基于关系的反思性实践

由知识、态度倾向、技能和促进性条件推动

促进性条件

REL-FC1：搭班教师之间保持一致性

REL-FC2：提高师幼比和缩小班级规模

REL-FC3：提供持续或循环的照护

REL-FC4：设置主要照护小组

图 3.1　建立并支持关系

与同事建立良好关系也是专业化发展的一部分（第九章），同时有助于发挥领导力的作用（第十章）。

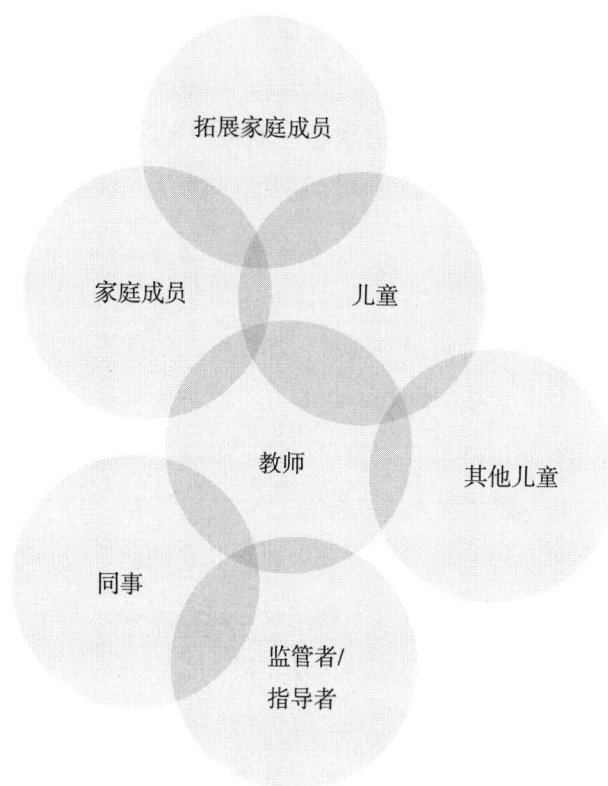

图 3.2 婴幼儿托育机构中的核心关系对象

促进性条件。机构管理者通过确保搭班教师之间保持一致性（REL-FC1），缩小班级规模和提高师幼比（REL-FC2），提供持续或循环的照护（REL-FC3）和设置主要照护小组（REL-FC4），与婴幼儿及其家庭建立高质量的关系。有些做法——例如设置主要照护小组，要想在各个合作型教师团队中实现，管理者就需要重新安排教师的工作时间。同样，管理者如果能够支持教师有持续的专业发展机会和支持性氛围，那么将有助于形成具有持续性和一致性的教师团队。

知　　识

理解依恋关系（REL-K1），影响关系的质量（REL-K2）。怎样在日常互动中运用相关的知识（REL-K3），是基于关系的照护技能发展的基础。另外，机构规则、制度如何影响、促进教室中基于关系的照护实践（REL-K4）（例如，如何设置主要照护小组），也是高质量保育和教育的影响因素，这些都取决于促进性条件的作用（REL-FC2–FC4）。

理解依恋概念，理解关系是婴幼儿良好状态、发展和学习的核心（REL-K1）

人类是具有社会性的物种，期望与他人形成关系并从中获益。在婴幼儿时期建立的依恋关系影响我们终生的发展和经历。

关系与大脑。人是天生的关系性物种。比如，当父母与婴儿对视时，婴儿的前额叶就会被激活，但是如果婴儿与父母没有对视，那么婴儿的前额叶就不会被激活。前额叶在大脑的额叶前区、额头的后面。前额叶里有几个部分的脑皮质掌管着情绪调节、情感交流、做决定和灵活地对周围环境及人做出反应。考虑到这些脑部区域对我们与他人成功互动的重要性，前额叶皮质被称为"社会脑"。

婴幼儿的大脑实际上是在与他人的互动中建立其功能的。包括额叶在内的大脑皮层里的神经元（大脑里的神经细胞）持续不断地反复进行互动，使神经元之间的联结得以建立。当婴儿体验并参与到温暖、体贴的关系中时，他们的大脑就会受到刺激。这样的刺激引发的生化反应可以增加、加强神经元之间的联系，还能促进神经细胞轴突外围的膜（髓鞘）的发育，使思考和反应增速。如果能够通过成像图对比长期生活在安全、稳定关系中的婴儿大脑和较长时间生活在紧张、暴力中的婴儿大脑，那么就很可能看到拥有健康关系的婴儿额叶皮质体积更大。这相当重要，因为人类大脑的结构是支持其终生发展和学习的生理基础。

与此同时，成人也天然地会与婴儿建立关系。在父母与婴儿的互动中，父母的大脑（尤其是前额叶部分）会因为共感（共情）、心智化和情感调节等而得到激活，这有助于父母实施回应性照护。当婴儿与照护者、教育者互动时，他们之间会产生脑与脑的联结，彼此影响，建立关系。因此，我们称婴幼儿保育者和教育者是"大脑建筑师"。

依恋。依恋理论家玛丽·安斯沃斯（Mary Ainsworth，1979）将依恋描述为婴儿与照护者之间超越时间与空间的情感联结。主要的依恋关系是在婴儿出生的第一年中形成的。当婴儿与周围的人（父母、教师）互动时，他们就会对关系及周围的环境形成内部工作模式。比如，如果父母对婴儿的哭泣反应迅速且具有支持性，那么婴儿就会把这个世界看成是一个安全且可预测的地方（如果我哭，那么爸爸总会来帮助我）。婴儿还会把关系理解为安全与滋养（我可以相信有人总会来）。建立了安全依恋关系的婴儿把自己看成是可爱的，他们能够自信地探索和了解周围世界。这就是为什么在婴幼儿时期能否形成安全的依恋关系，与儿童将来的学业乃至社会成就都有关联。安全依恋在人生中持续发挥重要作用。最近的一项研究（Dagan et al., 2017）发现，不良童年经历只会对被忽视的未形成安全依恋的儿童造成健康威胁，而对于形成安全依恋的青少年来说，先前的创伤与健康威胁之间没有关联。这些研究结果显示，安全依恋能够帮助我们安稳地度过先前的伤害及健康威胁带来的困境。

此外，有安全依恋关系的婴幼儿常常能理解周围世界和其他人身上的不可预测甚至危险的行为。那些长期生活在更多压力中的婴幼儿，较少探索世界，从而对他们的发展和学习不利。非安全依恋与儿童将来的焦虑、抑郁以及欠佳的学业成就和社会成就有关。

互动的本质。 照护者感到疲乏、有压力，或者心烦意乱、注意力分散，有时会导致提供的照护与婴儿的需求不同步。另一种可能是照护者忽略了婴儿提供的线索并使其感到沮丧，或者婴儿累了，以至于他们不能被照护者安抚。这种"断裂时刻"——在互动中的不匹配或错过线索，可能是无关紧要的，也可能是重要的。幸运的是，断裂之后常常有修复的机会，照护者会与婴儿在想法和行为上重新联结。想象一下，当照护者抱着的婴儿盯着手机时，他们其实是短暂地共同用视觉探索手机，可是成人想将婴儿的注意力转移到一个新的玩具上，婴儿因为被"安排"而变得吵闹。这里就产生了断裂，照护者准备将注意力转移到另一个新物体上，但是婴儿并没有做好准备。当他们把注意力再次转移到手机上时，照护者对婴儿说"你还对手机感兴趣呢"。这样照护者通过准确地解读婴儿所提供的线索，对刚产生的断裂进行修复。这个修复之所以能产生，是由于照护者心智成熟，能解读婴儿内在的心理状态。这种能力在反思性实践和互动时的反思中得到发展。关系破裂的情况其实非常常见。通过敏锐地修复，婴幼儿与照护者的安全关系得以维持。在表3.1中，我们提供了一些互动中的关系断裂与修复的实例。

理解影响关系的因素（REL-K2）

关系受到各种涉及关系的个体以及外在情境等因素影响。关系不仅受此时此地影响，还受过去影响。

个体间的关系存在于更大的关系系统中。 儿童是几个关系系统（比如家庭和托育机构）的成员。正如儿童与教师的关系是儿童发展的重要背景，教师之间以及教师与管理者之间的关系也是儿童发展的背景。上述任何一对关系是紧张的还是安定的，都会相应地为另外的几对关系注入紧张或安定的因素。感受到同事及管理者支持和信任的教师会

表 3.1 互动中的关系断裂与修复

丹妮女士给杰西介绍一个新玩具,杰西看到这个新玩具时很兴奋。	丹妮和杰西在玩新玩具时有对视,由此相联结。	一个摇铃玩具让杰西感到兴奋,丹妮说:"这是我看到你笑得最多的一次。"
	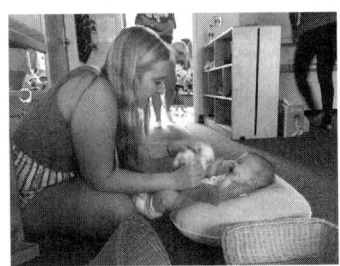	
杰西开始有点厌倦了,但丹妮还在笑着、玩着。	杰西厌倦了,丹妮放下玩具,面对着杰西说:"哦,你玩够了。"	丹妮用手轻握杰西的身体,用温和的声音和平静的表情与杰西建立联结,修复了刚才互动中的关系断裂。

对专业工作更满意,在职时间更长,也能与婴幼儿及其家庭形成更积极的关系。一个未感觉到管理者支持的教师会处在紧张不安中,缺乏与婴幼儿建立良好关系的情感能量。员工调动和机构内的行政变化等干扰因素会对关系造成结构性影响。想要提供高质量的保育和教育,机构管理者必须给教师提供专业支持,例如提供专业化发展的机会,温暖、有支持性的工作环境等(REL-FC1)。

家庭系统中父母关系紧张、有压力以及家庭成员间持续的冲突,对亲子间的互动质量会产生负面影响。同样,家庭系统中发生的变故,如分居、离婚、结婚、生育、参军、搬家、被监禁等,都会对父母和孩子的行为产生影响,还会影响婴幼儿在教室里与同伴和教师的关系。

不同的系统接受新信息的能力各不相同。 开放系统有灵活的边界，能接纳新的信息并加以调整；在封闭系统中，系统成员也许不能或不愿意接受新的信息，很难有效地与系统之外的人进行沟通。比如，教师可能会发现与一些家庭中的成员沟通容易，而与另一些家庭中的成员沟通则很困难。在第四章"与家庭协作并提供支持"中，你会学到与家长相处的一些策略。

过去的关系影响现在的关系。每位教师和家长曾经都是孩子，在自己的关系中社会化并保留了关于自己和他人的一些信念。之前在关系中的经历常会影响我们对婴幼儿的信念、教育实践和互动。例如，如果一位照护者在小时候有强烈的情绪反应时，被教训（大人说"别哭了！"或"你不哭，我才给你想要的东西"）、受羞辱（"快别做爱哭鬼了"）或被忽视（"你没事，别哭了"），那么他可能就会相信表现出强烈的情绪是不被接受的。这样的成人可能就不接纳也不支持学步儿表现出悲伤、愤怒和害怕的情绪。当婴幼儿表现出强烈的情绪时，有可能会激发成人的不良情绪，当成人有强烈的情绪反应时，他们很难以具有支持性的方式回应婴幼儿。譬如，如果为人父母者觉得自己如孩子般无力，那么在面对孩子的不良情绪时，他们会将它视为对成人的不敬而骤然恼怒。

我们过去的关系史影响着我们如何感知婴幼儿，以及如何与他们互动。比如，阿莉莎·胡思-博克斯及其同事（Alissa Huth-Bocks et al., 2004）发现，在关系中受虐的孕妈妈更可能对未出生的胎儿有负面的认知（例如，把胎儿踢腿的行为感知为故意伤害）。丹尼尔·西格尔博士（Daniel Siegel, 2020）解释说，我们先前的经验会对我们对别人做出的反应产生神经层面和行为层面的影响。在恶劣的情境下，我们曾经的创伤经历会导致我们过度警觉，不断地把环境评估为有风险的，把他人的行为感知成身体上或心理上的胁迫。比如，一名婴幼儿在跟随成人的指令时出了错误，那么成人可能将之感知成儿童故意不顺服（对着干），是对成人的胁迫。这时成人的大脑回到战斗或逃避姿态来应对感知到的心理威胁。成人的反应可能会明显地完全不与孩子进行情感上和身体上的联结（逃避），或者把儿童的出错感知成冒犯成人而变得暴怒，用愤怒来回应（战斗）。

在童年经历过创伤的成人更可能有抑郁和焦虑等心理健康问题，因此可能变得更容易被激惹、更脆弱。所有人都有引发反应的触发器。这就是我们需要对自己的触发器和由此而来的反应加以觉察的重要原因。在第二章中学到的反思性实践技能可以帮助你有意识地关注自己的触发器。

理解基于关系的实践的意义（REL-K3）

当一个托育机构宣称采用"基于关系"的教育取向时，他们是强调每个决定都将关系的质量考虑在内，具体涉及怎么安排环境，怎么与婴幼儿及其家庭进行日常互动，怎么创造和实施计划好的体验活动，怎么与家长洽谈，怎么推动教师的工作。与婴幼儿及其家庭以基于关系的实践开展工作，与针对关系和依恋的研究所倡导的理念相一致，也是支持婴幼儿发展和学习的高质量保育和教育。

确保婴幼儿心理健康是基于关系取向的托育机构的宗旨，照护者通过与婴幼儿建立支持性关系来支持其良好的状态和发展。婴幼儿心理健康指婴幼儿在关系情境中的社会性和情感健康。如果父母过得步履维艰，那么他们的孩子也会过得很挣扎。负责婴幼儿心理健康培训的专家面向家长和教师开展工作时，尝试温和地支持他们意识到自己的心理引爆装置，并理解这类引爆装置对其实践的影响。关注婴儿心理健康非常重要，它可以帮助我们看到当小婴儿有强烈的情绪时，他们是进行抗争还是陷入悲痛取决于照护者的压力。如今，美国的很多州都有州立婴幼儿心理健康协会等组织，为基于婴幼儿心理健康的托育实践签署了专门的文件并给予支持。这些文件是针对在托育机构中面向婴幼儿及其家庭开展工作的个体工作人员量身定制的。

知道支持高质量、可持续关系的规则和实践（REL-K4）

婴幼儿可以与多个成人（包括非父母的照护者）建立依恋关系。早期保育和教育中形成的依恋关系让婴儿有与人联结的安全感，能够提升他们的状态和情绪调节能力，为他们的探索、学习提供安全基地。不过，这些安全关系需要长期、持续、积极的互动才能形成。如果婴儿经常由不同的人照护，那么安全的关系就无法建立。如果照护者不温和、不具有一致性，那么婴儿就不会觉得安全。因此，需要一整套重要的策略来促进安全依恋关系的形成，包括提高师幼比、缩小班级规模、提供持续或循环的照护，以及设置主要照护小组。教师需要借助于机构中的促进性条件（REL-FC2-FC4），才能在教室里实施这些策略。

师幼比与班级规模。适宜的师幼比和较小的班级规模能够让教师有时间、空间、精力与婴幼儿进行频繁的互动，实施反思性实践，从而建立良好的关系。因此，高师幼比与高质量的师幼互动相关联。美国的每个州批准的相关指南都提供了具体的法定师幼比，但是这些法定要求仍然不能满足发展心理学专家基于研究推荐的师幼比。全美幼教协会以及0—3岁幼教协会等专业组织建议，1名教师照护3名0—3岁婴幼儿，而且24个月以下的婴儿班（组）不能超过6名儿童。如果1名教师需要照护4名婴幼儿，那么全美幼教协会建议班级里1岁以内（12个月以下）的婴儿不超过8名。如果婴幼儿的年龄范围是13个月—2岁，1名教师需要照护4名婴幼儿，那么班级里的婴幼儿不能超过12名。对于年龄为25个月—3岁的学步儿来说，如果1名教师需要照护4名儿童，那么班级里的儿童不能超过8名（0—3岁幼教协会规定）或12名（全美幼教协会规定）。

主要照护是指每名教师在一间教室里主要与3~4名儿童联结并负责照护他们。当然，所有的教师都会与全班儿童进行互动，但是每名教师需要特别关注他们主要负责的婴幼儿小组。主要照护者通常只收集自己主要负责的婴幼儿的情况，并与其父母分享关于他们的信息。在这种安排下，所有的重要关系都将得以蓬勃发展。主要照护者需要给每名婴幼儿提供一个探究所需要的安全基地。如果婴幼儿还在关注自己的安全问题，那么他们几乎没有精力进行学习。当婴幼儿清楚地知道谁在照护自己时，他们的探索会更自由，参与活动的时间会更长，更能深入地玩游戏，最终获得更强的技能。

持续照护是指儿童与同一名教师和同一组儿童长期在一起，只有极少的大变动，也就是允许有长期的、持续的关系联结。研究表明，与照护者或教师的相处时间越长，婴幼儿就越有可能与其形成安全的依恋关系。许多机构常按婴幼儿的年龄或达到某些发展里程碑（如能爬、会走或者可以进行如厕练习）来安排组别或班级，也就是根据年龄或某种发展差异来安排儿童进入新的班级和教室。然而，持续照护可以保证婴幼儿和教师在一起很长时间。在循环照护模式中，教师与婴幼儿同步转换，将持续在一起2~3年，直到婴幼儿"毕业"。教师重回婴儿班，开始与新的婴儿们建立联结。另一种持续照护模式创造了混龄教室，儿童在托育机构中的几年里一直与固定的教师待在同一间教室里。家庭式托儿所就是这样的，保持了自然的混龄状态。这类持续照护模式可能在逻辑上存在管理困难，但有助于关系的长时间维护。

态度倾向

从一开始就将幼小的婴幼儿看成是有个性、需求和权利的个体（REL-D1）的态度倾向，能支持积极、温暖的互动以及健康和安全关系的建立。我们重视婴幼儿体验和目睹的所有关系（REL-D2），尊重婴幼儿对人际关系的贡献（REL-D3）。最后，我们认识到，令婴幼儿感到舒服的身体接触和情绪表达对其发展至关重要（REL-D4 和 REL-D5）。

将婴幼儿当作一个人来尊重（REL-D1）

高质量的婴幼儿保育和教育中蕴含一个重要的价值观，那就是尊重婴幼儿个体。玛格达·格伯（Magda Gerber）是建立 RIE 教育模式[1]的先驱，是最早的一批科学家与实践者，推动尊重婴儿的理念，并相信婴儿自身的发展和学习能力。学者罗比亚·李维特（Robia Leavitt，1994）曾强调，尊重婴幼儿意味着教师运用发展性力量（在教室里分享的力量）而不是提取式力量（成人控制教室里的所有方面），师幼共同建构常规和作息，而不是忽视婴幼儿的贡献，全部按成人的决定来实践。

珍视婴幼儿、教师、家长及同事间的关系（REL-D2）

教师观念的改变会影响他们与婴幼儿及他人建立关系的方式。有些教师将自己视为提供指导的教育者；有些教师将自己视为关注婴幼儿保育和教育，并让婴幼儿感到舒适的照护者；还有一些教师将自己视为看孩子的人——工作就是工作，而不是事业，他们不太关注建立长期的强有力关系。对高质量的婴幼儿保育和教育来说，教师必须重视和促进健康的关系——不仅包括他们与所照护的婴幼儿之间的关系，还包括他们与家长、同事和管理者之间以及这几类人员之间的健康关系。

尊重婴幼儿对关系的贡献，重视共同建构关系的本质（REL-D3）

关系都基于两个个体之间的相互作用。教师可以将婴幼儿看成是关系的贡献者，并且可以改变关系的程度。随着关于儿童发展知识的增长，教师会不断认识到并尊重婴幼儿的行为（非言语及言语线索）对互动和建立关系的重要贡献，从而调整他们与每名婴幼儿互动时的反应。

对身体接触和情感氛围感到舒服（REL-D4）

所有人都需要身体接触，婴幼儿必须要有身体接触才能生存。雷内·斯皮兹（Renee

---

[1] "RIE" 的全称为 "Resources for Infant Educarers"，指美国婴幼儿育养中心。RIE 教育模式是 RIE 的创始人玛格达·格伯提出的。——译者注

Spitz）在 70 多年前对孤儿院婴儿的开创性研究，以及哈利·哈洛（Harry Harlow）关于恒河猴喂养的经典实验，强调了触觉舒适的重要性，为我们理解身体接触对情感发展的关键作用提供了基础。在佛罗里达触觉研究所，蒂芬妮·菲尔德（Tiffany Field，2019）关于早期身体接触对发展影响的扩展性实验，确定了几类身体接触的方式与情感发展和其他领域发展的关联。

成人对身体亲密接触的舒服感和对积极触碰的重视程度各有不同。有时一个成人对身体接触感到舒服与否和他过去的正面、负面的身体接触经历有关。比如，如果一名教师成长于一个家庭成员间身体接触很少的家庭，或者有过身体受虐的经历，那么他可能会对通过身体接触与婴幼儿热切交流感到不太舒服。另一些教师可能比较关心机构所制定的关于身体接触的规定。对身体接触感到舒服的成人，常对婴幼儿身体接触的情感需求线索比较注意，会在每天的接触中抱着、摇动、拥抱婴幼儿。此外，对身体接触有较少正面经历的成人，仅仅在换尿布等必要的照护活动中才会抱和触碰婴幼儿。在照护婴幼儿时有带着情感的身体接触是一个重要的因素，考察个体身体接触的舒适程度是一个重要的方面。

对情绪表达感到舒服（REL-D5）

婴幼儿通过分享情绪建立关系，包括分享喜悦、兴奋，以及悲伤、害怕、沮丧等情绪。当他们长大一些，这类情绪体验会变得更复杂，他们的表达也会更强烈。有些教师会因为婴幼儿的悲伤、害怕或愤怒而对自己感到沮丧，另一些教师则相信婴幼儿的这些情绪没有什么原因。当我们以具有支持性的方式来回应婴幼儿的各种情绪、情感时，就是与婴幼儿建立相互信任的关系，让他们在其中能感受到接纳，知道可以依靠我们得到安慰，从而帮助他们成长和学习。成人必须对婴幼儿经历的各种情绪、情感保持平和、舒适的状态，与他们共同感受一些情绪、情感经历，从而建立起安全的关系。

技　能

教师要想具备建立并支持关系的素养，则需要机构提供我们在之前描述的促进性条件（REL-FC1-FC4）。这些促进性条件在图 3.3 中进行了总结。在这样的情境中，教师会架构物理环境（REL-S1），建构人际关系环境（REL-S2），安排常规活动和过渡环节

（REL-S3），支持班级群体的关系，从而支持婴幼儿的发展。在这些支持性安排中，教师与婴幼儿会建立安全的关系，婴幼儿能够参与温暖、尊重的互动（REL-S4），也能够享有教师提供的回应性、个别化的互动（REL-S6），教师和婴幼儿共同建构互动和关系（REL-S7）。教师也支持婴幼儿与同伴的关系（REL-S8），以及婴幼儿与其家庭成员之间的关系（REL-S9）。

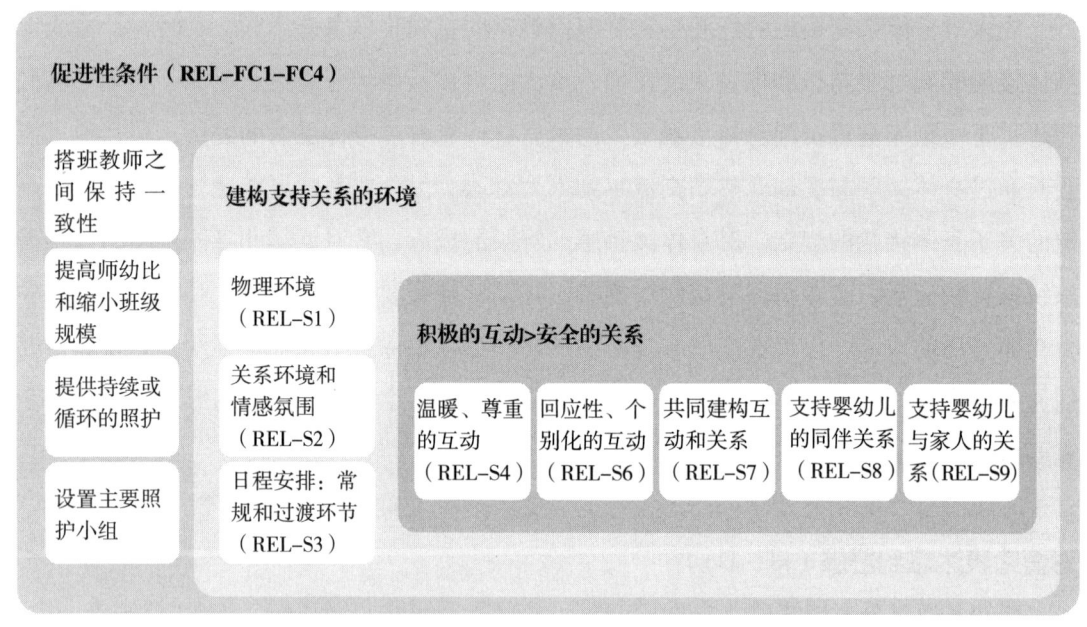

图 3.3　建立和支持婴幼儿、教师和家庭间的关系网

运用物理环境建立和支持关系（REL-S1）

对关系充满尊重，并且将其作为婴幼儿生活的核心（对我们亦然），应该从我们踏入托育机构的那一刻就能看到。支持关系的架构可营造平静、安全、欢迎每一位成员到来的环境。

 策略

图 3.4 提供了架构促进、支持健康关系的环境的主要策略。

第三章 建立并支持关系

支持婴幼儿与成人间的关系	增进归属感	支持成人间的关系
·为成人提供可以坐在地板上的舒适空间。 ·为成人提供摇椅和相应的舒适空间,婴幼儿可以去那里找他们。 ·在室内为家长提供可以舒适地护理婴幼儿及哺乳的空间。	·贴出一些婴幼儿活动及成果的照片。 ·贴出一些婴幼儿与教师互动的照片。 ·贴出一些婴幼儿与家人一起的照片。 ·提供放置婴幼儿物品的个人空间。	·提供空间给教师们私密地讨论工作。 ·提供给家庭成员与教师秘密交谈的舒适空间。 ·提供家庭与家庭之间互动的合适空间。

图 3.4　运用物理环境支持关系的策略

创建积极的关系环境和情感氛围（REL-S2）

照护婴幼儿的教师共同体之间的工作团队关系以及教师与婴幼儿家长间的关系，是婴幼儿每天目睹的关系示范。这些关系的质量和功能对婴幼儿能否感到安定，以及他们如何得到照护有较大的影响。我们将在第四章中讨论教师与家庭的关系。本章主要对教室中作为婴幼儿关系环境一部分的教师共同体的关系进行阐述。

有的学者将合作教学关系比作婚姻关系，考虑到一对或一组教师一起照护 6~12 名婴幼儿所要做的所有事，这个类比有一定的道理。从最低限度来讲，搭班教师之间的关系运转需要清楚、协调一致的交流。在理想状态下，这应该是一种温暖、相互关照的伙伴关系，他们能在工作中相互支持，为婴幼儿提供良好关系的示范。然而，这么重要的关系却很少被讨论。

■ 策略

图 3.5 描述了如何创建有效的教师合作关系，并在教室中营造积极的情感基调：

教师如何与合作者交谈，能够向婴幼儿及其家长示范如何表示尊重。教师与合作者谈论关于婴幼儿的事情的方式，能够示范尊重和支持，或者轻视和蔑视。不少教师选择不在婴幼儿面前谈论关于他们的事情，但是有时难免需要提醒另一个教师关注婴幼儿的行为或需要。这时教师的语气和用词就很关键，应该向婴幼儿示范希望其看到和感受到的态度。对于同一件事，说"看起来沙米又要弄得一团糟了"与说"看起来沙米可能需

建立合作关系	每周交流	每日交流	随时自发交流
·搭班合作教育模式：决定如何一起开展工作（比如，班级里的主要照护工作怎么安排），决定主要照护小组的安排，明确教师角色及责任。 ·专业方面的哲学思想：谈论各自的信念、价值观、工作重点；确定方向、成就和挑战；讨论相同、不同，找到共识。 ·疲劳管理：讨论什么会让你过度疲劳，如何让你的合作者知道你很累，当过度疲劳时有什么能帮你。 ·交流体系：明确在一天中及整个工作周中的交流安排及方式。	·婴幼儿的状态、行为，以及每日流程需要的任何改变。 ·婴幼儿的发展，包括萌发的技能和任何值得关注之处。 ·为支持婴幼儿发展制订计划。 ·工作日程安排中可预见的变化。	·确认彼此的状态；有需要时寻找支持；在可能的情况下为对方提供帮助。 ·就一天的计划进行沟通。 ·讨论任何常态中会影响工作的问题。	·持续地交流，协调监管和确保安全。 ·分散地、尊重地交流婴幼儿需要的额外支持，以使他们调节情绪和行为。 ·分享发现婴幼儿的体验和发展时的喜悦。 ·当你压力过大、应接不暇和需要支持时表现出来。

图 3.5　创建并维持合作关系的策略

要你帮他倒水"有很大的差别。经历一段较长的时间后，许多教师团队会发展出微妙的交流方式。同样，你谈论婴幼儿家庭的方式也会表现出尊重与否。教师当着儿童的面谈论其家庭的情况比较少，除非是协调接送环节或传递家长的叮嘱。这时，教师说话的语气和用词也会示范尊重与支持。

运用常规活动及过渡环节建立和支持关系（REL-S3）

婴幼儿每天的生活由常规活动和活动间的过渡环节构成。有一个相对稳定的时间安排可以让他们感到安心，但是教师需要根据婴幼儿个体的需要对日程安排进行灵活调整。主要照护者应该尽可能在常规活动和过渡环节中与婴幼儿在一起，从而建立和维持关系。

在托育机构中，每天入托时的问候、离托时的告别有助于建立、加强关系。一名婴幼儿在早晨进入教室的方式可以为其一天在机构中的生活定下基调；离开机构时，婴幼儿与家庭成员重新团聚的方式也能够反映他们在一天中的感受，并影响其之后与家人相处的时光。

策略

- 在婴幼儿入托和离托时，叫他们的名字，进行问候和告别。
- 在婴幼儿到来时，用热情的微笑和喜爱之情欢迎他们。
- 向婴幼儿告知同伴的到来（"卡拉利，你看到艾丽已经来了吧"），对刚来的婴幼儿说明同伴对其到来的反应（"艾丽，你来的时候卡拉利笑了，她看到你来很兴奋"）。
- 创设婴幼儿进班的个性化迎接仪式——也许是一种特殊的问候或者某个婴幼儿可以先做自己喜欢的一件事。时间长了，他们可以改变这些仪式。要保持灵活性。
- 与家庭成员一起为婴幼儿创设个别化的问候和告别仪式（见 REL-S9）。
- 确认婴幼儿从班级里离开，表达你会再见到他们的时间（"祝你度过愉快的夜晚，明天见"）。

在一天中利用照护常规（比如换尿布和协助婴幼儿入睡）来支持婴幼儿与主要照护者的关系。比如，与婴幼儿分享情感体验，与他们谈论自身的感受。利用团体的常规（比如分享食品或收放玩具）支持婴幼儿间的关系，建立同伴对话、互助行为的榜样。

特别留意在一些婴幼儿感觉很脆弱的常规时间（如睡觉及换尿布）建立关系。在一整天的常规活动中采纳本章提及的基本互动技能来建立和强化关系很重要。补充材料 3.1 探讨了基于关系的睡眠常规，描述了午睡和小憩时的相处怎样影响关系的建立。补充材料 3.2 描述了换尿布的过程，通过让婴幼儿参与自我照护的活动，加强婴幼儿和教师间的尊重式关系。

补充材料 3.1

即便遵从持续照护的原则进行实践，也难免关系中会有变化，比如一名婴儿或婴儿小组转入新的教室，或者有另外的教师和婴幼儿加入或离开班级。重要的是通过尊重婴幼儿的关系，提示他们将会发生的变化，允许他们对发生的变化有较大的情绪反应（如兴奋、悲伤，甚至愤怒），并帮助他们管理自己的情绪，在新的情境和关系中进行调整，从而预测和掌控这些变化。

补充材料 3.2

策略

- 当教室里有成员要离开时,可以通过以下方式来表示重视婴幼儿的关系和情感(参见表3.2):
  - 开一个告别会;
  - 保留一张有离开者的照片,以便婴幼儿能看到,并指着照片进行交谈;
  - 与婴幼儿谈论他们对离开者的感情,邀请婴幼儿以有创意的方式(比如画一张离开者的画)来表达他们的感情。

表 3.2　确认、尊重班级关系中的重要转换

丹尼丝女士在早晨将班级里的学步儿召集在一起,宣布卢克一家要搬走了,该周的最后一天将是卢克在班级里的最后一天。		

丹尼丝女士制作了一张图表,对卢克的离开进行倒计时。	她说班里的学步儿和教师都会对卢克的离开感到悲伤,并会想念他。	丹尼丝女士准备了卢克最喜欢吃的点心,并且准备在他来园的最后一天的点心时间开一个告别会。

- 当婴幼儿要转班时,可以通过以下方式对其表示尊重:
  - 以庆祝长大的方式,面对婴幼儿个体或小组的转换;
  - 举办一个转换活动,这样班级内的学生、教师和家长可以一起将婴幼儿的物品从一间教室搬到另一间教室。

进行温暖、尊重的互动(REL-S4)

温暖、尊重的互动有以下特点。

以婴幼儿的水平和节奏进行互动。你采取坐或跪的姿势,让自己与婴幼儿的高度保持一致(而不是站着或者弯着腰)。与婴幼儿进行眼神接触。成人总是匆忙行事,但是婴

儿行动缓慢。花时间看着小婴儿，倾听他发出的声音。在互动时，不要想你接下来需要做什么，把心理和身体都调整到适于当下的状态。

呈现温暖与爱心。 教师通过温和的语音、开放的身体姿势迎接婴幼儿身体上的亲近（比如，抬起头、双手放在大腿上，而不是双手交叉、埋着头）。提供、接纳带有热情的身体接触，呈现温暖与爱心。身体接触促进成人与婴儿的联系，婴儿也会加以回应，并与成人建立联结。

发生身体接触时产生的心理和神经方面的变化让人震惊。温暖、积极的身体接触（比如一个拥抱），会激发人体内的催产素释放，这种激素又被称为"爱之激素"或"拥抱激素"，因为它会让我们感觉到爱和舒服。母亲在喂养婴儿时，这种"爱之激素"会如洪水般汹涌而出。身体接触能激发更多的大脑神经方面的变化。如果父母在婴幼儿玩耍时与其有更多的充满爱的身体接触，那么孩子大脑中的社会性脑区将比此类经验不足的婴幼儿产生更多的连接（Brauer et al., 2016）。另外，使用语言和身体接触来安慰婴幼儿，可以降低他们的心率，减轻他们的压力。蒂芬妮·菲尔德对人的身体接触进行了大量的研究，发现身体接触与更广范围的健康、幸福及学业成就有关，包括能够促进更好的睡眠、加强免疫系统的功能、减少焦虑、增进认知及情感能力。简言之，充满爱的支持性身体接触是促进关系、婴幼儿良好状态及长期发展的重要策略。

萨沙在尝试一个新的爬行活动，埃德森女士就在旁边，她这一整天都是萨沙的"安全基地"。

以温暖、正向的方式多使用婴幼儿的名字。婴儿刚学习自己的名字，学步儿开始发展自己作为一个个体的身份感。怎么使用婴幼儿的名字进行交流，代表着我们怎么看待他们，也会影响到他们怎么看待自己。婴幼儿感受到与自己的名字相联系时，面对的应该是积极的情感，而不是斥责和命令。

对婴幼儿发出的所有邀请做出回应，进行互动。尊重式互动强调不要忽视婴幼儿表现出的互动线索。无论婴幼儿何时靠近你或者邀请你互动（比如，进行眼神互动，触碰你的手臂，或者给你看一个玩具），都请对他进行回应，确认他的邀请（建立共同注意），并且将你的注意力转向他想要你看的东西（对第三方的共同注意）。

分享权利。尊重的关系有一个特征是分享权利，而不是同一个人始终控制着关系。我们应该更重视婴幼儿个体，而不是将忙于为婴幼儿做事放在第一位（比如，在进餐后与婴幼儿一起清理，或者在提供帮助前让婴幼儿先进行尝试）。

策略

- 当着婴幼儿的面靠近他们，并叙述你正在做什么。比如，在进餐后要给婴儿擦脸时，让婴儿看着你正在朝向他，向他展示毛巾，然后停下来与他进行眼神互动。
- 运用可预期的话语（解释将要发生什么）。比如："你的脸上有点酸奶，我要用一张湿毛巾把你脸上的酸奶擦掉，现在我要给你擦脸了。"
- 等待婴儿的反应，他们可能会回以眼神交流或者发出声音。
- 当你离开时要用可预期的话语（"看样子雅各布需要我帮他打开颜料盖。我现在要站起来帮他一下，然后我再回来"）。在开始一个照护常规时也要用可预期的话语（"两分钟后换尿布。我先准备尿布台，再来找你"）。
- 让婴幼儿进行一些自我照护活动。比如，请婴幼儿把自己的干尿布拿到尿布台上，请他们打开水龙头，或者请他们选择在休息时要不要被抚摸后背。
- 叙述、解释你正在做什么。"现在我要把你的湿尿布取掉，把你的屁股擦干净。"
- 尽可能在时间安排上保持灵活，尊重婴幼儿的兴趣和目标。比如，允许一个学步儿完成积木搭建，稍微推迟几分钟打扫卫生。
- 避免打断婴幼儿正在做的事，等待他们的邀请。如果一个孩子正在跟其他孩子玩某个材料，那么你需要在旁边看着、等待、寻求他们邀请你参与。他们的邀请可能是眼神一瞥、发出声音、做出一个姿势或者对你进行触碰（比如碰一下你的手臂）。如果他们暂时没有发出邀请，那么请不要介入。

参与儿童主导的游戏（REL-S5）

融入儿童的游戏是建立关系的基本方法。当婴幼儿主导一个游戏时，你可以了解到他们的兴趣、掌握的技能。你可以对婴幼儿作为一个独立的个体和主动学习者表示出尊重。在儿童主导的游戏中，你会发现很多有目的和灵活地支持他们发展和学习的机会。关于这一点，我们将在第六章中详细描述。当婴幼儿游戏时，要用你所有的技能来进行温暖、尊重的互动，与他们建立联结。

策略

- 如果婴幼儿已经开始游戏，那么你可以靠近他们，观察他们的游戏，指出他们在做什么，寻找他们向你开放或者邀请你加入的机会。
- 如果你和婴幼儿一起开始游戏，请确保周围有几个玩具或物品，然后请他们挑选（"有好几个玩具，你想先玩哪个？"），对他们的选择做出回应（"你选择玩小汽车"）。
- 用婴幼儿玩耍的方式加入他们的游戏（比如在他们的旁边开小汽车），或者跟他们用互补的方式玩（在他们的对面，相互把小汽车开来开去）。
- 找到扩展婴幼儿玩法的方式，而不是改变他们关注的游戏，或者代替他们原来的游戏（比如，制造一个斜坡或道路，让他们的车可以开上去，或者在身体上移动小汽车）。
- 配合婴幼儿游戏的节奏或速度，以及他们的情绪基调（比如平静或兴高采烈）。
- 如果婴幼儿开始失去兴趣，那么就增加一些可能吸引他们的物品，或者邀请他们选择另一些东西。如果婴幼儿改变了游戏中的关注点（放下小汽车，拿起玩偶），那么就追随他们的新兴趣（见表3.3）。

与每名婴幼儿进行回应性、个别化的互动（REL-S6）

在第二章中，我们了解到观察、反思和回应婴幼儿的过程（图2.4）。跟成人一样，婴幼儿的心里也总有些事情——思想、感受和渴望，他们通过自己的行为将其表达出来。具有敏感性和回应性意味着了解并回应婴幼儿的内部状态。接下来，我们将仔细看看如

表3.3　回应婴幼儿的邀请，关注他们喜欢的事，跟随他们主导的游戏

萨米得到安德鲁老师的关注，老师走过去跟他有眼神接触（共同注意），萨米给老师看一个电话（共同注意），并邀请老师一起玩。	安德鲁老师接受了萨米的邀请，并加入他的游戏。萨米对着电话叽里哇啦地说了一通，假装在打电话，安德鲁老师也假装在电话里跟他通话。	萨米通过手指的方向来引导安德鲁老师的关注点，安德鲁老师跟随萨米的指引，看着房间的另一侧，并跟萨米谈论他们看到的情况。

何将反思的过程运用于我们与婴幼儿的长期互动。

观察：婴幼儿在做什么？仔细地看着婴幼儿提供的线索，有目的地运用你的技能，专注地观察。思考婴幼儿看到了什么、听到了什么，以及他们都在做什么。识别你看到的动作、词语和发音以及影响（用面部表情和身体语言）。注意情境。婴幼儿在哪里（是在教室里，还是户外）？他们还会与什么人相互回应？用这些问题确认其有意义的行为、内部状态的表现和交流的需要。

反思：婴幼儿可能有什么目的、感受和思考？他们可能有什么需要？问一问：在某个时刻，婴幼儿可能想什么、有什么感受？在这次互动中，婴幼儿的体验如何，他们可能想要或需要什么？把你观察到的婴幼儿情况和所处的情境结合起来，运用关于儿童发展的知识和把儿童视为一个个体（可能影响其行为的气质、当前的发展性技能、家庭与文化环境、近期及当前的经验）来理解他的行为表露出的兴趣和需要。记住，你的解读不一定都对！你对婴幼儿了解得越多，你就越能识别出其行为表现中的规律，并能准确地解读他们的需要。例如，婴幼儿的某些行为是每天在同一时间或相同的情境下，或者与同一批人在一起时产生的吗？

运用你在反思性实践中形成的心智化能力（RFP-S5），带着同理心、共情和理解，在与婴幼儿互动时出声地反思。"你在努力用那个形状分类玩具进行操作，看起来你想把里面的所有小部件都取出来"或者"看来现在让你保持平和有点困难，你在揉眼睛。我想你可能困了"。在互动中反思是引导婴幼儿行为的基础，也是帮助婴幼儿掌握关于行动、

情感、思想以及因果关系的词汇的好方法，可以支持他们跨领域发展。出声反思提供了推理的实例，并向婴幼儿介绍了关于内部状态的概念。

回应：你可以怎样回应婴幼儿的需要？在敏感的互动中，成人会友好地对婴幼儿发出的信号加以回应，以同样的强度、节奏和情绪表达（爱）。婴儿精神病学家丹尼尔·斯特恩（Daniel Stern，1984）将这种情感和能量上的匹配称为"调谐"（attunement）。敏感的成人对婴幼儿的回应具有灵活性（根据不同的儿童进行个别化的指导，根据儿童变化的节奏、强度、需要等进行调整）。下面将介绍一些提升关系中的安全感的策略。

策略

- 保持温和、充满爱心。有时教师必须严格，但这不同于严酷、冷漠和挑剔。教师可以同时表现出严格和温和。
- 保持时效。根据情况变化进行的回应要发生在与婴幼儿行为相近的时间里。当一个婴儿发出咕咕声时，如果教师在几秒内给予语音回应，那么因情况而进行的回应就发生了。基于情况的回应能够帮助婴幼儿理解你是对他发出的信号进行回应，帮助他把自己的行动和你的回应联系起来。建立这样的联系有助于婴幼儿在关系中感到安全，同时理解交流的往来以及因果关系。
- 做出有意回应，而不只是即刻反应。运用所掌握的、具有发展适宜性的期望，有意识地进行支持性回应，不断加强支持性互动。每名婴幼儿都有自己的特点、偏好、当下的需要，它们将指引你更好地回应婴幼儿。

观察反应：婴幼儿如何回应你？当你做出响应后，观察婴幼儿的反应。注意他们做了什么或说了什么（用表情、肢体和行为）。判定一下你的回应是否与婴幼儿的兴趣和需要相协调，是否改变了他们的行为，或者增加了他们的经验。运用你的观察结果来调整对婴幼儿的回应，在与婴幼儿建立关系的过程中，不断推动个性化的互动。

为婴幼儿创造参与制定惯例和建立关系的机会（REL-S7）

关系是需要共同建构的，意味着其中的每个人都要为发展和维持关系出力。通过长期的互动，每个人都在增加对他人行为的理解，并明晰其在关系中的位置。每次回应都不只基于当下发生的事情，还基于对共同经历的认知。创造机会让婴幼儿共同建构，意味着寻找婴幼儿独特的行为、偏好和表露这些行为及偏好的独特线索，并做出相应的回应。某个婴幼儿可能喜欢击掌，另一个婴幼儿则乐于把头靠在你的腿上。有的婴幼儿可能喜欢把肚脐露给你看，另一个婴幼儿则喜欢给你看他从家里带来的玩具。对这些不同的邀请做出反应就形成了与婴幼儿共同建构的惯例。

每天家长把婴幼儿送到托育机构的时候是一个进行联结的重要时机。每名儿童对进入教室时与教师接触的方式有何偏好？他是喜欢快速地抱一下，紧紧地抱一段时间，还是需要先坐下来看几分钟，再靠近某个人？设想一名学步儿每天喜欢快速地与教师抱一下，脱掉外套，然后到教室里逛一圈，看看有什么可玩的。当教师参与并支持这名学步儿的行动时，这些做法就变成了这个孩子的入托惯例。也许教师可以花点时间跟这个孩子一起在教室里逛一圈，然后发表一些评论："查尔，我记得你上周很享受用颜料画画。今天我们也画画好不好？"这样，教师与孩子就共同建构了晨间惯例，这将成为他们关系中的一部分。其他的惯例包括个人化的常规，如午睡时（例如，教师确切地知道某个婴幼儿喜欢午睡前有人抚摸他的后背）以及离托时（例如，教师和某个婴幼儿之间有独有的告别方式）的常规。

策略

- 从某个常规活动开始，比如入托/离托、进餐、换尿布/如厕、休息/睡觉。练习在上述的常规活动中对每个孩子的行为和偏好加以关注。
- 根据婴幼儿通过行动和偏好释放出的信息，创建反映其表达需要的惯例。

建设班级共同体，支持婴幼儿同伴间的关系（REL-S8）

虽然小婴儿主要关注他们与照护者的关系，但是到出生6个月后，他们开始注意到同伴，并享受与同伴的互动。能力强的教师会有意识地安排教室布局和实践，促进婴幼儿间的互动，并有助于其建立同伴关系。同伴关系对婴幼儿每日经历的质量、身体健康及社会技能发展都很重要。

策略

- 在指代一组婴幼儿时,我们常用包含性词汇,如儿童、同学或者朋友。虽然婴幼儿之间的关系可能不是通常定义的"朋友"关系,但是用"我们班"或"朋友"这样的词,会建立一种团体的感觉,并且与学步儿和婴儿的亲社会行为相关。
- 在任何集体进行的游戏、歌唱或照护常规中,确保每个想要参与的孩子都能轮到,并且有机会参加。
- 为婴幼儿创建小团体相处的经历(比如,一起在一张桌子边用颜料画画,一起搭一个比较大型的积木结构,或者一起在感官桌边进行探索),同时提供一些全班开展集体活动的经历(比如,一起唱歌,听故事,在户外跳舞,或者参与大型的艺术活动),允许婴幼儿在过程中退出。
- 用不带表扬或批评的中性语气,指出婴幼儿间偏好、特点、着装等方面的相同与不同之处("你们俩今天都穿了带条纹的衣服"),但是要避免对儿童进行对比,或者表现出让一名儿童像另一名儿童那样做。
- 帮助婴幼儿解读同伴的表现、情绪和意图("科莉特把手臂伸到头上了,看来她还没有准备好接受晨间拥抱")。
- 认可婴幼儿表现出愿意帮助他人的意愿和行为("你把你们一家人的照片给她了,可能你觉得那样可以安慰她")。
- 当学步儿学到一些技能时,请他们相互帮助("查利,你能递给萨姆一杯水吗?")。
- 参与并支持学步儿对冲突进行协商,以及与同伴一起解决问题("看来你们俩都想要推那辆四轮车,那该怎么办呢?");准备好在儿童需要时提供建议和情感支持。

支持婴幼儿与家人的关系(REL–S9)

婴幼儿当下的幸福与长期的发展有赖于他们与家庭成员间关系的质量。因此,教师的一个任务是支持婴幼儿与其家人的关系。支持家庭关系的时机主要蕴含在每天的入托和离托时间中,在理想的情况下,也蕴含在教师为回应家长的需要而进行的每日交流中。在第四章中,我们将说明如何与不同的家庭建立伙伴关系,以及支持家庭成员承担起"第一教育者"的职责。

策略

- 欢迎家庭成员到教室里。通过把婴幼儿的家庭照片放在教室里,创建欢迎家庭的空间。为成人提供舒适的家具,以便婴幼儿的家长在班级里能够跟孩子坐在一起。当婴幼儿的家长到来时要问候他们,当有可能时要把他们介绍给教室里的其他成人。
- 支持家园之间的情感联结。鼓励婴幼儿使用带有家庭情感联系的过渡性物品(比如,婴幼儿最喜欢的毯子或动物毛绒玩具,或者其他能让婴幼儿想到家人的物品)。还不会说话的婴儿应该可以在教室里看到家人的照片,并且可以拿着它,开启关于家人的交流。婴幼儿家庭的照片可以压薄并塑封起来。
- 询问婴幼儿的家庭成员对被纳入教室有什么偏好及意愿。在有些文化和宗教中,不使用人们的照片,有些家长可能会因家庭照片被别人看到而有不安感。

在婴幼儿的房间里,他们家庭的照片被粘在条状魔术贴上,婴幼儿可以很容易地找到、看到、拿到。

回顾与展望

回顾本章开头的图3.1，该图呈现了与建立并支持关系相关的知识、态度倾向及技能。在开始阅读本章前，你已经具备哪些素养？你的哪些素养得到了发展？接下来你会有意培养哪些素养？运用本书附有的《0—3岁婴幼儿教师指导手册使用指南》中的相关内容与本书一起支持你在这方面的专业化发展。

第四章 与家庭协作并提供支持

针对婴幼儿开展工作意味着我们需要与他们所在的家庭协作。婴幼儿教师通过与家庭形成积极的、以目标为导向的关系，在帮助家庭支持婴幼儿的发展、学习和身心健康方面发挥着重要作用。了解家庭系统的性质，以及什么让家庭彼此不同、与你的家庭不同，是形成有效的伙伴关系的关键。与每个家庭合作，了解他们的生活状况、文化和价值观，可以使你的工作方式和沟通个性化。图4.1总结了教师与家庭协作并提供支持的知识、态度倾向和技能。

为什么与家庭协作并提供支持很重要？ 这是由于当家长感到受欢迎、被重视和被倾听时，他们会更倾向于与你协作。与家庭建立信任、有效的伙伴关系和开放式沟通将使你的工作更容易，促成你对婴幼儿的良好照护和婴幼儿的理想发展，并且对家长产生激励作用，让他们愿意在托育机构中停留更长的时间。与家庭形成良好的伙伴关系也可以加强婴幼儿与家庭的关系，丰富婴幼儿的家庭学习环境。此外，在婴幼儿离开托育机构后的几年里，这种关系也能够继续影响着他们的幸福和学习。

与家庭协作并提供支持与其他素养有何关系？ 在本书中，你将看到关于与家庭协作和让家庭参与婴幼儿保育和教育的内容。你与家长的沟通对婴幼儿的幸福至关重要，而你对家庭的了解则是你为婴幼儿创造与文化相关的资源和经验的基础。与家长分享你的观察和思考可以强化你与家庭的伙伴关系和共同目标，相关的讨论可以给你带来新的见解，使你对婴幼儿的评价更加准确和有用。有些婴幼儿有额外的社会和教育服务需要，在识别和支持他们的潜在困难的过程中，与家庭建立伙伴关系并提供支持特别有必要。最后，支持家庭对指导父母至关重要——有助于他们有信心掌握促进婴幼儿发展的能力。

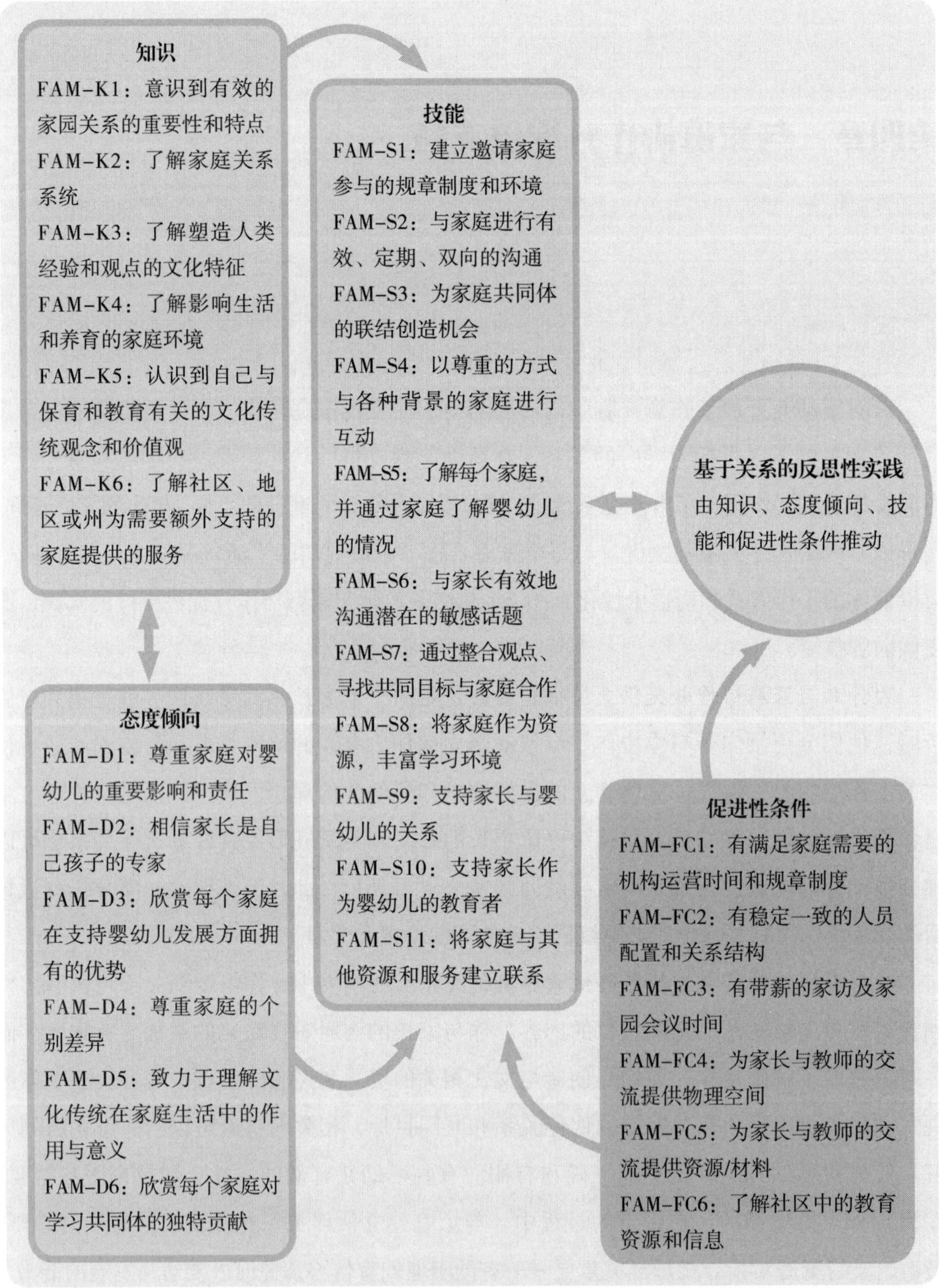

知识

FAM-K1：意识到有效的家园关系的重要性和特点

FAM-K2：了解家庭关系系统

FAM-K3：了解塑造人类经验和观点的文化特征

FAM-K4：了解影响生活和养育的家庭环境

FAM-K5：认识到自己与保育和教育有关的文化传统观念和价值观

FAM-K6：了解社区、地区或州为需要额外支持的家庭提供的服务

技能

FAM-S1：建立邀请家庭参与的规章制度和环境

FAM-S2：与家庭进行有效、定期、双向的沟通

FAM-S3：为家庭共同体的联结创造机会

FAM-S4：以尊重的方式与各种背景的家庭进行互动

FAM-S5：了解每个家庭，并通过家庭了解婴幼儿的情况

FAM-S6：与家长有效地沟通潜在的敏感话题

FAM-S7：通过整合观点、寻找共同目标与家庭合作

FAM-S8：将家庭作为资源，丰富学习环境

FAM-S9：支持家长与婴幼儿的关系

FAM-S10：支持家长作为婴幼儿的教育者

FAM-S11：将家庭与其他资源和服务建立联系

基于关系的反思性实践

由知识、态度倾向、技能和促进性条件推动

态度倾向

FAM-D1：尊重家庭对婴幼儿的重要影响和责任

FAM-D2：相信家长是自己孩子的专家

FAM-D3：欣赏每个家庭在支持婴幼儿发展方面拥有的优势

FAM-D4：尊重家庭的个别差异

FAM-D5：致力于理解文化传统在家庭生活中的作用与意义

FAM-D6：欣赏每个家庭对学习共同体的独特贡献

促进性条件

FAM-FC1：有满足家庭需要的机构运营时间和规章制度

FAM-FC2：有稳定一致的人员配置和关系结构

FAM-FC3：有带薪的家访及家园会议时间

FAM-FC4：为家长与教师的交流提供物理空间

FAM-FC5：为家长与教师的交流提供资源/材料

FAM-FC6：了解社区中的教育资源和信息

图 4.1　与家庭协作并提供支持

促进性条件。托育机构的规章制度和资源为教师与家庭的合作关系奠定了基础。对于机构运营时间和规章制度（FAM-FC1），我们需要考虑的是：家长的工作是否允许他们请假？与儿童疾病相关的规章制度是否符合婴幼儿、家长和教师的需要，以及如何保障他们的安全？直截了当地向家长介绍这些规章制度有助于避免日后出现问题。在工作中的常见情况是，家长在第一次听到相关的规章制度时（如听到关于儿童疾病的规章制度时）没有提出质疑，然后在需要时却忽视这些制度。当孩子生病时，许多家长的工作不允许他们请假，但他们又不得不请假照顾孩子，有些家长甚至可能会因为照顾孩子而失去工作。然而，这并不意味着我们可以忽视这些规章制度，这些规章制度的目的是保护婴幼儿、家长和工作人员不受疾病的影响。托育机构可以帮助家长解决相关的问题，例如，帮助他们在孩子生病时找到替代照护者。

确保有足够的报酬、持续的专业化发展机会和营造良好氛围的机构规章制度，可以促进人员配置的一致性、稳定性，从而使教师与家庭的关系更加具有一致性（FAM-FC2）。如果你在一个较大的机构中，请为每一个家庭指定一名主要的教师，这可以让机构团队中的某个成员与家庭建立更密切的关系。如果班级里有多名教师，也可以确定最适合的服务提供者，并让其与家庭进行配对。

带薪计划和开展家访、家园会议（FAM-FC3），使教师能够通过个别谈话增进对婴幼儿及其家庭的了解。托育机构应提供各种方式，使家长能够参与婴幼儿的保育和教育。机构需要在其所在的建筑中提供物理空间，便于家长与教师会面、家长互相认识（例如，家长们能够在托育机构的阅读区里交谈），以及母亲吸出母乳或给婴儿喂奶（FAM-FC4）。在托育机构中，教师需要在日常工作中与家长沟通婴幼儿的情况。因此，家长和教师需要可用、可靠、保护隐私并易于使用的通信系统。有的机构使用社交软件，有的机构则使用短信（使用机构中的工作电话，而不是教师的个人电话）（FAM-FC5）。最后，机构应提供各种教育材料和社区资源的信息，以满足家长参与婴幼儿保育和教育的需要或愿望（FAM-FC6）。关于为家庭提供资源和材料的例子，请参见补充材料4.1。

补充材料4.1

知　识

与家庭协作并提供支持，教师首先要意识到与家庭建立有效的家园关系的重要性，并知道这样的伙伴关系应该是怎样的（FAM-K1），了解家庭关系系统，以及这些系统如何影响你与家庭的伙伴关系（FAM-K2）。其次，教师应该了解家庭是如何运作的，家庭在需求、方法和与教师的沟通，以及照护目标和做法方面有何不同。再次，教师需要了解影响育儿的文化背景（FAM-K3）和影响家庭生活的环境（FAM-K4）。此外，教师要承认自己保育和教育婴幼儿的态度倾向和方法受到自身的文化、价值观及传统的影响，以及尊重家庭的观点、选择与文化传统（FAM-K5）对教师来说十分重要。最后，教师需要了解自己所在的社区、地区和州的家庭资源和为需要额外支持的婴幼儿及其家庭提供的服务（FAM-K6）。虽然让托育机构将家庭与资源进行匹配和为家庭提供可参考的资源是"促进性条件"的一部分（FAM-FC6），但它在"知识"中也十分重要。

意识到有效的家园关系的重要性和特点（FAM-K1）

美国家长、家庭和社区参与中心（the National Center on Parent, Family, and Community Engagement，NCPFCE）将家长与教师的最佳伙伴关系描述为一种积极的、以目标为导向的关系。也就是说，与家庭互动的特点是尊重、温暖和拥有支持婴幼儿发展、学习和幸福的共同目标。与家庭建立积极的、以目标为导向的伙伴关系是你与婴幼儿相处的关键。有效的沟通可以确保你知道当家长不在场时如何支持婴幼儿，也可以帮助家长更好地支持婴幼儿的发展。当家庭和托育机构之间有最佳的协作和沟通时，婴幼儿在短期和长期内都会发展得更好。虽然家庭和托育机构之间的期望总是有差异的，但如果所有的教师都能对喂养、如厕和睡觉等事项进行沟通，就可以帮助婴幼儿顺利地适应每个环境。良好的家园关系和沟通能够使你的工作更容易，使你支持婴幼儿所付出的努力更有效。下面我们将介绍"积极的、以目标为导向的关系"的特点。

沟通。与家庭协作并提供支持的一个重要组成部分是有效、定期与双向的沟通。这使我们能够更好地了解婴幼儿及其在教室外的生活，从而帮助我们针对婴幼儿的兴趣和家庭文化来规划环境和活动，使我们更好地理解婴幼儿在教室里的行为。当我们与家长分享支持婴幼儿的想法和策略时，我们能够在家庭和机构之间建立一致的做法和经验，综合家长和专业人员的观点，为实现共同的目标而努力。当家庭和托育机构的期望尽可能一致时，婴幼儿就能够以最好的方式发展。

信任。家长必须有信心将自己的孩子托付给他人照护。当你为婴幼儿工作时，你往往是第一个照护婴幼儿的非家庭成员。你应该能够想象到家长在与婴幼儿分离时的纠结，有些人会对把孩子交给他们不熟悉的人照护这件事感到纠结，这是因为他们既需要有人照护孩子，又不放心不熟悉的人来照护。虽然这对教师和家长来说可能是一个挑战，但它意味着家长与孩子的第一任教师之间的关系有可能非常密切并会产生较大的影响。

相互尊重。对婴幼儿负有主要责任的成人（我们称他们为"父母"，尽管他们可能不是孩子的亲生父母）应该感到自己是最了解孩子的人。大多数家长将教师视为婴幼儿和婴幼儿发展方面的专家，这很容易让他们觉得自己在照护婴幼儿方面有不足。教师需要通过欣赏家长在婴幼儿生活中的独特作用，同时尊重教师自身的贡献，来确保家长不会感到自己被削弱或低估。例如，虽然你可能知道婴幼儿的气质类型和健康史如何影响他们对环境的反应，但家长比任何人都更了解自己孩子的脾气、健康史、行为和习惯。当你将自己对婴幼儿发展的一般性知识与家长对婴幼儿发展的具体知识相结合时，大家都能更好地理解和照护婴幼儿。当家长和教师一起努力，并重视彼此在伙伴关系中的作用时，婴幼儿会发展得更好。

共同的目标。在积极的、相互信任的关系中，教育者能够与家长谈论他们对婴幼儿和整个家庭的长期目标。了解家庭的目标可以为你与婴幼儿的相处提供参考，你也可以使家庭与其他服务机构建立联系，帮助他们实现目标。本章的"技能"部分介绍了了解家庭所考虑的优先事项、制定共同的目标以及将家庭转介到其他服务机构中的方法。

了解家庭关系系统（FAM-K2）

必须在家庭关系的背景下理解个人。对于每名婴幼儿，你应该知道他与谁同住，还有谁在他们的生活中很重要（例如，另一个家庭的兄弟姐妹或经常照看婴幼儿的祖父母）。这名婴幼儿在家庭中的角色是什么？是否有年长的哥哥或姐姐？对这名婴幼儿的照护由大家庭或其他人共同承担吗？了解这些内容将有助于你与家庭建立信任关系，知道如何与这个家庭进行最好的沟通。

家庭关系系统在以下三个关键方面会产生差异：沟通、对变化的开放性和对外人的开放性。在沟通上，你可能会发现：对于一些家庭，只要你给一个家庭成员传达信息，就可以确保其他成员都知道这个信息；而对于另一些家庭，你可能不得不与每个家庭成员单独沟通，因为他们不会彼此传递信息。在对变化的开放性上，一些家庭对变化非常开放，而另一些家庭则喜欢按照他们惯用的方式做事，这也许是一种家庭中的代际传递。在对外人的开放性上，不同的家庭对外界影响的开放程度也不同，例如，一些家庭愿意寻求外部意见，而另一些家庭喜欢自己做决定。这些方面都可能影响你与其建立伙伴关系的方式。

了解塑造人类经验和观点的文化特征（FAM-K3）

我们都是受文化影响的人。你、与你一起相处的婴幼儿和家庭，以及机构中的其他工作人员都拥有独特的文化背景，你们一起在教室和机构中形成了一种新的文化。每个人在这之中都会被社会化，成为新文化中的一员，学习在该文化中理解世界的方式，例如他们如何在其中相互作用，以及他们有怎样的价值观。一般来说，家庭是一个人最直接的文化背景。除此之外，地理（社区、城市、地区、国家）、民族（祖先和文化传统）和种族（身体特征），以及因这些背景而受到的待遇，都会影响一个人的价值观、优先考虑的事情和在世界上的存在方式。这对每个人来说都是真实存在的，无论你的文化传统与你所在社区的大多数人的文化传统是相似的，还是不同的。

人们对文化的普遍理解往往与个人的家族背景或传统有关。我们指的是更广泛的背景——信仰、价值观、历史和传统都会影响我们照护婴幼儿的方式。一个家庭的许多背景——包括原籍国、历史根源、种族、民族和宗教——都与他们的教育信仰和行为有关，但每个家庭也会发展自己的独特文化。我们可以从他们的照护流程、用餐时间和营养搭配、午睡时间和就寝时间，以及如厕和换尿布等方面看到这些独特的家庭文化。家庭价值观和信仰也体现在如何组织家庭学习环境上，例如他们如何通过游戏、阅读以及沟通和表达爱来支持婴幼儿的发展。不同的家长对教育和教师的角色也有不同的想法。一些人可能认为婴幼儿的发展不需要成人的过多干预，而另一些人则认为成人必须更积极地参与婴幼儿的学习过程。一些人认为，学习应该停留在学校和早期教育的范畴内，而家里则是家庭活动的场所；另一些人则认为，托育服务更多的是确保安全和做好保育工作，而家里则是用家庭的价值观和做法来训练婴幼儿。文化信仰决定了家长的指导方法，包括对婴幼儿行为有哪些期望，如何支架婴幼儿的行为，以及使用哪些纪律策略（见表4.1）。

表4.1 家庭文化如何体现在日常互动和常规中

日常互动/常规	家庭之间的差异
睡觉	他们是否有固定的睡觉时间；睡前程序是什么样的（洗澡、唱歌、阅读、揉背）；婴幼儿是自己睡，还是与兄弟姐妹或父母同睡；是否让婴幼儿自己哭着入睡。

（续表）

日常互动/常规	家庭之间的差异
进餐	婴幼儿是按需进食，还是按计划进食；婴幼儿是自己进食，还是由他人喂食，以及何时喂食；婴幼儿在吃什么和吃多少方面有多少选择权；提供多少食物和什么类型的食物；婴幼儿是在高脚椅上自己吃，还是在家庭餐桌上吃。
沟通	家庭成员之间有多少谈话、触摸和眼神接触；针对婴幼儿的谈话类型是怎样的（发出指令，如"做这个""停止""不做"，或者提供不同的话题和词语）；与婴幼儿有多少来回的互动。
爱的表达	家庭成员表现出多少温暖；如何表现出爱意（例如，在口头或身体上）；成人如何回应婴幼儿的爱意请求。
教育	成人有意教给婴幼儿多少内容，让婴幼儿自己探索多少内容。

了解影响生活和养育的家庭环境（FAM-K4）

除了上述的家庭价值观、常规和做法外，其他的家庭情况和特点也会影响家庭的生活、需求和优先考虑的事情，以及其保育和教育婴幼儿的方式。即使你不知道每个家庭的所有细节，也可以通过思考他们的情况如何影响他们的生活和育儿，来帮助你以共情的方式与家庭相处。

家庭组成。 谁住在这所房子里？谁照顾婴幼儿？如果有一名非住家的父亲或母亲，了解父母如何合作抚养婴幼儿很重要。是否有一个共同抚养婴幼儿的时间表？非住家的父亲或母亲能否接走婴幼儿？在不同家庭间的过渡对婴幼儿来说可能是困难的，你可以帮助婴幼儿为家庭组成的转变做好准备。

家庭语言。 家庭成员在家里说哪些语言？家庭成员希望婴幼儿说哪些语言？一些不讲英语的家庭希望婴幼儿在托育机构中讲英语，而另一些家庭则希望采用双语的教学方式。提前说明你所在的机构能提供什么，并与家长讨论其偏好，可以防止产生误解。

移民身份。 这个家庭是新移民家庭吗？在许多情况下，婴幼儿保育和教育服务是家庭接受的第一个服务，可以成为文化适应的工具。然而，在建立信任方面可能还存在障碍，包括语言障碍或对法律地位和驱逐出境的焦虑。他们在来到这个国家时可能经历过创伤，可能被孤立或者被当作局外人，受到种族主义或仇外心理的影响，这可能影响他们对新社区的信任程度。如果他们没有与社区内的人建立联系，你可以成为中间人来帮助他们。

军队。 这个家庭中的成员是否经历过部队派遣？长时间的分离对婴幼儿来说可能特别困难，因为他们还无法知觉到父母会一直存在，并且会回来。除了感受到他们可能不完全理解的失去外，婴幼儿还会感受到其他家庭成员的压力。使用技术工具（如手机）与被派遣的父母联系可能会让婴幼儿感到困惑，但这可能为婴幼儿带来一种其他方式所无法提供的联系感。虽然团聚备受期待，但可能导致婴幼儿的常规被中断。在经历分离和团聚的过程中，家庭可能会依赖你作为一致性（始终如一）照护的来源。

强制与父母分离。婴幼儿是否被寄养或一方父母被监禁？在某些情况下，父母与子女的分离是由法院系统强制要求的。你必须知道长期安置、收养或团聚的计划是什么。非监护人的父母是否有探视权？父母被监禁的婴幼儿可以探视他们的父母，也可以选择不接触他们的父母。在这些情况下，你了解探视情况可能会有帮助，因为探视可能会打乱婴幼儿的生活规律或影响他们在班级中的行为。

邻里关系。对你来说，了解你和婴幼儿家庭所在的社区是至关重要的，这样你就可以识别学习机会、其他资源以及当地的服务。

社会支持。家庭是否有一个支持系统，如他们的大家庭、宗教或社区？如果婴幼儿因生病不能上学，家庭可以求助于这些系统，并获得育儿支持和社会互动机会。如果一个家庭没有这种社交网络，那么家长可能会更加依赖你。你可以帮助他们与机构中的其他家庭联系。

家庭风险因素。家庭经历了什么样的人口学风险因素？一些人口统计学上的风险因素会给家庭带来压力，挑战其为婴幼儿提供稳定和支持性环境的能力，尽管其初衷可能是好的。家庭风险因素包括：贫穷、社会支持少、频繁搬家、照顾婴幼儿的成人少、就业困难、由青少年照顾婴幼儿或教育水平低等因素。研究发现，一个家庭的风险因素越多，就越难维持一个稳定的家庭系统和积极的亲子关系。当然，并不是所有面对人口学风险因素的家庭都以同样的方式应对这些因素。家庭可以有很强的适应能力，所以你不能根据人口统计学因素来做假设。但是了解这些信息可以帮助你理解你所看到的行为，并可能为你提供一些线索，从而有助于你在必要时为家庭提供帮助。家庭因其人口特征而面临的部分风险是由于其他人对待他们的方式有偏差，而不是这些特征本身的直接影响。有些家庭也可能面临一些独特的压力，这是因为他们经历了基于其人口特征的歧视。例如，同性恋父母在传统上没有与异性恋父母一样的权利。当一对异性恋夫妇有了孩子，父母双方都会被认定为合法父母。然而，对于生孩子或收养孩子的同性夫妇，他们并不一定会被法律认定为合法父母。另外，不会说英语的家庭经常面临歧视和沟通方面的挑战，黑色或棕色皮肤的家庭需要面对影响身体和精神健康的种族偏见。有研究发现，黑人妇女早产的风险比白人妇女大得多，一部分原因是她们遭受种族主义的长期压力，另一部分原因是她们在怀孕期间在医疗系统中遭遇种族偏见，包括较少获得具有一致性的、高质量的产前照护，以及医务人员对黑人妇女的症状不像对白人妇女的症状那样重视。另一个非常重要的例证来自沃尔特·吉利亚姆及其同事（Walter Gilliam et al., 2016）的研究，他们发现黑人男孩更有可能被婴幼儿教师视为具有攻击性的，甚至因此面临被学校开除的风险。此外，有研究表明，早期教育工作者可能会通过将婴幼儿的行为归咎于家庭，来证明自己的选择是合理的，而没有意识到这是自己的偏见（Martin et al., 2018）。

父母的压力。生活中的一些事件（如工作变动、搬家或结婚），无论是消极的还是积极的，都会影响到家庭的幸福和生活常规，并且可能导致父母没有那么多时间专注于育儿。同时，父母面临着来自不良童年经历的压力。不良童年经历（如早期遭遇创伤、暴力或失去亲人），被发现可以预测人们成年后的健康和幸福（Felitti & Anda, 2010），以及成为父母后的养育行为。班级中某些婴幼儿的家庭成员可能经历过早期生活的逆境，而婴幼儿则可能正在经历逆境。你可以成为目前正在经受压力或受过去压力影响的家庭的资源，也可以成为心理健康服务的推介者。机构管理者应该掌握有关社区支持的最新信息（FAM-FC6）。

认识到自己与保育和教育有关的文化传统观念和价值观（FAM-K5）

认识到你的文化传统观念以及它如何影响你的信仰、价值观和行为，是了解它如何影响你面向婴幼儿和家庭开展工作的第一步。有时，你会因为自己的信仰体系而对婴幼儿家庭的信仰或做法产生强烈反应。如果你了解自己的反应，这可以帮助你后退一步，对家庭做出回应。回顾家庭文化背景（FAM-K3）和影响家庭生活的环境（FAM-K4），反思自身经验的相关方面，以便你能够更清楚地了解自己的文化，以及它如何影响你作为个体和婴幼儿保育与教育从业者。与同伴或管理者讨论你的感受可能会对此有帮助。

了解社区、地区或州为需要额外支持的家庭提供的服务（FAM-K6）

你必须了解社区、地区或州为家庭提供的服务，如遇到危机时食物、住所等基本必需品的供给、当地的父母教育计划、社区心理健康服务、残疾儿童服务和当地的图书馆资源。机构管理者应向教师提供最新的信息（FAM-FC6）。作为一个受家庭委托照护婴幼儿的人，你处于一个独特的、可信赖的位置，请帮助家庭与其所需要的服务机构建立联系。当你这样做时，你不仅在帮助这个家庭，也在确保婴幼儿的长期幸福。

态度倾向

许多教师进入婴幼儿保育和教育领域是为了与婴幼儿相处，并没有意识到他们也将与成人紧密合作。与婴幼儿相处意味着需要与家庭建立积极的关系：尊重家长在婴幼儿生活中扮演的独特角色，理解他们对婴幼儿发展的影响，以及他们对婴幼儿福祉的重要责任（FAM-D1），并坚信家长是自己孩子的专家（FAM-D2）。成功的教师还应该重视每个家庭在支持婴幼儿发展方面的优势（FAM-D3）、家庭之间的差异和特点（FAM-D4）、文化传统对家庭的意义（FAM-D5），以及每个家庭对托育机构的贡献（FAM-D6）。

尊重家庭对婴幼儿的重要影响和责任（FAM-D1）

父母是婴幼儿最早和最长期的教育者，是婴幼儿的最终决策者。虽然你可能会花很多时间与你照护的婴幼儿在一起，但他们的父母将伴随他们一生（包括他们睡觉和生病的时候）。家庭是婴幼儿的主要环境。这意味着，当教师需要做出改变喂养方式、放弃午睡或开始如厕训练等重要决定时，应该询问婴幼儿家长的意见并征得他们的同意。

相信家长是自己孩子的专家（FAM-D2）

虽然你比大多数家长更了解婴幼儿的发展，而且你能够在教室或机构中了解婴幼儿，但每个家长/家庭都是自己孩子的专家。他们了解自己的孩子的时间最长，而且在不同的环境中看到过婴幼儿的情况。对教师来说，增强家长的信心，使他们成为自己孩子的专家十分重要。如果你看到的婴幼儿的情况与家长描述的非常不同，那么这可能会给你的工作带来挑战。在这种情况下，你可以与家长讨论婴幼儿的行为在不同的环境中可能会有不同的表现，邀请家长到教室里看看你看到的行为。但重要的是，不要暗示家长在家里采用的照护行为不正确，这会削弱家长的信心。

欣赏每个家庭在支持婴幼儿发展方面拥有的优势（FAM-D3）

家庭环境是婴幼儿的主要学习环境。每个家庭都有独特的力量和资源来支持自己的孩子，但家长在意识到这些力量的程度和有意使用力量的程度上有所不同。当教师识别和重视每个家庭带来的资源时，他们可以帮助家长对自己的力量更有信心。采取这种基于优势的观点，有助于建立强有力的家园关系。

尊重家庭的个别差异（FAM-D4）

你将在不同的情况下与家庭合作。重要的是传达对家庭差异的尊重，遵守有关多样性的职业道德和价值观。当意识到自己是社会文化中的人——认识到性格、环境和经历如何塑造自己时，你就会更容易看到你与所合作的家长的相似之处，并重视你们的不同之处。

致力于理解文化传统在家庭生活中的作用与意义（FAM-D5）

家庭的文化传统和价值观支持着婴幼儿的发展和学习。了解自己的文化传统并对其持积极态度的儿童比不了解的儿童拥有更好的心理健康状态，与同伴的关系更好，在学校里的表现也更好。因此，我们致力于了解家庭的生活和文化传统，而不是做出假设或判断，这将有利于我们帮助家长支持孩子。

欣赏每个家庭对学习共同体的独特贡献（FAM-D6）

每个家庭都有不同的长处、技能、知识和才能，这些家庭的独特之处可以为婴幼儿、教师和其他家庭提供更丰富的学习。当你发现并重视家庭的独特贡献时，你可以邀请他们在学习共同体中分享。家庭的文化传统可以为你所在的机构增加意义和丰富性。当婴幼儿在更多样化的共同体中成长时，特别是当婴幼儿看到他们的父母和教师与那些与其不同的人有积极的关系时，他们会成长为对他人有更多接纳态度、更包容的人。

技　　能

当我们与家庭初步建立合作关系时，首先需要通过创造温馨的物质环境（FAM-S1）、沟通系统（FAM-S2）和与其他家庭联系的机会（FAM-S3）来吸引家庭的参与。其次，在合作中，我们应以尊重的态度与所有家庭互动（FAM-S4），了解家庭（询问和倾听，FAM-S5），并分享有关敏感话题的信息（FAM-S6）。再次，整合教师和家长的观点，为婴幼儿制定共同的目标（FAM-S7），并将家庭作为资源，丰富学习共同体中所有婴幼儿的学习环境（FAM-S8）。最后，支持家长与婴幼儿的关系（FAM-S9），支持家长作为婴幼儿的教育者（FAM-S10），并帮助家庭与其可能需要的额外资源建立联系（FAM-S11）。图 4.2 呈现了与多样化家庭建立和保持关系的技能和策略。

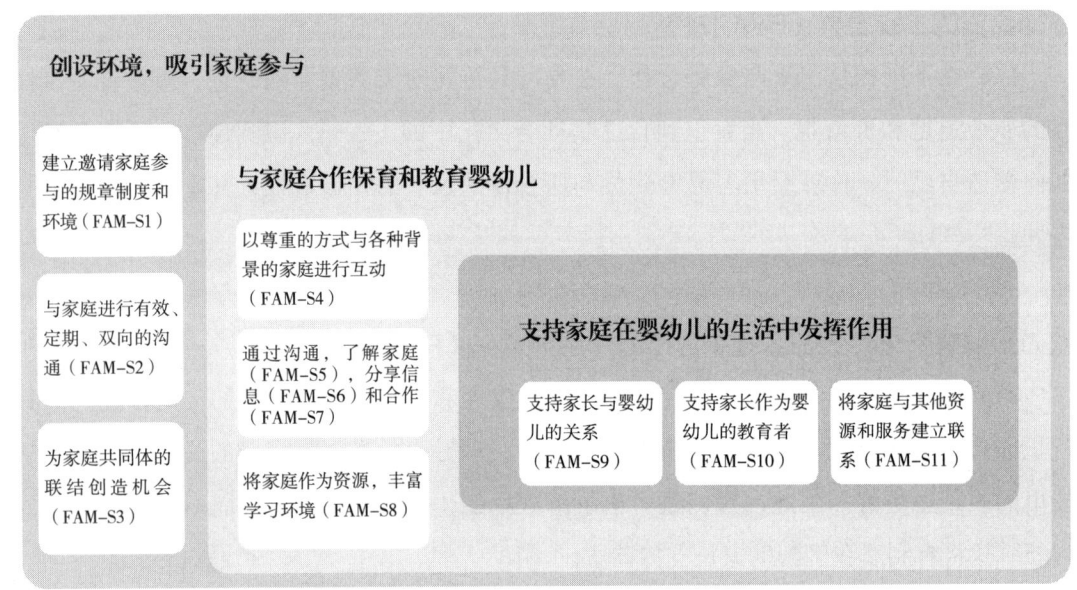

图 4.2　与多样化家庭建立和保持关系的技能和策略

建立邀请家庭参与的规章制度和环境（FAM-S1）

我们应该确保家庭在机构中能够感到自己是受欢迎的。主管或行政人员应建立规章制度和创设相应的环境，邀请家庭参与。制定的规章制度应尽可能地满足家庭的需要（FAM-FC1）。教师应了解机构的规章制度，向家庭提供与规章制度一致的信息，避免家庭对其产生误解。另外，教师、婴幼儿以及家长应该有一个以关系为基础的模式，包括照护的连续性和一致的主要照护者（第三章中有所解释）。这个模式既有助于建立婴幼儿与教师的关系，也有助于建立家长与教师的关系。支持这种做法的机构应有稳定一致的人员配置和关系结构（FAM-FC2）。

家庭参与。可以邀请家庭参与课堂活动,让家庭成为班级共同体中不可或缺的一部分。

策略

- 对课堂实行开放制度,随时欢迎家庭来访。
- 邀请家长在课堂上参与活动,或者分享他们喜欢的食谱、家庭传统和家庭经历。
- 每周向家庭送出有关课堂活动的新闻简报。
- 确保家长了解机构的规章制度,并让他们加入决策小组(如家长决策委员会、家长教育者协会或董事会)。

创设令人感到受欢迎的物理环境。托育机构的物理环境应该欢迎所有的家庭,家长有舒适的空间可以坐下来交流。教师可以用照片来辨认每个家庭,并尊重其文化和语言:用机构所服务的家庭所使用的语言来设置标志和讲义,注意到所有的庆祝节日,并在海报、照片、书籍和其他用作装饰或教育材料的资源中,反映出不同的婴幼儿和家庭所代表的文化。

在这个教室里有一个舒适的阅读角,教师将家庭照片放在显眼的位置,有意欢迎家长和婴幼儿的到来。

与家庭进行有效、定期、双向的沟通(FAM-S2)

有效的家园关系的特点是经常针对婴幼儿的经验、需求、幸福和发展进行双向交流。

家访。家长和教师可以通过家访进行交流。在交流的过程中,教师能够更多地了解家庭以及家庭的照护方法、优先考虑的事项及其认可的婴幼儿福祉和教育。这也可以成为你了解家庭考虑的优先事项并分享你所考虑的优先事项的时机。家访在最初建立照护关系时很有帮助,随后应至少每年进行一次家访,也可以在过渡时间进行家访。通过每年举行 2~4 次家园会议，教师和家长可以针对婴幼儿的经验、行为、福祉和发展进行深入对话。你将在 FAM-S4-S7 中了解关于这些对话的更多技巧。

新闻简报。简报可以反映出婴幼儿在上一周所学的内容，并向家长传达教师在下一周的计划。当新闻简报中分享适龄婴幼儿的发展信息，向家长解释婴幼儿所学习的课程，邀请家长进行家园共育，并传达其他重要信息和关于机构的提醒时，家长会从简报中学到很多关于婴幼儿保育和教育的具体内容。此外，当家长知道他们的孩子每天在做什么时，他们就可以在家里强化这种学习。你可以参考下面的行文结构来写一篇简报。

- 我们注意到，婴幼儿对……非常感兴趣（例如他们的身体，照顾婴儿娃娃，操场上五颜六色的树叶，会滚动的物体）。
- 为了支持这些兴趣，我们正在……（用文字来标记身体部位；在娃娃家里增加尿布、奶瓶、毯子和衣服；收集树叶用于制作艺术品；增加坡道，让婴幼儿把玩具滚下来，并初步学习关于重力的知识）。
- 您的宝宝在家里如何表现出相关的兴趣？您在家里做了什么来支持他（她）在这方面的学习？请分享您的想法！

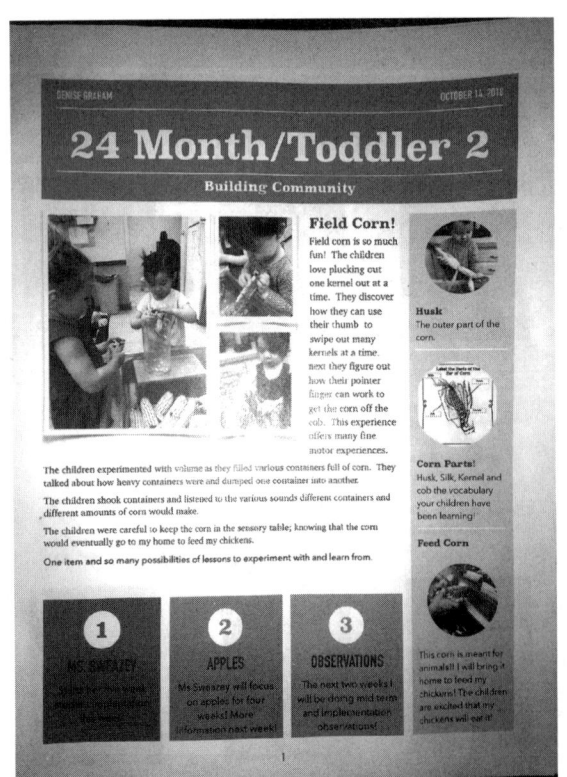

格雷厄姆女士班上的学步儿的家长每周都会收到一份关于其孩子的活动和学习内容的简报。简报的内容包括有关活动的重要说明，以及邀请家长参与该计划的其他方式。

日常的双向交流。 由于婴幼儿无法很好地表达自己的观点,所以教师和家长必须每天进行沟通。家长可以让教师知道宝宝是否在出牙、睡得好不好,或者吃得是否正常。在一天结束时,家长需要知道任何可能影响他们在晚上开展常规照护的消息。在机构中,日常的接送工作为家长与教师沟通提供了大量的机会,虽然这段时间往往很短暂,但家长和教师可以双向分享和传递信息,促进家园关系。即使是短暂的互动,也能增加家长对你的信任,以及他们作为家长的信心。在这些时间里,教师可以表达自己对家长在婴幼儿生活中所扮演的重要而独特的角色的理解,以及在婴幼儿的家庭和集体托育环境之间建立联系的重要性。托育机构需要配置好人员,让有育儿知识的教师(他将花或已经花了一天中的大部分时间与婴幼儿在一起),能够有时间与家长交谈(FAM-FC2)。

通过社交软件或短信向家长发送关于婴幼儿的最新消息,拍摄婴幼儿玩耍、学习或达到新的里程碑的照片或视频等方式,能够减轻家长的担忧,加强他们对教师的信任,同时加强婴幼儿和家长的关系。无论你通过电子还是纸质方式分享婴幼儿的日常生活记录,或者两者兼而有之,你都需要机构的资源、材料和规章制度来支持你与家长的日常沟通(FAM-FC5)。

当家长事务繁忙或有压力时,与教师进行深度接触就比较困难。此外,当家长初来乍到,还没有感觉到与其他家庭或教师之间的联系时,与教师交流、接触也可能对家长有挑战。

策略

- 明确传达开放的制度。确保家长知道他们总是受到托育机构的欢迎。向家长分享托育机构的作息时间表,让他们知道孩子们在机构中什么时候休息。
- 邀请家长找一天时间到教室里参观,时间尽量长一点。
- 尽量使用对每个家庭来说最方便的沟通方式,涉及电话、短信、电子邮件、带回家的纸条,或者在接送孩子时的快速交谈。

雷切尔女士坐在门口附近，迎接进入房间的家长和婴幼儿；她利用这个机会与塞菲娜的妈妈谈论即将到来的过渡环节。

为家庭共同体的联结创造机会（FAM-S3）

邀请机构内的所有家庭一起参加活动，可以向家长传达重要的信息，建立教师和家长的关系，并让所有的家庭像共同体一样相互联系。这些活动应该欢迎该机构所服务的所有家庭（不论其文化和收入如何）。

■ 策略

- 利用每年的家庭指导活动来传达机构中的重要信息，并有意地将家庭彼此联系起来。如果可能的话，为家长提供姓名标签和在教室小组中交谈的机会。
- 在计划季节性社交活动和节日庆祝活动时，要包容所有的文化和宗教。回顾和思考你为婴幼儿计划的学习活动是否只庆祝主流文化的节日（例如国庆节和圣诞节等）。此外，要防止文化侵占（挪用、剽窃）。在未经许可且未深入了解非主流群体的文化和历史的情况下，不尊重地使用非主流群体的形象或特征，就会发生文化侵占。主流社会中文化侵占的常见例子包括：以原住民的名字来命名运动队，以及挪用少数群体或非多数群体的特色服装。不要在个别家庭可能有宗教活动的日子里计划集体活动。
- 确保所有的家庭（无论其收入如何）都能以某种方式为筹款活动做出贡献。邀请家长捐献物品或以其他方式做志愿者。
- 帮助家庭在特定的班级活动（如野餐、实地考察或与教师一起参与茶话会等）中相互认识。如果你认为两个家庭有共同点，或家长可能成为朋友，那么就有意识地让家长相互介绍。

有婴幼儿的家长通常事务繁多，常会感到有压力和疲惫。机构安排的活动应该以有意义和有趣的方式，为家庭提供与教师和其他家庭联系的机会，鼓励家长参与活动。在理想的情况下，所有的活动都应该向婴幼儿开放或为婴幼儿提供照护。如果活动是在用餐时间进行，那么活动包含用餐环节也是一个不错的选择。以上做法都需要通过机构层面的促进性条件来实现，包括提供物理空间（FAM-FC4）和带薪的家园会议时间（FAM-FC3）。

以尊重的方式与各种背景的家庭进行互动（FAM-S4）

虽然机构安排了多种促进交流的架构（FAM-S1-S3），为家庭的参与奠定了基础，但教师与家长主要在单独沟通时真正建立伙伴关系。虽然你可能会在教室外与家长有一些接触，但与家长的大多数互动都发生在他们接送婴幼儿的时候。当你在婴幼儿面前，与他们的家长互动时，你就为教室里的所有婴幼儿展示和示范了尊重的互动与温暖的关系。此外，你向婴幼儿传达了你对其父母的关心，还有助于建立婴幼儿对教师的信任。

非言语行为。非言语行为能够在我们说话之前就传达很多信息。与家长进行尊重式互动的技巧与你对婴幼儿使用的技巧相似（见第三章）。首先，在身体上与家长平起平坐。一个开放的身体姿势表明你对这种关系和互动是开放的。其次，你的面部表情和语调应该是温暖、接纳的。这有时对你来说会比较困难，你可能需要有意识地觉察自己在交流中的反应。当你感到威胁或被刺激时，利用你的反思能力进行暂停，意识到你的反应，考虑对方的观点和需要，然后周到体贴地做出回应。最后，在互动中观察家长的反应，试着理解他们正在经历的事情，并根据需要调整你的方法。

口头语言。在沟通中，我们说什么和如何说都很重要。以下是尊重他人的表达方式的四个特点。

- 友善：我们的沟通应该是充满善意的，尤其是当讨论较为敏感的话题时，要注意我们的沟通方式。应避免直接谈论其他婴幼儿或家庭，或者应只以积极的方式谈论。

例如，你可以说"今天有一个小宝宝生病回家了，所以你可以注意一下你的宝宝，看看他（她）的身体有没有不舒服的地方"，而不是说"今天卢拉（特指某个婴幼儿或家庭）带病来学校了，这可能会传染给你的孩子，你的孩子也可能很快就会生病，请小心点"。

- 包容：注意你的用语。与"他们"和"他们的"这样的排他性词语相比，尽可能使用包容性词语，如"我们"和"我们的"。例如："我们的新移民家庭"与"机构中的新移民家庭"所表达的内容不同；同样，"我们从事两份工作的家长正在努力寻找时间"比"那些家长没有时间"更具包容性。
- 以人为本：在我们的职业道德中，包含接纳需要额外支持的婴幼儿的部分。我们在描述他们的需求或条件之前，应总是把儿童放在第一位（例如，应说"婴幼儿患有唐氏综合征"而不是"特殊儿童"）；这避免表现出我们把儿童视作一个标签、诊断结果或问题。我们应该对需要额外支持以满足开支的家庭沿用同样的说法，而不是使用"贫困家庭"或"下等家庭"。
- 基于优势：在谈论婴幼儿的行为和发展时，要使用基于婴幼儿优势的语言。思考一下这两种传达相同信息的不同方式——"查利热衷于与同伴交往，但或许他的热情并不总是能与他的同伴相契合"与"查利想和其他孩子一起玩,但他很爱出风头，所以他们不想和他玩"。

了解每个家庭，并通过家庭了解婴幼儿的情况（FAM-S5）

虽然家长经常把教师视为婴幼儿发展方面的专家，但教师应该把家长视为其孩子的保育和教育专家。当家长来到机构时，教师应询问家庭所考虑的优先事项和目标，以及婴幼儿的需求、优势、特点和兴趣。随着时间的推移，教师将会通过各种方式与家长建立伙伴关系，并将此作为婴幼儿发展信息的来源（见图4.3）。与家长建立伙伴关系的第一步是提出问题并倾听。敏锐地提问和认真地倾听，将帮助你了解家庭对婴幼儿的优先事项的考虑，以及他们的价值观、优势和需求。

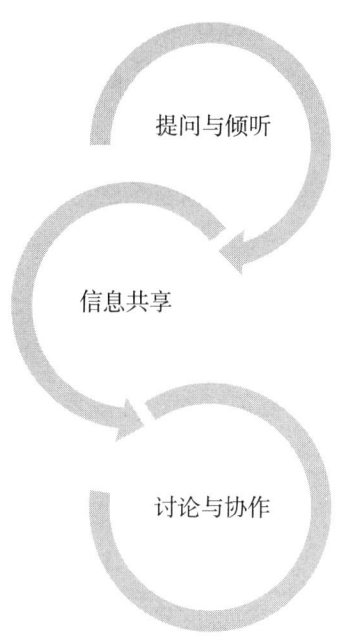

图 4.3　与家长建立伙伴关系的沟通过程

许多托育机构推行家访,这样教师就可以在婴幼儿进入机构前了解他们的家庭情况。虽然家访可能是一个后勤方面的挑战,并且在刚开始时教师会感到很困难,但一般来说,家访有助于婴幼儿顺利过渡到集体保育和教育环境。教师可以通过观察家长和婴幼儿在家里的互动情况,了解很多关于他们之间的关系和婴幼儿的信息。例如:他们是保持密切接触,还是比较疏远;婴幼儿喜欢怎样被抱着或安慰;他们是否建立了眼神交流,说什么语言等。

每个儿童和家庭都深植于自己的文化和信仰体系中,这些文化和信仰体系影响着他们的看法、行为和互动。我们也被嵌入自己的文化背景中。即使教师和家长的种族或族裔相同,但二者仍然可能存在文化差异,重要的是不要预设你知道一个家庭的信仰体系包括什么。当你对家庭有疑问时,最好直接询问对方,你可以问一些开放性问题,以获得有关家庭的信仰、做法和对婴幼儿的目标以及更广泛的家庭目标的信息。例如:"为了使我能够以最佳的方式与你的孩子相处,知道你对 _____ 的看法,对我是有帮助的。"补充材料 4.2 列举了你在了解家庭时可能提出的问题。

补充材料 4.2

与家长有效地沟通潜在的敏感话题（FAM-S6）

当课堂上或家里出现压力问题时，拥有开放的沟通和温暖的关系是有帮助的。有时，你可能会对一个家庭（例如承受较大压力或缺乏基本资源的家庭）感到担忧，或者可能对其婴幼儿的发展感到担忧。如果你已经和家长建立了持续的沟通，并形成了伙伴关系，那么他们更有可能感受到你的关切，并做出建设性回应。

我们在前面谈到了敏感和尊重的沟通；同样重要的是，要准确和清楚地说明机构的规章制度、你的理念，以及婴幼儿的行为或经历。你在这方面的做法将向家长传达很多信息。当你清楚地了解机构的规章制度及其原因时，你就可以避免使用"这些是规则，因为我们在这里就是这样做事的"，甚至"这是营业许可的要求"等解释。相反，你可以解释说："为孩子们提供一个安全和有刺激性的环境就是我们需要做的工作。如果你有任何问题，请告诉我，我可以解释为什么我们采取这种方法。我们希望满足你和你的孩子的需求，所以如果你对我们的规章制度有疑问，请告诉我们。"当你认为一名婴幼儿可能需要额外的评估或早期干预时，沟通必须准确、清晰、无行话、敏感和尊重，以描述婴幼儿在你的观察和评估结果的基础上的表现。

有些时候，班级里的规章制度和做法会与家长的理念、目标和做法不一致。例如，你可能允许婴幼儿穿上他们想要的任何服装，而某个家长可能不希望自己的孩子穿上与性别不协调的服装（如男孩穿粉红色的蓬蓬裙）。在这些情况下，重要的是，在遵守机构的规章制度和理念的同时要尊重家长。你可能无法改变家长的做法，但你要找到一种方法，让他们对自己的孩子在你的环境中感到舒适。文化上的不适应还经常出现在睡眠、饮食和关于儿童疾病的规定等方面。

通过整合观点、寻找共同目标与家庭合作（FAM-S7）

当你和家长建立了相互尊重的互动关系后，在向家长提出问题时，你要深入倾听他们的感受和需求，并以清晰明确的方式为家长提供信息和解释参与机构活动的途径，这将为你与家长的后续合作打下基础——使你能够参与家庭的讨论，将家庭的信念体系与你关于婴幼儿发展和最佳实践的专业知识整合起来，并为他们的孩子确定共同的目标。当你倾听家长对你的问题的回答时，要确定你听到的优先考虑事项和目标。例如，如果家长说"我想让她学习字母和数字"，那么他们可能是在告诉你他们的目标，即让婴幼儿为幼儿园和学前班做好准备。如果他们告诉你"我只想让他开心，感到有趣"，那么他们是在告诉你，他们的优先考虑事项是孩子的幸福和情感发展。在家庭的优先考虑事项和目标与你的目标之间找到共同点，并描述你如何帮助婴幼儿实现这些目标。有了共同点，你就可以使用婴幼儿在家里熟悉的活动或策略，而且这些共同点往往能让家长在家里延伸课堂活动。这种家庭和托育机构之间的一致性能够极大地丰富婴幼儿的学习。

总的来说，家长和教师对婴幼儿的要求是一样的——使婴幼儿感到被爱和快乐，并充分发挥他们的潜力。在实践中，更常见的是教师和家长对实现这些目标的方法有分歧，或者对达成目标的时间有分歧，而不是对目标本身有分歧。因此，你需要将家庭的信念体系与你关于婴幼儿发展和最佳实践的专业知识整合起来。这不仅需要上述的沟通技巧，还需要灵活的思维。例如，有一个家庭计划用传统的方法来训练4个月大的宝宝上厕所，即把婴儿抱到厕所里，并发出"嘘"的声音。你根据自身的经验可知，这个年龄段的婴儿对自己的身体缺少控制力。然而，这并不意味着这个家庭的做法是错误的，这只是基于其文化习俗而形成的教育习惯。你需要和这个家庭中的成员一起创造性地思考，以适应其文化习俗和机构的规定。当你发现潜在的冲突来源时，要考虑家庭和机构里的不同做法是否可能互补（也就是说，它们各自提供了一些好的事情），或者它们是否真的相互抵消。当你愿意向家长学习并调整你的做法时，随着时间的推移，你会获得有关家庭文化的知识和技能。补充材料4.3提供了一些点子，你可以对家长进行提问，与家长分享信息，和家长一起讨论，从而建立家长—教师的伙伴关系，进而支持婴幼儿的发展。

补充材料4.3

将家庭作为资源，丰富学习环境（FAM-S8）

在教室中体现家庭文化。家庭文化具有多样性，仅仅有一本关于文化的书或在墙上呈现不同家庭的图片是不够的，没有激发足够的文化响应能力。婴幼儿应该能够看到关于其家庭或与其家庭相似的视觉信息，但在实践方面需要更深入。可以选择调整喂食或午睡时的互动，使你更好地再现婴幼儿在家里的经历。当婴幼儿成长到可以参与讨论时，你可以开展关于家庭文化的主题讨论，例如针对"不同家庭的进餐时间、睡觉时间和节日都是不同的"，与婴幼儿进行对话。从婴幼儿的家庭文化中引入熟悉的物品、短语或动作，有助于全班的婴幼儿开始了解所有的家庭都是不同的。

邀请家长到课堂上分享他们的家庭生活。利用你与家庭的合作关系，真实地丰富所有婴幼儿的学习环境。邀请家长分享他们的兴趣、爱好或才能。但许多家长并不知道什么适合与婴幼儿分享，他们可能需要一些点子来帮助他们了解分享什么和如何分享。例如，家长可以唱一首最喜欢的歌，分享一个食谱，读一本特别的书，或者带来一个婴幼儿可以探索的物体。

支持家长与婴幼儿的关系（FAM-S9）

家长/家庭与婴幼儿的关系不仅在婴幼儿期，甚至在婴幼儿的整个发展过程中，都对他们的发展起着主要影响。因此，要加强这种关系，使其在婴幼儿离开你的照护后长期支持他们。

策略

- 让家长了解他们对孩子的重要性。
- 帮助家长注意孩子对他们的反应（"她透过窗户看到你时，露出了灿烂的笑容"）。
- 告诉家长儿童对他们的评价（"吉尔告诉我，你们在这个周末一起做了饼干，然后她在我们的厨房区假装烤饼干""他今天午睡时非常想你，所以他今天下午画了一张关于你的画"）。

在大多数机构中，教师支持亲子关系的最稳定机会蕴含在每天的入托和离托（接送婴幼儿）时间中。一般来说，这是家长与婴幼儿最容易一起受教师影响的时间，因此，这是支持家长与婴幼儿建立良好关系的重要机会。

与家庭合作，建立接送婴幼儿的仪式。婴幼儿和家长往往对分离有强烈的感觉。当婴幼儿在保育和教育环境中时，每天经历分离会对家长和婴幼儿的依恋关系产生影响。这些分离对有些婴幼儿来说更难，这与亲子关系、婴幼儿的年龄和气质，以及家长的压力和不确定性有关。当婴幼儿不容易在教室里安顿下来时，家长可能会感到苦恼或担心婴幼儿的健康。

有些家庭在分离期间需要你的支持。你可以与家长一起讨论如何帮助婴幼儿舒适地进入教室。但是，对于希望你参与分离过程的程度，以及讨论这个问题时的开放程度，家长们会有不同的想法。你需要为婴幼儿想出一个可预测的程序——包括家长何时离开，以及如何安慰婴幼儿，最好每天都有相同的教师。例如，家长可以给婴幼儿一个拥抱和亲吻，然后离开，教师会把婴幼儿带到窗边，让他（她）看着家长并挥手告别。此外，家长和婴幼儿可以在每天早上一起读同一个故事，然后教师在家长离开后和婴幼儿一起读这个故事。需要注意的是，家长在婴幼儿不注意的时候偷偷溜走，对婴幼儿来说是不好的。这对一些家长来说可能比较容易，因为他们不用看到婴幼儿不高兴，但对婴幼儿来说就难多了，因为他们会感觉家长是不可预测的，可能会在任何时候毫无征兆地离开。在家长离开后，当婴幼儿平静下来时，教师可以向家长发送短信或照片，给家长提供安慰，减少他们的压力，使他们能够把注意力转移到工作上。

通过家庭的团聚（在离托时）支持家庭关系。婴幼儿和家长之间的团聚受家庭文化影响。这种团聚可以是快乐、亲切的（"见到你真是太开心了！我很想你！"），也可以是实际、具体的（"请找到你的鞋子，我去拿你的午餐包；我们走吧"），或者是痛苦的。婴幼儿不想离开教室或在家长到来时表现出不安，可能会给家长带来压力、不安，甚至尴尬。家长可能需要你来帮助他们理解婴幼儿的行为。如果婴幼儿在家长到来时表现出愤怒或疏远，他们可能想表达"你不在的时候我很伤心和愤怒，我需要一些时间来适应你回来"或"尽管我很想你，但我已经适应了我的一日常规，我还没准备好离开"。哭泣也可能意味着"我整天都很害怕，但我转移了自己的注意力；现在你在这里，我可以表现出我有多难过了"。思考一下你对婴幼儿的回应向家长传递的信息。例如，当婴幼儿在被接走时哭了，你也许会拥抱他们并说："你很喜欢在这里，你不想走。"但是家长可能听到的信息是"你的孩子觉得这里比家里好"或"我比你更能安慰你的孩子"。支持婴幼儿与家长的关系的方法是承认这种情况，并通过解释婴幼儿的行为使其正常化——例如，"当我们都很累的时候，一天的结束时间对每个人来说都可能不太容易。让我们一起想一想如何能够更轻松地度过"或"孩子坚持了一整天，现在你在这里，她在告诉我们在家庭和托育机构之间转换是非常困难的事"。你可以通过这样的方式，利用家庭的团聚来加强家长与婴幼儿的关系，并促进婴幼儿的长期发展。

支持家长作为婴幼儿的教育者（FAM-S10）

家长们对自己是婴幼儿的教育者的认可程度不同，对这个角色的信心也不同。教师可以积极地帮助家长培养观察婴幼儿的技能，提升他们关于婴幼儿发展的知识，并提升他们支持婴幼儿学习的信心。

邀请家长观察婴幼儿的游戏。询问他们注意到孩子的哪些能力，并向家长指出你所注意到的方面，特别是能够与你们观察到的行为相联系的能力（"她正在用这对钳子一个个地移动积木。这是她在努力提高手部的协调能力"）。

创设家长与儿童一起参与的活动。为亲子活动放置一张有大、小椅子的桌子。感官体验对婴儿或学步儿及其家庭来说很有吸引力，而操作和拿取活动对学步儿及其家庭来说很有吸引力。在活动时，请为家长解释婴幼儿在活动中练习的技能。

利用家访来帮助家长丰富家里的学习环境。当教师支持家庭，帮助创造丰富的家庭学习环境时，婴幼儿保育和教育就会产生最大和最持久的积极影响。在一些推行家访的托育机构中，教师会在家访时向家长提供关于儿童发展和家庭支持的服务。虽然纷繁复杂的工作使教师难以抽出时间进行家访，但偶尔的家访会发挥很大的作用。初次家访可以让你深入了解家庭文化，同时你可以做些什么来帮助家长和婴幼儿更好地适应。不定期的家访可以帮助家长了解他们的家庭、日常生活和互动如何支持婴幼儿的发展。教师在进行家访时，可以有意识地支持每名家长学习如何担任教育者的角色。在这个过程中，家长可以得到支持，观察婴幼儿的行为，然后计划常规活动和经验，促进婴幼儿的发展。在家访中，教师可以帮助家长了解他们已经做的哪些行为能够支持他们的教育目标，以及在他们的日常生活和互动中合作支持婴幼儿发展的额外方法。虽然这些策略在家庭环境中实施比较适宜，但不是每个家庭都愿意邀请你到家里。在必要时，可以在其他场合进行同样的互动和讨论。

将家庭与其他资源和服务建立联系（FAM-S11）

当我们问及婴幼儿教师对家庭的了解程度时，大多数人都说他们不太了解，一般也不会询问家长的收入和已有的资源、文化和宗教、纪律教育和指导策略，以及家庭中的日常照护程序。但是，我们调查的大多数家长都表示，他们觉得几乎可以把家庭生活的所有方面告诉婴幼儿教师。此外，当我们问及谁能帮助他们应对最大的育儿挑战时——例如了解婴幼儿的行为和发展，找出有效的指导策略，以及制定良好的家庭常规——他们说他们希望得到婴幼儿教师的建议。

随着时间的推移，你将了解家庭的优势、资源、目标和需要。如果你能够以明确、支持和不威胁的方式进行可能具有挑战性的谈话，那么你将会受到家长的信任，并且你受信任的特殊角色可以帮助你将家庭与其他服务联系起来。当你们出现相互尊重的互动和支持孩子发展的合作时，对于家长来说，与你进行较为困难的私人谈话就会更容易。

此外，基于资源的评估工具（如"家庭地图"工具）也可以帮助你收集有关家庭优势和需求的信息。家庭地图工具中包括一系列常见的问题，并能为你提供有关家庭资源和需求的广泛信息。它可以用来生成家庭目标，你也可以在与家庭合作的过程中长期使用它来跟踪变化。

请记住，对家长来说，分享敏感的信息可能是困难的。他们或许需要一定的时间才能向你敞开心扉。请你带着疑问倾听，但不要指责家长。在对他人的生活史和经历（如早期的不良生活经历、虐待、药物使用等）进行假设时要深思熟虑。我们无法真正理解身处别人的境地意味着什么。即使知道他人的一些过往，我们也无法做到感同身受。在你与家长的沟通中，你可能会听到一些令人担忧的事情，或者你觉得自己无法处理的事情，这时你可以要求所在的托育机构提供额外的支持和服务。了解你所在的社区提供的服务是很重要的，这样你才能成为家庭的资源来源（FAM-K6）。

回顾与展望

回顾本章开头的图4.1，该图呈现了关于与不同的家庭协作并提供支持的知识、态度倾向及技能。在开始阅读本章前，你已经具备哪些素养？你的哪些素养得到了发展？接下来你会有意培养哪些素养？运用本书附有的《0—3岁婴幼儿教师指导手册使用指南》中的相关内容与本书一起支持你在这方面的专业化发展。

第五章 引导婴幼儿的行为

——与琼·伊斯帕合著

引导是指帮助婴幼儿达成与他们的发展技能相适宜的行为期望，从而支持他们短期的幸福和长期的发展。教师通过创设环境来支持婴幼儿达到期望的行为，用自身的行为进行示范，支持婴幼儿积极的行为，并支架其形成行为规范。随着时间的推移，教师的引导能够支持婴幼儿发展出独立性（朝向目标的自我驱动行为）、自主性（自信地追求自己的想法和兴趣）、自我调节（自我约束，停止、等待并修改行动）。支持婴幼儿发展的引导包括教室里的管理——与惩罚明显不同。在支持婴幼儿发展的引导下，教师能够推动婴幼儿最大限度地快乐学习和扩展能力，为自己做事，为将来的成功打下基础，同时为婴幼儿达到行为预期提供支持。我们把引导婴幼儿行为的素养列在图5.1中。

为什么引导婴幼儿的行为很重要？ 有效地引导婴幼儿的行为对他们的健康发展，建立、维持教师与婴幼儿的积极关系及婴幼儿同伴间的关系，支持婴幼儿长期的自主性发展和行为调节都很有必要。有效的引导创造了一个平和、可预期的环境，婴幼儿在其中可以知道他们是安全的，以及成人对他们的期待。年龄较大的学步儿知道教师对他们有什么期望。促进婴幼儿的行动能力有助于他们获得其他技能，比如自理、为团体做贡献、表达情感和调节情绪，以及与同伴建立亲社会行为。

引导婴幼儿的行为与其他素养有何关系？ 引导婴幼儿的行为，支持其健康与发展，体现在你的反思性实践以及你与婴幼儿形成的关系中。引导婴幼儿的行为对于保证其安全、支持其发展和学习都至关重要（见第六章）。

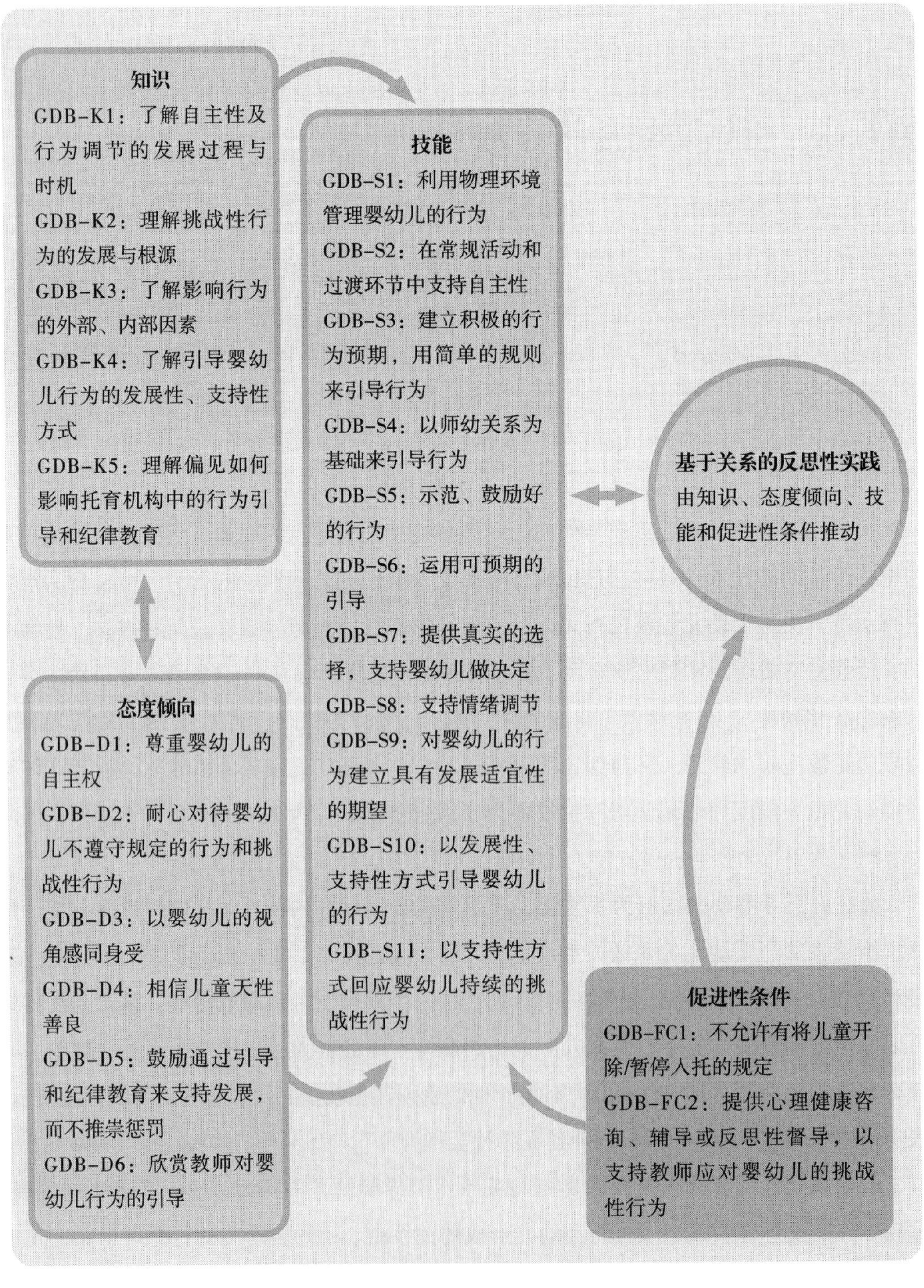

知识

GDB-K1：了解自主性及行为调节的发展过程与时机

GDB-K2：理解挑战性行为的发展与根源

GDB-K3：了解影响行为的外部、内部因素

GDB-K4：了解引导婴幼儿行为的发展性、支持性方式

GDB-K5：理解偏见如何影响托育机构中的行为引导和纪律教育

技能

GDB-S1：利用物理环境管理婴幼儿的行为

GDB-S2：在常规活动和过渡环节中支持自主性

GDB-S3：建立积极的行为预期，用简单的规则来引导行为

GDB-S4：以师幼关系为基础来引导行为

GDB-S5：示范、鼓励好的行为

GDB-S6：运用可预期的引导

GDB-S7：提供真实的选择，支持婴幼儿做决定

GDB-S8：支持情绪调节

GDB-S9：对婴幼儿的行为建立具有发展适宜性的期望

GDB-S10：以发展性、支持性方式引导婴幼儿的行为

GDB-S11：以支持性方式回应婴幼儿持续的挑战性行为

态度倾向

GDB-D1：尊重婴幼儿的自主权

GDB-D2：耐心对待婴幼儿不遵守规定的行为和挑战性行为

GDB-D3：以婴幼儿的视角感同身受

GDB-D4：相信儿童天性善良

GDB-D5：鼓励通过引导和纪律教育来支持发展，而不推崇惩罚

GDB-D6：欣赏教师对婴幼儿行为的引导

基于关系的反思性实践

由知识、态度倾向、技能和促进性条件推动

促进性条件

GDB-FC1：不允许有将儿童开除/暂停入托的规定

GDB-FC2：提供心理健康咨询、辅导或反思性督导，以支持教师应对婴幼儿的挑战性行为

图 5.1 引导婴幼儿的行为

促进性条件。在机构层面，引导婴幼儿行为需要支持基于关系的实践（REL-FC1-FC4），以及与家庭保持沟通（FAM-FC5），也需要提供时间给教师仔细思考他们看到的婴幼儿行为，并让教师发展经过思考的回应能力（RFP-FC2）。加强这样的能力是为了确保引导基于关系，并公正对待所有婴幼儿的要求，需要周到体贴地制定规则和具有支持性的监管实践。有些机构曾实行对婴幼儿不开除或暂停的监管政策（GDB-FC1）。制定这些政策只是第一步，教师需要得到支持，以一种对所有儿童公平、公正的方式来解决婴幼儿的挑战性行为，教师也需要得到一定的心理健康咨询、辅导，以及根据实情接受反思性督导（GDB-FC2）。

知　　识

为了实现有效的引导，教师需要了解关于婴幼儿自主性、调节能力发展的知识（GDB-K1），理解婴幼儿挑战性行为的出现原因（GDB-K2），以及影响婴幼儿行为的内部、外部因素（GDB-K3）。婴幼儿技能发展顺序及里程碑的相关知识（见附录A）有助于我们理解什么是能期待婴幼儿做到的，以及什么是他们无法做到的。教师还需要知道引导婴幼儿行为的发展性、支持性策略（GDB-K4），以及意识到教师的策略可能会受到自身偏见的影响（GDB-K5）。

了解自主性及行为调节的发展过程与时机（GDB-K1）

当我们要引导婴幼儿的行为时，我们必须理解婴幼儿的自主性、自我控制以及行为调节，或者婴幼儿发起、控制和调节自身行为的能力（见图5.2）。在附录A中你可以获得关于情绪和行为调节的更多知识。

自我引导。婴幼儿在出生的前两年认识到他们的身体能做些什么。在前6个月，婴儿发现自己有手、有脚，学习有意识地活动自己的腿和手臂。在6个月至1岁，他们用自己的声音引起成人注意并用手去触碰物品，这个动作带有探索的目的。从第二年起，他们开始学习走路，学习引导自己的身体以达到某种目的。在整个第二年，学步儿越来越有主动性，他们发现自己为自己做事的乐趣。这种目标导向的行为在整个婴幼儿期一直发展，与后来的掌控动机（mastery motivation）、创造性及对学习的热爱有关。

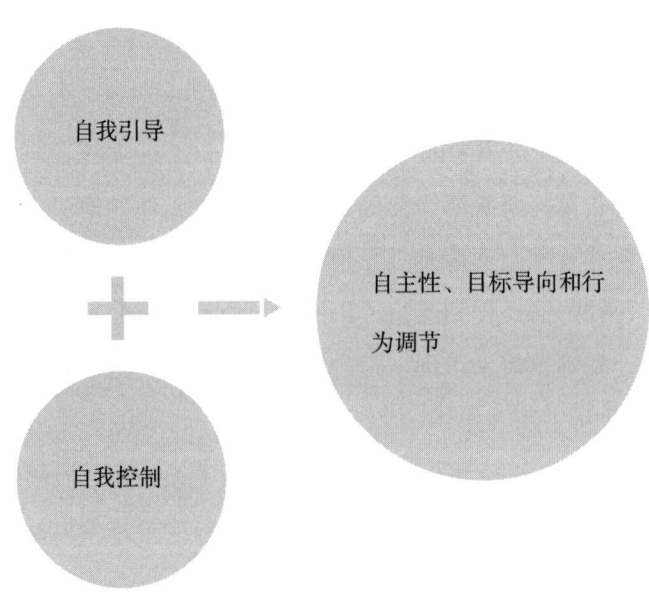

图 5.2　行为调节能力的发展

自我控制。学步儿学习根据目标来指导自己的行为,同时学习自我约束。这是学习控制自己身体的一部分,但是常常出于对另一个人的回应。这意味着学步儿正在同时学习行动发起("看,我能做什么")和行动约束(必须等待或者停下自己想要做的)。这对他们来说是生理、认知和情感上的挑战。首先,学步儿必须有身体控制能力,以控制自己的身体活动。对他们来说,这就像是刚学会滑冰,又得学会停下。其次,学步儿必须有认知技能(称为执行功能)来停止某个行动,并在成人的引导或者团体规则的引导下进行其他行动。最后,学步儿可能会面对停止他们想做的而做他们不想做的事情的情况,因此他们必须具备管理这种情况所带来的失望或挫折的能力。这对一个 1 岁多的孩子来说,确实要求太多!

行为调节。在生命中的第三年,学步儿开始意识到行为要受到家庭和团体所遵循的社会规范、规则的约束。他们常常需要成人的引导才能遵循这些规则,以达到预期的表现。当我们用言语来引导婴幼儿的行为时,我们必须想想他们是否有接受性语言技能来理解我们的引导("在教室里用脚走路"[1] "把杯子平放到桌子上,别让里面的水洒出来"),是否具备执行功能来停止他们当前的行为,以及能否跟从外部引导。在学步儿没有理解规

---

[1] 大概指不要爬或跳。——译者注

则含义的语言技能、内化规则的认知技能并记住规则之前,我们不能指望他们能够自觉遵循团体的规则。当我们看到学步儿尝试根据规则或成人的引导改变行动却常常失败时,他们明显表现出同时学习行动发起和行动约束所面对的挑战。

16个月的哈珀很喜欢玩洗涤剂。她的妈妈克里斯汀多次告诉她不能打开洗涤剂的瓶盖。克里斯汀摇着头说:"不行,哈珀,你不能碰洗涤剂,那只能妈妈用。"有一天早晨,克里斯汀把洗涤剂留在了外面,她看见哈珀把瓶子打开,把瓶口对着地毯。哈珀仰头看着克里斯汀,摇摇头,又看看洗涤剂。在看着洗涤剂时,她又摇摇头,然后停止摇头,把洗涤剂挤到地毯上,令她的妈妈感到很沮丧。

哈珀在目标导向的行动发起者与规则导向的行动约束者之间挣扎。你可以看到她想按妈妈的规则做时的努力,她摇头表明她理解妈妈不希望她拿着洗涤剂的瓶子。但是她最终没有按妈妈的规则约束住自己。哈珀需要妈妈给予更多的支持才能遵守规则。许多成人错误地解读了学步儿在这个阶段的努力,甚至看到的是他们的反抗("她直直地看向我,并且摇着头!所以我知道她懂得这个规则,但她还是违反了!")。然而,实际上,这种表现是学步儿想遵守规则,而不是破坏规则。理解自主性和自我约束的发展以及这两者之间的冲突,是理解学步儿的挣扎的关键点,这就是我们所说的挑战性行为。

理解挑战性行为的发展与根源(GDB-K2)

有些婴幼儿的自主行为对成人来说非常有挑战性,因此我们把这些行为称为挑战性行为。婴幼儿不是故意要挑战我们。令我们感觉受到挑战的行为,只是婴幼儿早期自然发展中的一部分。婴幼儿的行为有时很难处理,特别是攻击性行为或抵制引导的行为。但是这些行为能够帮助婴幼儿发展自主性和自我意识,最终会导向行为管理。在缺乏以接纳性方式进行沟通的情况下,令成人感到有挑战的行为常常是婴幼儿对未被满足的需要的表达。成人可能希望学步儿保持安静,但学步儿有身体活动的需要,这时他们就可能表现为动来动去。与人联结的情感需要可能表现为黏人。下文中列举了婴幼儿的一些发展表现,第六章会更多地涉及婴幼儿发展的过程,在附录A中有关于发展里程碑的说明。

用嘴啃、咬。就像婴儿用嘴来探索物品一样,他们也会用嘴来探索人。由于他们所处的年龄阶段,与控制身体的其他部位相比,在使用口腔时,他们会获得更好的掌控和感知,他们喜欢用嘴来探索物品的质地和味道。咬还能够在一定程度上缓解长牙带来的疼痛。因此，在感到受威胁或有危险却没有其他办法交流情绪和需要时，学步儿会采取咬的方式来回应。如果他们已经能够用语言进行较顺畅的交流，但仍然咬人，那么就需要规范其行为。

胡乱触碰他人。婴儿喜欢用手和嘴来探索其他婴儿以及家里的大人，但是常常表现为一种粗糙的方式。他们想用这种方式了解他人的身体和反应，以及自己的行为对他人产生的影响。然而，他们并不理解别人会感觉到痛，也不会识别因其胡乱触碰而引起的言语反应和面部表情的含义。

工具性攻击。在1—3岁的学步儿阶段，攻击性行为（推、打、咬）常常是工具性或功能性的。也就是说，不是故意发起攻击，而是为了达到自己的某种目的，比如把人推开是为了拿到被挡住的玩具。这种行为在前语言阶段的婴儿身上比较常见，并且在那些语言发展缓慢或者会说话但因一时心情低落而无法用语言表达自身需要的婴幼儿身上时常出现。

激烈的身体活动。学步儿需要跑、爬、跳、扔、踢、重击等来锻炼他们的肌肉，了解他们作用于周围世界和他人的效果，最终学会控制身体。

"不！" 说"不"是一个达到发展里程碑的表现，表明孩子发展了自我感，把自己定义为一个与他人分开的个体。他们正在学习自己想要的东西可以不同于照护者，并学习如何做决定。你需要知道在说"可以""是""行""好的"之间说"不"真的意义重大。学步儿还在学习如何说"不"，他们喜欢练习这个新技能！你会发现，在很多时候，学步儿说了"不"之后，马上就会说"可以"。

"我的！" 学步儿依据自己拥有什么或跟谁在一起，以及他们喜欢什么来界定自己的身份。最终，"我的卡车"会变成"我喜欢卡车"，"我的妈妈"会变成"这是我的家人"。说"我的！"常是出现身份感的第一个标识。但是学步儿没有像成人那样的物权感。他们将每样想要的或喜欢的东西都看成是自己的。

激烈的情感表达。激烈的情感表达又被称为"发脾气"。婴幼儿很容易受情绪控制。他们的语言表达还不太顺畅，他们也没有学会运用策略来解决令其情绪激动的问题。具有压倒性的情绪会导致身体上的行动，比如尖叫、躺倒在地、踢或打。这样的表现说明孩子的某些需要没有被满足。

了解影响行为的外部、内部因素（GDB-K3）

有七种影响婴幼儿长期、短期行为发展的因素。前三种因素影响婴幼儿的方式相似，是行为从这一天（或分钟）到另一天（或分钟）改变的原因，具体包括：身体状态和需要、当下及近期所处的情境（发生事件的物理或社会环境）和发展中的技能。后四种因素在婴幼儿长期的行为和发展中所产生的影响因人而异，具体包括：气质、安全的关系、文化与交流，以及压力与创伤。这些是你尝试理解婴幼儿行为时的重要因素，特别是当你把它看成一个困扰你的有变化或不同的因素时。运用上述七种因素的相关知识，有助于我们更好地理解婴幼儿的挑战性行为（见补充材料5.1）。

补充材料5.1

身体状态和需要。 在解释婴幼儿的行为时，要先考虑他们的身体状态和需要。我们将这种做法称为生理状态优先原则。只有在排除生理因素的影响后，我们才考虑其他六种因素的影响。孩子是否饿了、累了、冷了或哪里疼痛？他在长牙或生病吗？她今天是否有足够的活动和练习？她因太多的噪音、光线或人而受不了吗？其他生理方面的影响因素包括胎龄（她是否未发育成熟？是否早产？）以及出生时的体重。这些都会影响他们的整体健康、脑发育和生理节奏，以及情感和行为的调节能力。

当下及近期所处的环境。 婴幼儿的行为是高度情境化的。婴幼儿所处环境（在家庭或机构中）的质量——安全性、稳定性和刺激性，会影响他们的行为和发展。教师应该先通过查看婴幼儿所处的集体环境来解释他们的行为，再考虑家庭环境如何影响他们在教室里的行为表现。

在安全的物理环境下，常规是可预期的，婴幼儿可以没有危险地自由探索。他们可能会因为过多的人际接触或感官输入而受不了，涉及光线、声音及房间里的人员数量。在一个混杂、持续变动的环境中，婴幼儿很难集中注意力，也很容易变得不守规矩（尤其是当他们没有睡够时）。

当婴幼儿感觉到与教师联结，受到尊重，被认为重要、有价值，教师成为其探索外部世界的"安全基地"时，他们会有安全感。婴幼儿在托育机构中会因为自己熟悉的照护者不在场或者离开而受到影响。这就是稳定的教师和持续的师幼关系很重要的原因。安全的关系会因为家庭变故而受到破坏，比如新生命诞生或父母离异等事件发生。与教师间的亲近、具有一致性的关系，此时对婴幼儿来说是家庭变故所带来的不良体验的缓冲器，还可能减少他们的焦虑、退缩及攻击性行为。

有刺激性的环境为发展适宜性学习提供机会，可能让婴幼儿感到被邀请和兴奋，也可能导致停滞。当婴幼儿不能参与游戏，不被环境刺激时，他们会自己寻找挑战。这就可能导致他们出现挑战性行为。当一个孩子的行为挑战你时，要探究他们是否融入环境。平静、具有一致性的情境既安全又有合适的刺激，可以支持规范的行为、主动探索，最终促进婴幼儿的发展与学习。

发展中的技能。当我们注意到婴幼儿行为的变化或者看到一个与自己有关的行为时，我们要问一下自己：儿童是否在发展一项新的技能？比如，儿童在获得一项新的认知技能并能计划和实施行动以达到目标（目标导向行为）时，他们在面对挑战时会更容易有受挫感。学步儿一旦发展了与物品相关的认同感，就会变得对玩具更有占有欲。当一个孩子发展了一项新的技能（爬或走，舀或倒）时，他会用大量的时间来练习，这会让他感到精疲力尽。婴幼儿会累、行为失调，更多地哭泣、小题大做，或者变笨（跌倒、撞到某物，或者比平时更多地扔东西）。婴幼儿也会把周围搞得更乱，比如一个孩子把麦片倒在桌子上。这些看起来像常规能力的退化，不过通常只是正常行为的暂时中断。如果你看到儿童反复练习一个行为，而其中有一些行为不安全（比如攀爬置物架）或者会制造出更多的混乱（把食物扔到地上，把东西从容器里倒出来），想想他们正在练习什么技能，为他们提供更安全、更洁净的替代方式，使他们可以达成相同的目标。

气质。气质影响婴幼儿如何行事和学习。它包括婴儿与生俱来的九种基于生物学的特质，影响着他们怎么对周围环境进行反应，以及如何融入周围环境，比如：对变化、遇到新的人、到新的地方及接触新物品的反应的速度和强度，在活动间转换需要的时间，以及整体的情绪、心境。这九种气质涉及：

- 活动水平——婴幼儿的活动程度
- 规律性——进食、睡眠、排泄等方面
- 适应性——适应常规中的改变的快慢
- 趋近/退缩——对新刺激（如新的人、食物、玩具、情境）做出的反应
- 感觉阈限——对噪音、温度、质地、味道等差异的感觉
- 反应强度——积极、消极的情绪反应
- 分心程度——注意力分散的程度
- 情绪质量——通常处在好的或不好的心情状态中
- 坚持性——在一个活动（包括一个有难度的活动）中能持续多久

第五章　引导婴幼儿的行为

虽然气质相对稳定，不过它也受到社会和文化的影响。我们可以将它理解成作为个体的婴幼儿中相对稳定的部分，因此当我们与婴幼儿相处时，对其行为的反应和发展的支持，需要尊重每个个体的气质差异。为了更多地了解气质，建议你对自己和班级儿童的气质进行评估。

安全的关系。 婴幼儿与教师的关系高度影响他们的行为、情绪状态和探索意愿，教师之间的关系也会对这些方面产生影响。当关系具有一致性和充满关爱时，婴幼儿就会感觉安全、被爱，能够自由地探索周围的环境，确信教师在她需要的任何时候会在她的身边。当婴幼儿不知道可以信任谁时，他就会感觉焦虑、害怕，常常变得失调（更多哭闹，肢体行为笨拙），或者不能自由地探索和学习。婴幼儿也能注意到周围人的关系（父母与教师的关系、教师之间的关系）中的情绪基调，这也会影响到他们的安全感。

我们在第三章中描述过，婴幼儿与父母间特殊的关系（依恋）影响他对整个世界的安全感，也影响他在教室内与依恋相关的行为，甚至当他的父母不在场时也会产生影响。婴幼儿可以和一个具有一致性、体贴的教师建立信任、安全的关系，哪怕他们与父母的关系不那么协调时也是如此。当婴幼儿一直密切关注教师在教室里的位置而不是游戏和探索时，表明他们不相信教师会为了他们而待在他们所认为的地方（这就是为什么虽然跟儿童说再见会让他们悲伤，但我们要让儿童知道我们什么时候离开，而不是偷偷地不告而别）。如果你看到一个婴幼儿不进行探索，只是待在某一个地方，或者一直看着房间里的大人，那就要考虑他是否与至少一位教师建立了安全的关系、有特殊的情感联系。

文化与交流。 家庭文化和养育环境中的集体文化都会影响婴幼儿的行为。比如，心理学家海蒂·凯勒（Heidi Keller）和人类学家詹姆斯·麦肯纳（James Mckenna），曾经写过大量的关于文化价值与标准影响养育及婴幼儿行为的文献。文化塑造物理环境和社会环境，也塑造保育和教育儿童的习俗，使它们在不同的文化中各有不同。比如，在有些文化中婴幼儿与成人一起睡，那就意味着习惯与成人睡在一起的婴幼儿，到集体保育的环境中会不习惯自己一个人睡，可能需要一段艰难的时光来适应教室里的睡觉方式。在一些文化中，婴幼儿被鼓励自己进食；而在另一些文化中，婴幼儿由照护者一勺一口地喂，并鼓励家庭成员之间相互依靠。不同文化中的交流风格也可能不同。比如，在一些文化中，儿童与成人有眼神接触代表不尊重。如果你发现有的孩子避免与你有眼神接触，那么可以考虑这是否反映了其家庭文化。在有些文化中，用手指着某物或某人被看成是粗鲁和不礼貌的行为，但是在另一些文化中，鼓励把指指点点当成是交流的工具。对有些文化来说，摸一个孩子的头是失礼的行为，但在另一些文化中，这被认为是一种关爱的表示。如果一个孩子在被触摸时缩回，可以考虑这种触摸是否在其家庭文化中有不同的含义。

压力与创伤。慢性的压力和强烈的创伤对婴幼儿的行为有即时和长期的影响。对婴幼儿来说，常见的慢性压力是不可预期的家庭或学校环境及其中的混乱，或者身体、情感需求被忽视。情绪紊乱的环境容易导致高水平的愤怒、恐惧或悲伤。不可预期的人际关系和日常生活在吸毒或酗酒的家庭中极其常见。创伤包括经历自然灾难，目睹对自己家庭成员或周围社区成员的暴力，经历身体、性和情感方面的侵害，家庭成员死亡或因另外的原因离开。婴幼儿也会体验到成人因长期压力或受到创伤后所感受到的情绪，如恐惧、焦虑、悲伤、忧伤、愤怒和崩溃。但是婴幼儿没有应对的工具，也无从理解发生了什么。前语言阶段的婴儿不能告诉我们他们所经历的压力和创伤，但是他们的行为表现能提供他们有何感受的线索。阅读一下补充材料5.2，鉴别行为表露的压力和创伤，以及婴幼儿通过行为告知我们其哪些情绪需要。

补充材料5.2

了解引导婴幼儿行为的发展性、支持性方式（GDB-K4）

发展性、支持性引导鼓励儿童运用技能。所有的引导应该支持儿童的健康状态，加强儿童与教师、同伴之间的联结。具有发展适宜性的引导基于对儿童能够达到的行为的预期，能够考虑到他们现有的发展性技能、气质和情感状态，以及所处的情境。在本章中的"技能"部分，我们会描述对婴幼儿进行发展性、支持性引导的方法。

常见的惩罚是低效的、非发展性的、非支持性的做法。惩罚是因儿童的某种行为而强加给他们的处罚。研究显示，那种强加给孩子处罚（不管以什么形式）而让行为停止的做法，会破坏成人与儿童的关系，阻断信任，抑制发展。惩罚往往让我们想要阻止的行为得到强化和示范，与正向的行为发展背道而驰。学步儿会学习和做他们看到的以及经历过的事，而不是被告知的事。因此，如果我们想要让婴幼儿拥有积极的互动，那么我们就要做给他们看。下面列举了五种常见的惩罚及其对婴幼儿的负面影响。

忽视儿童的情感或需要，比如对他们说"你是大姑娘了，别哭了"或者"没什么好哭的"。这会使儿童感到被误解，常常变得更伤心或更愤怒，进而使他们的行为逐渐升级，以便被大人理解。

羞辱包括因儿童的情绪和行为而取笑、贬低他们。比如，当他们表现出害怕和慌张时，叫他们"胆小鬼"或者"懦弱鬼",或者在他们表现出悲伤、恐惧或愤怒时嘲笑、嫌弃地看着他们。

恐吓包括引起恐惧的行为,比如摔门,在儿童身边摔东西、喊叫,用鄙夷或严肃的眼神看着儿童,居高临下,或借助于成人的体型或其他威胁性力量来恐吓他们。

体罚包括打屁股、摇晃、猛拉手臂、推、挤,或者粗鲁地对待儿童,引起恐惧、压力,侵害信任感,破坏成人与儿童的关系,教儿童用武力解决人际冲突。在有些文化中使用体罚比另一些文化中更普遍。它对于有些儿童的损害比另一些儿童要大,这取决于儿童的气质类型和家庭文化。然而,几十年的研究显示,打屁股和其他体罚的方式对每种文化中的儿童发展都有害。有其他更有效的方法来引导儿童的行为,可以让儿童更好地社会化,获得我们希望其掌握的技能和行为。

孤立指把婴幼儿与教师或班级群体分开,会破坏婴幼儿与他人的联结,并威胁到他们的安全感。排斥包括暂停或者不让孩子参与所期盼的活动。收回"爱"涉及用不热情、冷漠的方式对待孩子,要么是故意为之,要么是教师因生气或恼怒而做出非刻意的冷漠反应。开除和停学是极端的惩罚性孤立。这种方式不应该成为高质量的婴幼儿托育机构中的选项。这是对儿童及其家庭的强烈拒绝,会严重地破坏儿童与教育的联系,让他们走入糟糕的教育轨迹。可悲的是,由于社会的偏见,在托育机构中存在因种族差异而开除孩子的情况。

理解偏见如何影响托育机构中的行为引导和纪律教育(GDB-K5)

沃尔特·吉列姆(Walter Gilliam, 2005)是专注于研究早期教育机构中的开除的专家。他的研究报告指出,婴幼儿被托育机构和幼儿园开除的比率比高中生被学校退学的比率更高。所以值得再次强调:开除或者停学不是高质量的托育机构中应有的选项。这种经历对婴幼儿的健康有害,而且剥夺了工薪阶层家庭需要的资源。更糟的是,这种开除与美国不同种族人口结构不成比例,更多地发生在非裔、西班牙裔及拉丁裔儿童身上。吉列姆和同事(2016)的研究表明,早期教育机构中的教师对有色人种家庭的儿童盯得更紧,似乎预测这类家庭的儿童更容易行为失当。另一项研究表明,早期教育机构中的教师更容易将有色人种儿童的行为解释为反抗、攻击或缺乏社交技能,即便这些行为完全具有年龄适宜性。可见,教师对特定群体的儿童持更严厉、更严格的判定标准。当教师把婴幼儿的反抗行为归因于自身无法掌控的家庭因素时(如家庭的混乱和创伤),他们就更可能发起开除儿童的行动。因此，教师应该先看在教室情境中发生了什么，并在当时的情境中考虑可以怎么做来支持儿童，暂时忽略行为的其他根源。教师带有偏见的反应会损害儿童的健康与发展，也为家长带来困扰。教师需要支持，以管理好他们的班级，有效地引导婴幼儿的行为（见前述的GDB-FC1和GDB-FC2），并理解儿童的发展与行为。

人是有偏见的，因为我们的大脑会根据不完全的信息快速地做决定。这就是人类生活的事实。但是我们可以通过以下几种做法来打破我们的偏见对婴幼儿及其家庭的负面影响：①通过有意识的反思认识到我们的偏见；②经常对我们所持有的信念和对待孩子的行为进行质疑；③以有意识的方式尝试对抗我们的偏见。你可以通过相关的文献和网络资源学习到更多的内容。

态度倾向

态度倾向对于有效的引导具有决定性作用，其中包括我们对儿童的看法和对待他们的方式（GDB-D1—D4），以及我们对引导的看法（GDB-D5和GDB-D6），它们跟我们与婴幼儿建立关系的态度倾向一脉相承。

尊重婴幼儿的自主权（GDB-D1）

尊重婴幼儿的自主权意味着尊重他们作为人有自己的个性、需要、渴望、兴趣和目标。自出生起，婴儿就是主动、自我驱动的学习者，有自己的体验、与世界互动的方式。

耐心对待婴幼儿不遵守规定的行为和挑战性行为（GDB-D2）

婴幼儿还没有内化家庭、学校及社区的规则。社会化的过程需要好几年的时间。婴幼儿还不能预测什么是不安全的，还不能对他人的情绪感同身受。他们关于对与错的感觉与成人不同，他们主要是想得到自己想要的东西。因此，他们难免会在行动中将自己置于危险境地并伤害到别人。耐心地对待婴幼儿，有助于我们将这些事件当作婴幼儿的学习机会。

以婴幼儿的视角感同身受（GDB-D3）

要以支持性方式来回应婴幼儿，我们必须尝试从他们的视角来理解世界。他们的视角包括他们的目标、意图、情绪反应，以及他们对自身、他人和规则的有限理解。当我们从婴幼儿的视角来看世界时，我们就能够提供真正敏感的引导来支持其发展。

相信儿童天性善良（GDB-D4）

如果相信婴幼儿是自私的、爱操纵的和爱使坏的，那就会让我们寻找其本来不存在的"坏行为"并做出相应的回应。如果这样做的话，婴幼儿会觉得受到误解，并根据我们的态度表现出更多的"坏行为"。因此，我们应理解婴幼儿天生想和他人建立联结并取悦周围的人，知道他目前的行为表现不尽如人意是受其发展水平所限，从而做出支持性回应。

鼓励通过引导和纪律教育来支持发展，而不推崇惩罚（GDB-D5）

如果认为引导必定包含惩罚，那么我们就是在训练儿童出于害怕被逮住而表现得顺从。当我们将引导当作对发展的支持时，我们就能培养儿童理解社会规则，与他人产生共情，并调节自己的行为以符合共同的标准。

欣赏教师对婴幼儿行为的引导（GDB-D6）

有的教师认为引导婴幼儿的行为是家长的工作，婴幼儿在教室里的行为只是反映其在家里被预期或接受的行为。婴幼儿的家庭生活肯定会影响他们的行为，但是婴幼儿也能调整自己以适应某个社会性情境，并学习到每个情境中的规则与规范。因此，教师在教室里对婴幼儿行为的影响力很大，也会对其发展自主性和行为调节能力产生影响。

技　能

有效引导婴幼儿行为的技能与建立并支持各种关系的技能（见第三章）相似。这些技能包括：为获得成功的环境架构和安排（GDB-S1–S3），在持续、积极的关系中进行日常互动，塑造并强化我们希望儿童发展的行为和技能（GDB-S4–S9）。最后，在需要时，教师要随时引导或再引导儿童的行为，以保证他们的安全并支持其发展（GDB-S10和GDB-S11）。图5.3呈现了日常引导行为、支持儿童健康与发展的技能。

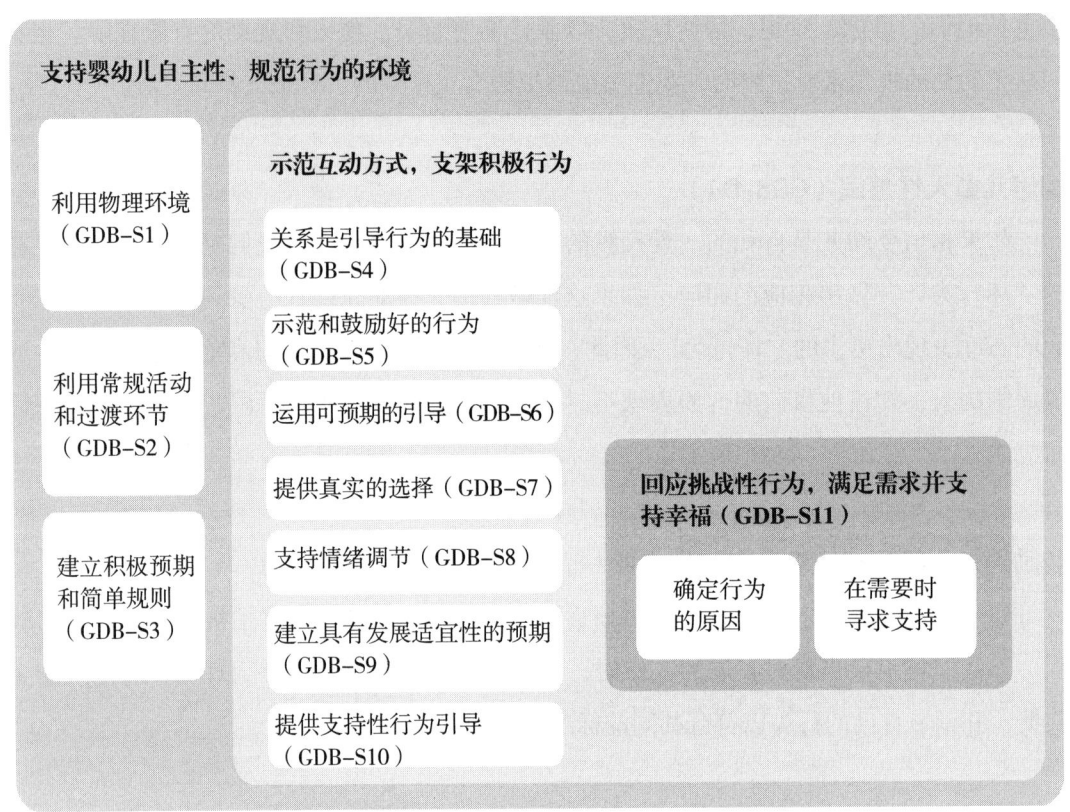

图 5.3 日常引导行为、支持儿童健康与发展的技能

利用物理环境管理婴幼儿的行为（GDB-S1）

我们通过建构物理环境为行为提供自然限制，同时最大限度地增加儿童参与有意义游戏的机会。限制和边界能提供可预测性、安全性和环境刺激。这里将集中说明建立"可以的环境"的空间架构，允许监控儿童的行为和激发最大限度的儿童参与。

将"不能的环境"转变成"可以的环境"。当儿童可及的空间和材料状态良好且没有什么危险时，我们会对孩子想要做的事说"可以"。在"可以的环境"中，每件事都是安全的和适宜发展的。成人可以看到所有的儿童，所以容易监控他们，也可以识别任何可能发生的危险。成人用的家具背靠墙壁并正对着房间。有低矮的架子或其他家具区隔空间，同时允许我们越过它们看到教室里的情况。要确保教室里没有不在我们视线范围的"盲区"。这样即使我们参与婴幼儿的游戏，也能在靠墙而坐时扫视整个房间，不必停止与婴幼儿互动。

当儿童参与活动时，他们几乎没有不良行为。要建构环境，让婴幼儿最大限度地持续进行自发的探索、游戏，并避免为争夺资源而竞争。婴幼儿应可以获取多种有吸引力的材料，并有足够数量的材料供应，这样就可以减少无目的的闲逛、冲突和挑战性行为（见表 5.1）。

表 5.1　建构有助于管理婴幼儿行为的物理环境

	**"可以的环境"** · 创设环境时考虑视线所及的教室全景 · 成人的物品放在儿童可及的范围之外 · 跑道上尽量少使用障碍物或减速条 · 有意识地设计，以适应不同的心情 · 为不会移动的婴儿设置保护空间
	**自然、灵活的边界** · 根据每个空间内参与活动的儿童数量和活动特点，来设置自然的限制 · 设置空间的自然边界，以保护儿童的专注性和创造性 · 家具可移动，允许儿童掌控环境安排 · 空间具有一定的灵活性，允许儿童实现自己的计划
	**吸引人的材料** · 儿童应有可获取的、激发活动的多种材料 · 供应足够数量的材料，以减少冲突 · 材料数量合适，以免儿童受到过度刺激 · 材料有序地放置，尽量减少混乱带来的迷惑 · 材料可挪动，以适应儿童的计划

下文列出了婴幼儿面对环境刺激不足或刺激过度的表现。

- 漫无目的地闲逛，没有将注意力放在某一件事上。
- 退回到"小时候"玩玩具的方式，没有目的地倾倒、扔或踢玩具。
- 有攻击性地对待其他儿童，比如推搡其他儿童。
- 有其他寻求关系的行为。

- 撤离到教室的角落或安静空间。

在常规活动和过渡环节中支持自主性（GDB-S2）

具有一致性的、可预测的常规活动安排有助于婴幼儿在托育机构中感到安全、安定、有胜任感。同时，在安排时间和实施常规活动时保持一定的灵活性，能够支持婴幼儿的自主性和参与活动的积极性，并发展他们自我照护和为团体做贡献的能力。运用合理安排过渡环节，教师能够有意识地支持婴幼儿的情感调节和行为调节。

策略

- 张贴可视化日程安排表，把每日的常规活动用图片表示出来。在度过每一天时，让婴幼儿注意到日程安排。对学步儿来说，一日活动的顺序应该相对不变，同时有一些根据需要可进行灵活安排的时间。比如，在天气寒冷时到户外，孩子们需要穿上冬季的装备，此时他们比只穿件夹克就外出需要更多的时间。对低龄的婴幼儿来说，他们的睡觉、进食时间都比较个人化且容易改变，因此设置集体日程就没什么意义。这时可以将日程替换为他们每天经历的事件清单。
- 事先预告。在两个常规活动之间提前告诉婴幼儿接下来要做什么，以及何时开始。这可以让他们在情绪上为即将到来的变化做好准备，积极地参与转换。
- 给婴幼儿真实的选择。在常规和过渡活动中，尽可能赋权给婴幼儿，尊重他们的选择。关于GDB-S7的内容中有提供真实选择和支持儿童做决定的更多信息。
- 支持关系，在整个常规活动的每一个环节中都与儿童建立联结。补充材料3.2中关于换尿布的内容，描述了运用基于关系的原则指导实践，在卫生地换尿布的整个过程中支持儿童自主和自我管理。

建立积极的行为预期，用简单的规则来引导行为（GDB-S3）

婴幼儿需要具有一致性的限制，以提供可预测感、安全感和安定感。设置限制不是实施成人的控制。限制能够提供界限，让婴幼儿在界限内安全地探索其选择的事物。这可以提高婴幼儿的自主感和对环境的掌控感。通过不必要的严苛规则来实施成人的控制（比如，设置在教室里拿取玩具的规定，在集体活动时规定该坐在哪里及怎么坐等），会

第五章 引导婴幼儿的行为

抑制婴幼儿的创造性、自主性和掌控动机。如果这类控制不可预测、只是单独为某件事或将某些儿童排除在外,那么就应该被废除。

教师应该能够预测到学步儿会经常测试这些限制。他们通过测试来了解这些限制。教师应该对他们温和地、一以贯之地加以提醒。有效的引导在可能的情况下要有弹性,在需要时教师可以建立严格的界限,但前提是出于善意。

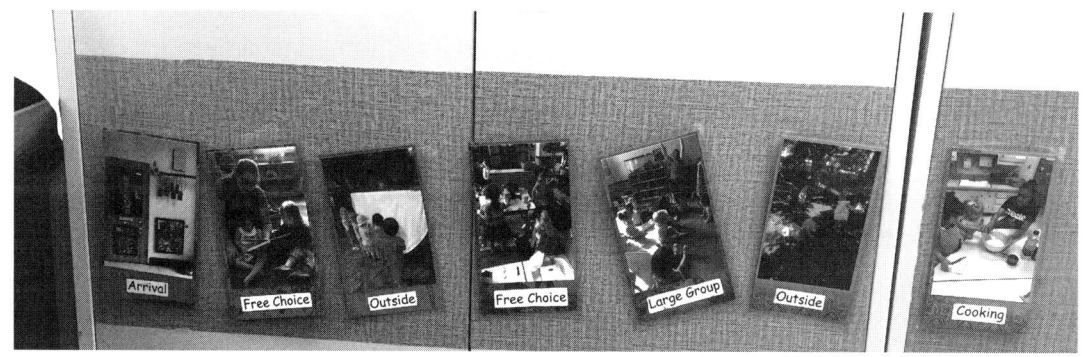

在丹尼丝女士的教室里,她把一日流程以照片的形式贴在条纹状的魔术贴上,并每天根据情况进行小的调整。

两个小朋友在找日程中相同的活动。

策略

- 提供精练简洁的规则。制定一些用积极的语言描述的简短规则。所有的规则都应该与婴幼儿的日常经历有关,并且在他们的行动掌控范围之内。在教室里的重要位置上把规则贴出来,让大家都看得见,这样教师可以随时指着规则提醒儿童。

比如提供下面的规则:

> 温柔地触碰

> 进餐时用自己的托盘

> 上下楼梯时扶着栏杆

- 用积极的指令强化规则。婴幼儿对积极语言表述的指令比对"不可以"等消极语言表述的指令能更好地做出反应。他们对指令的理解还处在将我们的语言付诸行动的水平。描述应该怎么做("慢慢走")比对他们说不要怎么做("别跑")更合适。婴幼儿难以理解在逻辑上有反转的语言的意思,所以在引导他们时要对他们说"慢点走",而不是"你走得太快了"。把你的指令与为什么这样做的原因以及教室里的规则相联系,这样婴幼儿会开始理解他所处的集体中有连贯和一致的限制。比如:

  > 从架子上下来!→让脚站在地面上,不然你会摔着、受伤。

  > 别扯头发!→轻轻地、温和地触碰。当我们要接触别人的身体时,动作要轻,这样不会弄痛朋友。

  > 不要吃别人盘子里的东西。→记得我们教室里的规则:只吃自己盘子里的食物。如果你还想多要一些,我可以多给你一些。

  > 别在大厅里跑。→记着,我们在走廊里走路时要注意安全。我们在外面才能跑。

以师幼关系为基础来引导行为(GDB-S4)

引导基于良好的师幼关系,要强化婴幼儿对教师的信任。婴幼儿渴望与人建立联系,而且受人际关系的影响。他们希望取悦照护者,并成为照护者所在团体中的一员。因此,引导对孩子来说是最有意义的,而且最有可能将他们导向学习。如果引导发生在温暖的、有支持性的日常互动中,那么长此以往就会加强婴幼儿与照护者之间或婴幼儿之间的联系,而不是破坏关系。像确立主要照护者和提供连续照护等基于关系的保育和教育实践,能够支持每名儿童与主要照护者之间的强联结,每个婴幼儿的主要照护者对婴幼儿的需要、能力和不足都很清楚。

当学步儿内化关系背后的规则和原则时,带着关爱和联结的引导能够让学步儿主动遵守规则。一旦他们内化了规则,他们就会在成人不在场时也遵守规则。惩罚会使儿童感到羞辱、孤立,从而导致有条件的被动顺从,也就是说,只有当他们认为有被逮到和受惩罚的可能时，他们才会遵守规则。

策略

下面列出了三个以"T"开头的基于关系的行为引导策略。

- 身体接触（Touch）。通过与婴幼儿进行肢体接触，加强彼此的信任。教师可以靠近儿童，而不是隔着整个房间对他们喊；可以蹲到与儿童的高度齐平的位置，而不是采用让他们感到威胁的站姿；可以用眼神接触来得到他们的注意，并表达尊重；还可以用有爱意的接触（比如轻轻地用手触摸他们的肩或手臂），加强与他们的联结，从而帮助他们保持平静。
- 以集体的口吻对话（Togetherness talk）。它有助于加强儿童与教师或集体的联系。教师可以根据一个共同的目标或者一个集体遵守的原则来表述引导："我们一起整理积木，先放哪种颜色的积木呢？""记住，我们只能轻轻地碰同伴。"当我们一起做事而不是让孩子感到被强迫时，他们更容易遵照我们所说的做。
- 冷静地陪伴孩子，引导孩子说出自己的感受而不是计时隔离（Time-in, not time-out）。在婴幼儿经历了一个令人沮丧的情境或者表现出不当行为后，一位让他们信任的照护者给予的冷静陪伴和引导，能够让他们感受到联结和舒适。这能够帮助婴幼儿从负面情绪（愤怒、发脾气）转到平静、联结的状态。一旦儿童平静下来并与人联结，他们就能敞开心扉地谈论所发生的事。计时隔离会使儿童感到被孤立且不太平静，还能引起羞辱感，用冷静陪伴代替计时隔离更好。

示范、鼓励好的行为（GDB-S5）

婴幼儿通过看我们怎么做而不是通过服从指令来学习行为和态度。因此，我们在真实情境中以尊重的方式进行的积极互动，会引发他们对适宜的亲社会行为的关注。

策略

- 示范、描述你的积极行为。向婴幼儿呈现你希望他们做出的行为，让他们看到并体会到这样的行为。当你示范可取的行为时解说它们，这样婴幼儿就开始理解你这么做的原因。如果你希望他们在室内说话的声音轻一些,那么你在室内也要轻声说话("因为我们现在进室内了,另一些小朋友可能在休息,所以为了不打扰他们,我要轻声说话了")。如果你希望婴幼儿温柔地对待同伴,那么你也要轻轻地触碰他们("像我轻轻地拍或抱着你那样,温柔地触碰你的朋友")。如果你希望他们在心情沮丧时深呼吸,那么就让他们看到你这样做("我现在感觉要受不了了,我要真正慢慢地呼吸,然后把不舒服的感觉释放掉")。

- 对儿童的正向行为进行评论。儿童天生希望取悦照护者和同伴并与他们建立联结。评论婴幼儿表现出的可取行为,可以与他们联结并强化这样的行为("查理,你把夏洛特的杯子递给了她,你帮助她了""西蒙,我看到你尝了两种新的蔬菜,你在探索新的味道")。不过,要避免对处在羞愧、被操控方式下的儿童进行评论。不要对其他儿童谈论某个儿童的行为,并在暗中对比儿童的表现("我真的很喜欢塞勒姆把自己的盘子放在水池里"),或者只是肯定某些儿童的行为而让其他儿童感到羞辱("戴维、安和贾马尔今天帮了忙!")。相反,要直接告诉儿童,你希望他们表现出你认可的行为。避免操控儿童做他们不想做的事("你吃完了所有的午餐真让我高兴")。当儿童感到羞愧和与我们疏离时,或者当他们取悦我们才会感觉被接纳时,他们的自我价值会遭到损害。这些做法最终会事与愿违地引发那些我们不鼓励的行为。

- 认可和鼓励,而不是表扬。因个人特质而表扬("你真聪明")或夸张地赞美("你画得太美啦!")会适得其反,降低儿童在遇到挑战时的动机和自我价值感。这种反直觉的反应之所以会出现,是因为儿童过度看重他人的看法。于是他们会避免挑战。这样的表扬教会儿童根据外在奖励做事,而不是因为事情本身有价值。经常表扬儿童,会让他们感到无意义。我们可以通过认可儿童的努力、经历的过程和用到的方法来代替表扬:"你真努力啊""你把所有的积木都放进篮子了""你想到了如果把大块的积木放在最下面,你搭的楼就不会倒"。鼓励会让儿童知道为什么你欣赏他们所做的事情("当你把吃剩的饭放进垃圾桶时,你维持了教室的清洁""谢谢你把莉莉的袜子拿过来,你真是帮大忙了")。认可努力是一个常用工具,几乎在所有的时间都可以用来鼓励某个积极的行为。补充材料 5.3 中有一些把表扬改成认可或鼓励的实例。

补充材料 5.3

第五章 引导婴幼儿的行为

运用可预期的引导（GDB-S6）

当教师告诉婴幼儿即将发生的改变或者事件时，可预期的引导就发生了。这表达了对儿童的自我引导活动的尊重，能让儿童参与过渡环节，还能防止他们出现挑战性行为。

策略

- 预告：在你做某些事之前，让儿童知道你将要做什么，能够展现对其人格的尊重（"现在我要把你放下来，因为我得去帮助萨拉"）。
- 预报：告诉儿童接下来可以有什么期待以及在什么时候期待，可以帮助他们预测变化并进行准备（"等我们读完这本书后，我会帮你换尿布"）。
- 预见和预防：预先估计会发生什么能让你预防冲突。比如，当你看到一个学步儿将要拿另一个孩子的玩具时，要提前建议一个积极的同伴互动方式（"哈尼夫，看起来扎亚对你正在进行的搭建很感兴趣。你可以给她一些积木，让她在你旁边搭建吗？"）。

阿基巴女士通过给阿祖拉看她的双手已戴上她给婴幼儿换尿布时常用的紫色手套，向她预告就要轮到她换尿布了。

丹尼丝女士看到卡拉和埃米都想爬进一个大箱子，预测她们可能会打起来，于是她把自己的一只手放在两个女孩之间，提供了一个肢体引导，在空间上阻止了可能发生的冲突。

提供真实的选择，支持婴幼儿做决定（GDB–S7）

给婴幼儿提供真实的选择是一种赋权方式，使他们能感到安全、健康，同时能够帮助他们建立做决定的能力。如果孩子经常进行选择，那么他们就更可能在必要时愿意认同成人的决定。给孩子一个真实的选择要比给一个简单的指令更有吸引力。说"萨拉，我们需要清理积木了，你想收蓝色的、绿色的积木，还是粉色的积木？"比说"萨拉，现在你得收拾积木了"要有意义。接下来我们将说明真实的选择的特点，并提供关于婴幼儿的真实选择、支持其做决定的一些策略。

发展适宜。 首先，提供的选择必须安全且在婴幼儿能力可及的范围内。其次，提供的选择应该是儿童能理解的。要避免提供的选择使婴幼儿不明白其中的差异，并需要想两三分钟。有时，可以让婴幼儿选择做事的先后顺序，比如问："你想先穿鞋子再穿夹克，还是先穿夹克再穿鞋子？"最后，做出选择的过程要足够简单，以使婴幼儿能够完成。可以给小婴儿提供很简单的选择，给学步儿提供内容有所扩展的选择。可以问小婴儿"你想要豆子还是玉米？"，问学步儿"你今天要吃什么点心？"。

选项等值。 选择要真实，不带胁迫，提供的选项应该是等值的。成人常常以提供给儿童选项的方式实行胁迫:"如果你不穿上鞋子,那么你就得待在这儿,这是你的选择。"在现实中,儿童没得选。这是一个伪装成选择的吓唬。你可以对比提供选择("波莉,到你换尿布的时间了,你想跳上、爬上还是走上尿布台?")和伪装的胁迫("该你换尿布了,是你到我这儿来,还是我来抱你?")。

答案无错。真正的选择意味着怎么选都没有错。我们可以提供两三个选项,婴幼儿选其中任何一个都可以。这是把"不能的环境"转换成"可以的环境"的关键。成人经常会对孩子提出问题,但只有一个值得肯定的答案,比如"你想要晾夹克吗?""你现在可以把玩具捡起来吗?"。这其实是以提问的方式表达指令,但是婴幼儿不会把它理解成指令,所以他们很可能回答"不"。当我们以提问的方式发布指令时,儿童会感到困惑,特别是当儿童的家人给他们更多的直接命令时。当我们没有明确地表达对婴幼儿的期待时,我们很可能将婴幼儿的反应错误地解读成反抗、不服从。

■ 策略

- 想办法让儿童注意听你讲。当你提供选择时,儿童可以思考这些选项。你可以走到他的身边,蹲下来与他齐高,进行眼神对视,然后提供选择。
- 运用非语言提示向婴幼儿说明和强化你的语言信息。比如,如果你让婴幼儿选择要两个玩具,还是两样食物,那么你可以把这两种东西放在离他们相同距离的地方,鼓励他们拿自己想要的东西。
- 等待儿童做出反应。如果儿童没有反应,那么就重复刚才提出的问题,或者换一种方式问他们。
- 支持儿童做决定。如果没有得到儿童的清晰答复,那么就描述你所做的事情来帮助他们。"我不清楚你想要吃什么,所以我把苹果酱给你,看看你是不是喜欢。"
- 允许儿童改变想法。儿童会改变自己的想法,有时他们会立刻改变,有时会反复改变几次,因为他们在练习自己做决定的能力。要允许他们在条件许可的范围内改变主意。
- 有限度地坚持。儿童可能做了一个选择,但却没有实行。比如,某名学步儿可能选择跳上尿布台去换尿布,可是跳着跳着却跑了。教师必须遵守必要的卫生和安全限制,这时你得坚定而温和地对他说:"请回到尿布台,或者我抱你过去。"

支持情绪调节(GDB-S8)

当婴幼儿情绪低落时,他们调节行为的能力很弱。我们必须先帮助他们调节情绪,提供他们所需的帮助,使他们感到舒适、得到支持。

策略

- 运用"将心比心"来识别婴幼儿的感受。当婴幼儿无法使用语言的时候,用你的语言来帮助他们。1岁以下的婴儿还不会用语言表达,1—3岁的学步儿在情绪低落时也不知道该如何表达。要通过他们的非语言提示来了解他们的感受,也可以用语言表达来猜测他们可能的意思。

- 观察、思考以及描述婴幼儿体验的三个重要方面是情绪、行为和情境。情绪是指婴幼儿的面部表情或其他情绪提示("你皱眉了");行为是指婴幼儿做的或说的事情("你在踢架子");情境是指已经发生的情况("每次当你想把那辆车放到架子上时,它总是掉到地上")。要把儿童表现出来的情绪、行为、情境与其内在的心理状态联系起来——他们的意图、愿望、感受和思考是什么("你看起来很沮丧")。这样做的目的是建立描述婴幼儿的内部状态的词汇库,最终帮助他们表达自己的情绪、需要,并更好地理解自己和他人。你不必每次都关注上述的三个重要方面,它们是帮助你在支持儿童前进行反思的参考。

- 提供应对策略和解决办法。在你识别儿童的感受后,要与他们一起尝试调节情绪(提供针对情绪的应对策略;"呼吸球可以在我们感到沮丧时帮助我们的身体平静下来,走,我们去拿呼吸球!"),或者解决一个问题(提供针对问题的解决办法;"我能帮你把车放到不会掉落的地方吗?")。表5.2 中有支持情绪调节的策略,补充材料2.2 中有更多的想法。

表5.2 情绪体验、潜在需求和支持情绪调节的策略

儿童所感	儿童所需	成人可做
沮丧	我需要感觉到有达到目标的能力	认可我的感觉,帮我找到解决问题的办法,使我达到自己的目标
愤怒	我需要感觉到被理解和认可	告诉我愤怒是可以的,帮我找到安全的方式来表达自己的情绪;如果可能,帮我找到解决问题的办法
不知所措	我需要感觉到被包容	帮我找个让我平静下来的空间,安排一段时间与我单独在一起

（续表）

儿童所感	儿童所需	成人可做
悲伤、忧伤	我需要感觉到联结和被爱	安慰我，邀请我互动；帮助我找到自我抚慰的方法，让我有较长的时间感受忧伤
害怕、焦虑	我需要感觉到安全	让我知道你会保护我；帮我安排环境、常规活动；成人的行为平和、可预测

对婴幼儿的行为建立具有发展适宜性的期望（GDB-S9）

在有效地引导婴幼儿的行为前，我们必须理解我们对婴幼儿能抱什么期望、不能抱什么期望。我们能合理地对一个婴幼儿有什么期望，取决于他们正在发展的技能、气质及当前的情境。在一个特定的情境中对婴幼儿的行为建立具有发展适宜性的期望有下列三个步骤。

第1步：分析发展适宜性任务。要考虑到婴幼儿的情感、感知运动（身体的）、认知、语言交流和社交技能，从而考虑我们对其行为的期待。形成具有发展适宜性的期望要对比那些婴幼儿目前能或不能做到的事情。附录A中提供了更多关于每个领域发展技能的一般时间和顺序的具体信息。但是更重要的是，不要看平均的发展时间，而要看儿童现在是否有能力。补充材料5.4中提供了对发展适宜性任务的分析。

补充材料5.4

第2步：从婴幼儿的角度看问题。当我们考虑到婴幼儿的视角时，我们就能利用"婴幼儿是有自己思想、感受和目标的独特的人"这种信念。图5.4提供了一些你可以问自己的问题。虽然婴幼儿已经具备了一些技能并能够采取一定的行动，但做有些事情对他们来说有难度，而做另一些事情对他们来说更容易。

第3步：考虑情境。可以参考前面在GDB-K3部分论及的会影响到婴幼儿行为的家庭及机构因素，或者运用补充材料5.1中所列的问题。然后考虑你能怎样改变教室环境，以最好地支持每名儿童。

一旦你理解了通常一个婴幼儿能做什么，你就能理解你可以期待他们跟随什么类型的引导。不过要做好准备，即使他们不能跟随你的引导，你也要温和、友善地支持他们。

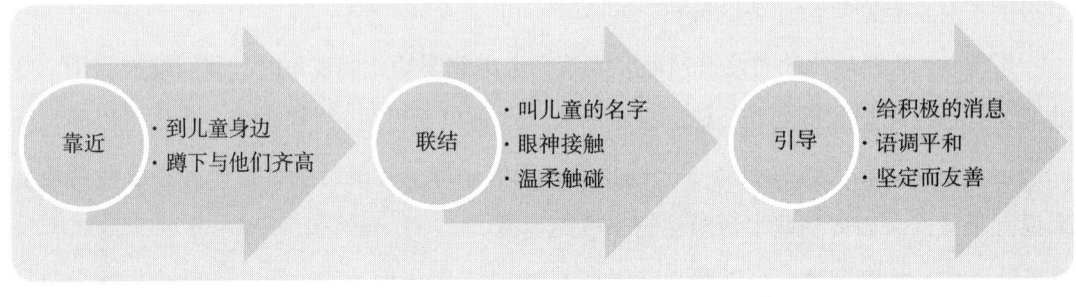

图 5.4 对婴幼儿行为建立发展适宜性期望的三个步骤

以发展性、支持性方式引导婴幼儿的行为（GDB-S10）

在你引导或改变儿童的行为前，要在身体上靠近他们，得到他们的注意并建立联结，然后才能传递你的信息（见图 5.5）。

图 5.5　以发展性、支持性方式引导行为的三个步骤

我们用五种常用的信息来引导婴幼儿的行为，并把它们分别整合到不同的情境中。每个信息都有一个支持儿童行为、健康及长期发展的具体目的。在每种情境下，要用简洁的言辞、积极的表述和简短的语句，以便婴幼儿更容易理解，并能遵循我们的引导。补充材料 5.5 中描述了每种类型的信息如何支持婴幼儿的发展，并展现了信息如何整合到支持婴幼儿行为与发展的不同情境中。

补充材料 5.5

- 反思。用语言描述儿童的行动和体验,在表情和声音中反映他们的情绪。简要地将动作与情感、行为或环境联系起来。如果你需要再引导,那么就聚焦于儿童的行为("鲁比,你打到萨姆了。可能他拿了你的玩具熊,所以你很生气",边说边模仿儿童的面部表情)。
- 推理。简要地解释原因或陈述规则,尤其是当你要引导儿童改变行为时("哎哟,打人会让别人很痛"),同时表现出痛苦的面容。
- 引导改变。用正向的词语陈述你想让儿童做的事,如果可能的话,要提供选择("你可以用摇头向萨姆表示'不',或者伸出手掌来表示'停!别拿我的玩具熊'")。3岁以下的婴幼儿还不会分享或者轮流,如果有关于物品争抢的冲突,那么就再给他们提供一个同样的物品("我们可以到休息区再拿一个玩具熊")。
- 给出真正的选择。在不紧急的情况下,提供真正的选择("你想要向萨姆要回玩具熊,还是想要玩别的?")
- 支架并跟进。跟进到你确定儿童成功地执行了你的引导或按他们的选择行事。支架儿童的行为,帮助他们完成必要的任务,向他们说明你是怎么提供帮助的("如果你想要回玩具熊,那么我会帮助你跟萨姆要")。

萨曼莎女士蹲下来,与学步儿的高度保持一致,帮卢克和埃利弄清楚接下来谁拉着四轮车。

以支持性方式回应婴幼儿持续的挑战性行为（GDB-S11）

有时候，尽管你尽力提供一个安全、安定、有滋养性的环境，也带着清晰的期望并支架儿童的行为调节能力，但婴幼儿仍然会反复出现挑战性行为。挑战性行为包括：对特定同伴的攻击性行为，在长牙和口腔探索期后常常咬别人，突然改变进餐或睡眠常规，没有明确理由地尖叫、哭泣，以及不发起任何互动，甚至经常回避互动，在与同伴和成人的互动中突然退缩。这些表现都显示儿童受到了困扰。我们必须与他们的家庭成员一起探讨，理解这些表现的原因，然后提供帮助。在有的情况下，我们需要决定是否寻求婴幼儿心理健康专家的帮助。

策略

- 成为"行为侦探"。定期观察婴幼儿，觉察攻击、发怒或退缩等行为的规律或起因。当你看到相关的行为时，进行系统的记录。清楚、客观、详细地描述每个令人担忧的行为，并说明行为前后发生了什么（你将在第七章中了解到更多关于前情、行为和结果的观察法）。注意记录行为发生的日期、在一天中的时间或哪个常规活动中、周围有谁，以及之前发生了什么，要尽可能详细地描述那个行为本身及儿童的情绪表现。在进行几次观察后，探寻某个行为发生的环境的特点。运用补充材料5.1中的表格，思考相关的因素。
- 观察所有儿童。根据吉列姆及其同事（2016）的研究，在美国，托育机构中的教师倾向于近距离观察非裔、西班牙裔男孩，而非白人的孩子。哪怕只是在学步儿阶段，教师也容易在潜意识里预期会看到这些孩子身上的问题行为。教师更容易在少数族裔的男孩和女孩身上看到挑战性行为，并对他们施以严厉的惩罚（如暂停、开除和停学）。我们必须警惕自己的偏见，并帮助建立公平、公正地对待儿童的系统。如果你注意到有挑战性行为的儿童来自少数民族或与你所属的文化不同，那么就邀请一名同事和你一起观察。要系统地观察较多数量的儿童，避免挑出某个儿童，避免在没有问题的地方挑毛病。
- 观察所有行为。挑战性行为有两种基本形式：主动的、攻击性的外化行为和不参与、退缩的内化行为。内化行为经常更微妙、更潜在，和外化行为一样是问题。我们必须系统地观察一个儿童的所有行为，即使行为本身可能没有引起我们的注意。

- 识别压力和创伤。根据2016年约翰霍普金斯大学彭博公共卫生学院的报告，美国有超过三分之一（35%）的5岁以下儿童至少遭遇过一次重大的创伤，有12.1%的5岁以下儿童遭遇过2件以上的创伤事件。目前并没有最新的关于儿童创伤的全国数据。随着新型冠状病毒肺炎疫情的发展，对移民家庭及儿童的扣留时间延长，广泛存在对有色族群及抗议者的警察暴力事件等，儿童创伤事件的数据可能会有所增加。当婴幼儿因处在不安全的环境中而缺乏安定感，觉得有创伤和压力时，他们就会反复呈现出挑战性行为。当重要的家庭成员遭遇创伤、压力时，婴幼儿也会受到影响。帮助婴幼儿感到安全、有人际联结、被包容和被确认，能够让他们承受住压力，并防止对其大脑、健康及发展的长期损害。补充材料5.2详细描述了婴幼儿有慢性压力与创伤的症状。
- 向婴幼儿心理健康专家寻求帮助。引导婴幼儿的行为是保育和教育工作中最有挑战性的部分。许多婴幼儿教师发现自己有时会很崩溃，觉得缺乏技能和资源来支持所有的儿童。他们也需要接受心理健康咨询、辅导或反思性督导（GDB-FC2）。补充材料5.6中列出了寻求支持的信号，以及你期望从婴幼儿心理健康专家那里获得什么样的帮助。

补充材料5.6

- 家庭参与有助于教师支持性地回应儿童的挑战性行为。补充材料5.7描述了教师如何与家长针对婴幼儿的行为进行敏锐、有效的沟通。

补充材料5.7

回顾与展望

回顾本章开头的图5.1，该图呈现了与引导婴幼儿行为相关的知识、态度倾向及技能。在开始阅读本章前，你已经具备哪些素养？你的哪些素养得到了发展？接下来你会有意培养哪些素养？运用本书附有的《0—3岁婴幼儿教师指导手册使用指南》中的相关内容与本书一起支持你在这方面的专业化发展。

第六章　支持婴幼儿的发展和学习

——与玛丽安·富萨罗和卡利·德克尔合著

教师要努力以有意识的、个性化的方式来支持婴幼儿的发展和学习。我们怎么做到呢？对婴幼儿来说课程是什么样的？我们把课程视为通过以下方式有意地支持婴幼儿的发展和学习：

- 安排环境的方式（物理环境、社会环境和每日常规）；
- 婴幼儿与教师之间的日常互动（包括常规活动、游戏、过渡环节和行为引导）；
- 通过对每名儿童的观察和反思，制订个别化计划，安排弹性化的学习机会。

课程依赖能保证安全、激发学习机会的物理环境和社会环境。本章不会提供一个现成的课程方案，而是提供一种有意识地创设课程的方式，以支持婴幼儿各领域发展与学习（见图6.1）。

为什么支持婴幼儿的发展和学习很重要？ 生命前三年的发展和学习比其他任何时段都要多。在这个快速成长的时间里，婴幼儿的自身经历影响最大。这个时期是人类最柔弱的阶段，也是促进人生幸福的最好时机。婴儿和学步儿不能告诉你他们正在学习，但是生命前三年所获得的关于自己、周围的人和世界的技能、习惯与认识，将为他们的一生奠定基础。由于婴幼儿的柔弱性和早期阶段对一生的影响，我们不能将婴幼儿保育和教育工作仅仅看成是看孩子。要保证婴幼儿安全、饮食健康、身体干爽和心情愉快，这样的状态有利于他们学习，但这些还不够。不过，建立由教师主导的小型幼儿园并不是我们的目标。婴幼儿需要适宜的刺激和支持来学习，并掌控自己的身体和周围的环境。

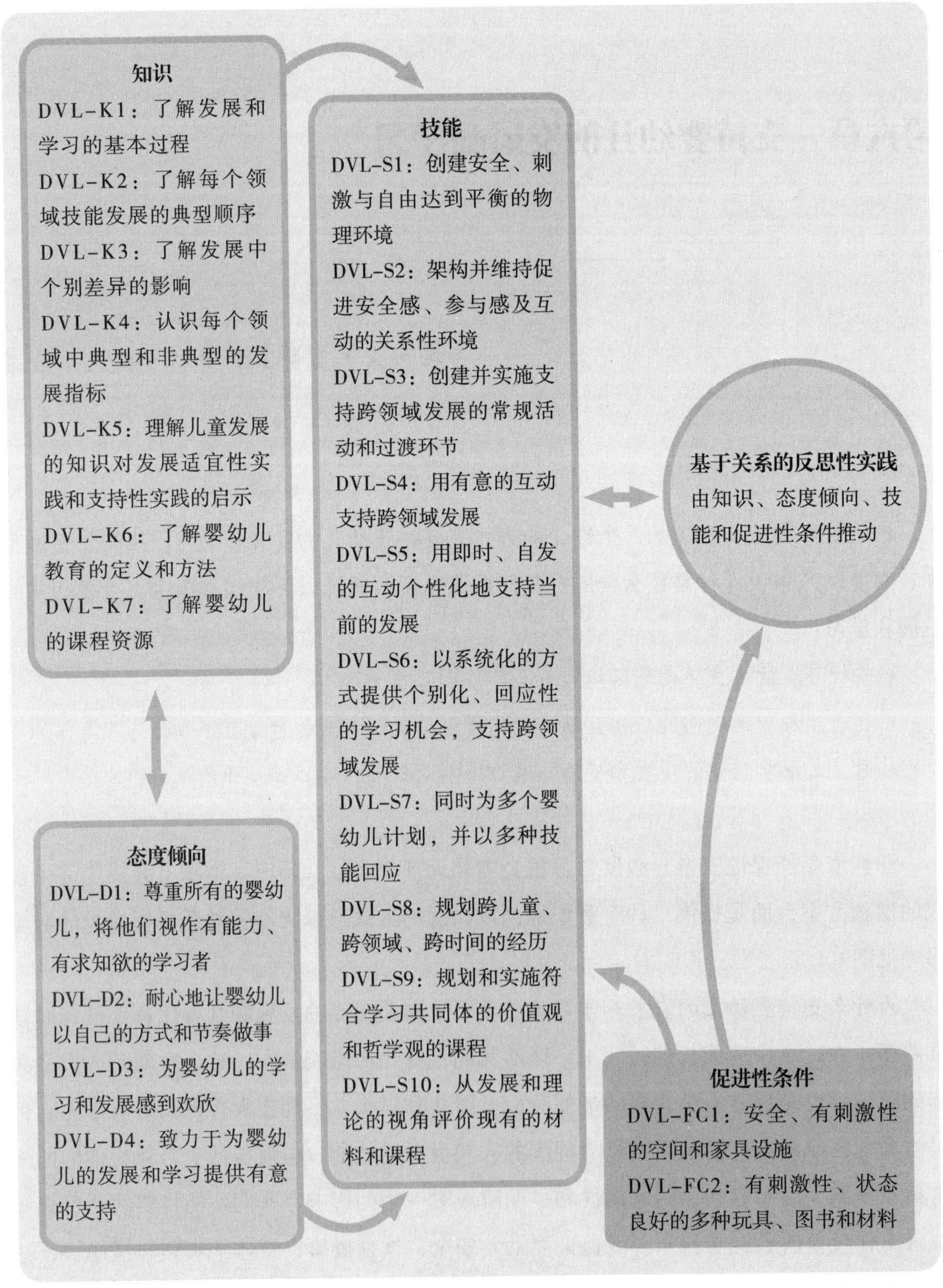

知识

DVL-K1：了解发展和学习的基本过程

DVL-K2：了解每个领域技能发展的典型顺序

DVL-K3：了解发展中个别差异的影响

DVL-K4：认识每个领域中典型和非典型的发展指标

DVL-K5：理解儿童发展的知识对发展适宜性实践和支持性实践的启示

DVL-K6：了解婴幼儿教育的定义和方法

DVL-K7：了解婴幼儿的课程资源

技能

DVL-S1：创建安全、刺激与自由达到平衡的物理环境

DVL-S2：架构并维持促进安全感、参与感及互动的关系性环境

DVL-S3：创建并实施支持跨领域发展的常规活动和过渡环节

DVL-S4：用有意的互动支持跨领域发展

DVL-S5：用即时、自发的互动个性化地支持当前的发展

DVL-S6：以系统化的方式提供个别化、回应性的学习机会，支持跨领域发展

DVL-S7：同时为多个婴幼儿计划，并以多种技能回应

DVL-S8：规划跨儿童、跨领域、跨时间的经历

DVL-S9：规划和实施符合学习共同体的价值观和哲学观的课程

DVL-S10：从发展和理论的视角评价现有的材料和课程

基于关系的反思性实践

由知识、态度倾向、技能和促进性条件推动

态度倾向

DVL-D1：尊重所有的婴幼儿，将他们视作有能力、有求知欲的学习者

DVL-D2：耐心地让婴幼儿以自己的方式和节奏做事

DVL-D3：为婴幼儿的学习和发展感到欢欣

DVL-D4：致力于为婴幼儿的发展和学习提供有意的支持

促进性条件

DVL-FC1：安全、有刺激性的空间和家具设施

DVL-FC2：有刺激性、状态良好的多种玩具、图书和材料

图 6.1　支持婴幼儿的发展和学习

支持婴幼儿的发展和学习与其他素养有何关系? 支持婴幼儿发展和学习的素养建立在前几章所阐述的素养(开展反思性实践,建立并支持关系,与家庭协作并提供支持,引导婴幼儿的行为)的基础上。后面的几章将提高你在评价、全纳和专业化发展等方面的素养,以支持婴幼儿的发展和学习。

促进性条件。 除了花时间观察、反思和计划(RFP-FC2),教师还需要机构的支持来架构、安排环境,以促进婴幼儿在多个领域的发展。他们需要有空间、时间、资源来创造安全、有刺激性的环境,从而达到开办托育机构的要求,还要配备安全、舒服、功能良好的家具(DVL-FC1)。此外,要有适宜婴幼儿发展水平的、有刺激性和状态良好的各种类型的玩具、图书及材料(DVL-FC2),并且它们至少每个月被更换一次。婴幼儿感兴趣、供全班同时玩的玩具和材料的数量要充足,并且婴幼儿要能用多种多样的方式来玩。比如,搭建越来越大的积木组合,或者在装扮游戏区有更多的厨房用品和工具。

知　识

为了有效地支持婴幼儿的发展和学习,教师需要知道以研究为基础的、关于婴幼儿各领域发展及其影响的,以及支持这些发展的实践方面的大量知识(DVL-K1-K5),意识到你和其他人与婴幼儿相处的方式(DVL-K6),并意识到支持婴幼儿发展和学习的专业资源(DVL-K7)。

了解发展和学习的基本过程(DVL-K1)

下文中的发展和学习的基本原则是对儿童发展科学及多领域发展的相关知识的总结。我们用发展和学习指代两方面的内容,不过在婴幼儿身上它们总是整合而不分领域地同时进行。发展包括人类自然发展的技能与知识,涉及爬行、走路、说话、体验以及情感表达。这些是由成熟驱动的,也就是生物性成长。只要有人类环境所期望的基本社会和物质投入,上述技能与知识就会得到发展。在跨文化及不同家庭情境中,这些生物性发展往往是一致的,虽然它们表面上看起来不同,或者在发展时机上有所不同。学习是指掌握知识或技能,但必须要有人教,比如学习刷牙、阅读或者说"请"和"谢谢"。学习知识和技能有文化特殊性。学习知识和技能需要有人教,并不意味着婴幼儿总是要被明确地指导或强迫练习。这些技能是融入日常生活的,婴幼儿能够在生活中进行学习。

以下是适用于婴幼儿跨领域发展和学习的六个基本原则。

婴幼儿天生就在发展和学习。 婴幼儿在出生前就在发展和学习，在出生后的三年进行得更快，比之后的任何时候都快。婴幼儿的大脑生来就能从环境中获取信息，并思考其意义。

婴幼儿在出生前就在学习。新生儿能认出并喜欢自己父母的声音；之后，婴幼儿会更喜欢妈妈在怀孕期间吃的食物。

婴幼儿有计算机般的大脑，能探测规律和顺序，从常见的景象和声音的统计概率中学习。比如：不管成人说得多么快，婴幼儿如何知道哪个词是结尾，哪个词代表新一句话的开始？他们怎么知道"天天快乐"可以拆分成"天天"和"快乐"，而不是"天"和"天快乐"？通过听大量的语言，婴幼儿的大脑能够觉察到哪些发音是连在一起的，所以他们能弄清楚一个个分开的词，以及它们与不同的事物或概念的匹配。

婴幼儿有社会性大脑。婴幼儿怎么知道什么信息意味着什么？他们是在向我们学习。婴幼儿来到这个世界就会有社会联结，准备好与别人互动和向他人学习。婴幼儿和照护者在面对面互动时，双方的大脑能够同步，这帮助他们建立了共同注意（照护者和婴幼儿同时关注同一件事）。这样的人际交往让婴幼儿学到很多东西。

婴幼儿发展顺序相同，但是步调不同。 人类按可预期的方式和可预测的时间线发展。每个婴幼儿的发展在特定窗口期的步调是不同的，但是顺序通常是一样的。了解婴幼儿技能发展的顺序比知道基于年龄的里程碑更有用，因为这能够帮助你建立对儿童发展的下一步期望并加以支持。不过，知道基于年龄的里程碑，可以帮助我们发现儿童的发展在什么时候出现了明显的延迟。

婴幼儿的发展有一个可预期的顺序。我们都是通过基因设定以某种预定的顺序发展，掌握基础的技能可以让我们学到更多高级的技能，这对于跨领域的发展来说也是如此。比如：一个婴儿的身体能翻转，而翻转能增加肌肉的力量，可以帮助他站立；他起初需要依赖成人的支持，后来他只需要依靠自己的力量。在情感领域，一个婴儿在能够认识他人之前，必须体验到并表达情感。在语言领域，一个学步儿在学习说短句之前，必须掌握几十个词汇。

婴幼儿的发展有自己的时间顺序和时机。婴幼儿的技能发展有相同的顺序，而且有其生物性发展的敏感期，但是这个时机会有些变化。有些个体差异有可能预测，因为它们基于性别（女性、男性）、气质或环境。比如：通常来说，女孩在几个领域的发展（语言、情感、认知和社会性）比男孩要快；脾气随和的婴幼儿在自我调节和注意力方面发展得更早，社会性更好的婴幼儿在交流技能上发展得更早。典型性发展基于更宽的年龄窗口，而不只有特定的几个月的时间。我们可以观察这几个年龄窗口来确定婴幼儿的发展是典型的，还是非典型的（见 DVL–K4）。对每个婴幼儿进行个别化了解，并理解他们的发展时机很重要。

婴幼儿在多个领域发展并相互影响。 我们认为不同的发展领域——语言、认知、社会性——并不是分别发展的。婴幼儿在某个领域的技能影响其他领域，并常常受同一件事影响。

某个领域的技能会促进另一个领域技能的发展。比如，婴幼儿的动作技能（爬、走、抓握、堆叠）可以促进其认知技能的发展（探索、检验因果关系、解决问题）。当婴幼儿使用动作技能时，他们了解到自己的身体以及周围的世界。一旦婴幼儿能手眼协调地抓取物品，他们就开始对物品的探索。他们会了解到物品的特性（拨浪鼓晃动时会发出声响），以及因果关系等物理原理（当我摇动拨浪鼓时，它会发出声响）。

某个领域的发育迟缓会引起另一个领域的发展延迟。学步儿的语言表达技能可以帮助他们发展与同伴交流的社会性技能。晚说话的婴幼儿很难发起和维持与同伴的互动，从而失去提高社会性技能的机会。

情感能够激励或破坏跨领域的学习。情感对跨领域的学习具有决定性影响。喜悦、自豪以及掌控感能够激励儿童学习，而害怕、焦虑会阻碍儿童学习。

婴幼儿有主动探索、学习和掌握技能的动机。 婴儿天生具备反射能力、本能和驱动力（包括探索的动机，掌控周围的社会及物理环境等）。他们的行为自然地引起身体、周围环境和其他人的反应，他们从中进行学习。

婴幼儿是探险者！自然的好奇驱使婴幼儿探索周围的环境、事物和人。他们首先探索目光所及的事物，然后探索那些能用嘴、手和脚够到的事物，最后他们用发展着的动作技能来探索空间。他们还会探索自己的身体，看自己的身体能做些什么。

婴幼儿是科学家！婴幼儿会检查、试验、分类和解决问题。比如，在听到某个勺子碰到碗的声音后，他们会用勺子敲杯子、桌子、盘子，甚至敲自己的手和头，看看勺子能制造出什么声音。他们会通过尝试错误进行试验，比如试验用几种方法解决简单的问题（如将合适的形状放入形状分类盒等）。最后他们能开始预测会发生什么事，或者当什么不恰当时会出现什么情况。这些科学技能有助于婴幼儿获得关于世界的概念性知识以及怎么做的功能性知识。

婴幼儿是建构者！ 婴儿和学步儿在与世界互动时建构了对世界的理解。他们在触摸、重击、堆叠、扔和踢物品时，建立了对物品的认知。当获得新的知识时，他们的观点会产生变化。比如，当婴儿会爬后，他会注意到边缘、界限并对高度保持警惕。

婴幼儿是自己世界的主人！ 婴儿和学步儿有掌控挑战的自然动机，这被称为掌控动机。他们应对挑战（爬斜坡、把盖子盖到瓶子上、双脚跳），并反复进行练习。如果较长时间不能成功，他们会感到沮丧，不过他们需要机会进行练习，并形成自己的技能。

婴幼儿在社会情境中学习。 人类的大脑是社会性器官，是在与他人的互动和联结中逐渐成熟的。新生儿对人脸或像人脸的形象比对其他图形更加关注。与他人的联系（促成人际关系的个别化互动）构成婴幼儿的学习情境。

婴幼儿在与他人的互动中学习。在感知运动领域，婴幼儿通过身体接触发展他们的大脑—身体地图。当体验到被抱触的感觉时，婴幼儿才意识到自己的身体，然后在大脑中形成关于感觉到的身体部位的神经通路图谱。在语言领域，婴儿在进行词语表达之前，早就通过与他人互换面部表情、手势、声音等学习交流。通过与照护者的眼神接触，对感兴趣的事物的共同注意，婴儿能学到词语，而不只是听到一堆杂乱的声音。

婴幼儿通过观看他人的表现进行学习。婴幼儿会近距离地观看周围的人。他们生来就有模仿他人动作并向他人学习的神经反应。如果你对着一个新生儿伸舌头，那么他也会模仿这个动作。到 12 个月时，婴儿会发展出社会性参照能力：在遇到新的场景、玩具或人时，他们会通过看照护者的表情来学习怎么进行反应。到大约 18 个月时，学步儿能够理解一个有意的动作与偶发的动作（比如将杯子里的水倒进碗里和偶然地把水泼洒在碗旁边的地板上）之间的差异，并且会模仿有目的的动作。虽然婴幼儿是天生的探索者，但是他们也会受到周围人所做的事的限制。如果成人示范怎么使用一个新东西，而且提示只有一种方法（"就只能这样"），那么学步儿就不会探索其他可能的方法。但是如果成人说一些更有开放性的话，比如"我很好奇如果这样做会怎么样"，那么学步儿就会用新的方式来继续探索这个物品。

婴幼儿在家庭、群体和文化中学习。婴幼儿在家庭、群体和文化中，通过解读他人的面部表情、确定有意图的行动、判定有意义的行为，运用自己的技能来学习社会规范和礼节。他们在每天的生活常规中学习什么是在家庭、学校和文化中重要的事，比如洗手、分享食物，以及在睡觉前拥抱。他们也在每周、每月、每年的宗教习俗、文化礼仪及家庭传统活动中进行学习。通过观看、参与这些互动，以及谈论关于它们的事情，婴幼儿能够学到什么是可接受的、可期待的，并理解这样的习俗对其所处的群体意味着什么。最终这些传统会被婴幼儿内化，直到其成长为一个基于文化的、社会化的、社区群体的成员。

婴幼儿在所有的经历中学习，不过有一些经历比另一些更有益。 婴幼儿在这个世上有很多学习机制，他们在所有的经历中学习。但不是所有的婴幼儿都有同样的经历，因此不是婴幼儿所发展和学习的技能都能在其未来的生活中起到最有益的作用。

时机很重要。当一个婴幼儿在某个发展领域经历快速发展时，这创造了受其经历、经验影响极大的学习和发展的敏感期。比如，第一年是学习语言的敏感期，婴儿听到的大量语言影响他们能否快速学习。最优的发展有赖于在特定的一段时期内多数人期望的某些具体的经验，有赖于这些输入的技能（被称为预期经验）。也存在婴幼儿需要几类特定经验的输入、以健康或典型的方式发展的关键期。这方面的一个典型例子就是，婴儿需要在第一年与一个主要的照护者形成依恋联结。婴儿必须与一位稳定的、具有一致性的照护者联结在一起。如果没有这样的联结，又没有适当的干预，那么他们可能发展出"反应性依恋障碍"，这会让他们在正常的关爱关系中缺乏与他人联结的能力。

有风险及终生的恢复机会。生命前三年的婴幼儿非常柔弱，而这几年对他们将来的发展非常重要，因此有一个观念是，婴幼儿经历过多的危险会导致终生的损害。虽然早期经验影响终生，而且童年的不良经历很难克服（尤其是在关键期），但是整个人生中仍然有很多恢复和调整的机会。对于风险和心理弹性的研究表明，在整个童年生活中，有许多相联系的因素支持儿童的发展，这些因素包括婴幼儿与父母的关系，与教师、指导者以及其他重要他人的关系。从婴幼儿期到青少年期甚至之后，始终都存在支持发展的机会。

了解每个领域技能发展的典型顺序（DVL-K2）

每个领域技能发展的基本顺序相同，新的技能都建立在原有技能的基础上，而且领域间相互影响。我们需要观察每个婴幼儿、识别其技能，这样才能理解对他们来说下一个掌握的技能可能是什么。附录 A 包含了 0—3 岁婴幼儿在七个领域中的技能发展，这七个领域是健康和安全、行为调节、情绪情感、感知运动、认知、语言和社会性。当你观察某个婴幼儿时，通过参考这些表格，你就能知道他们当前所掌握的技能。我们也推荐查阅《开端计划儿童早期学习结果框架》（*Head Start Early Learning Outcomes Framework*），观看美国疾病控制与预防中心的关于儿童发展里程碑的录像。

了解发展中个别差异的影响（DVL-K3）

婴幼儿发展的时机会变化，并受每名婴幼儿的内部和外部诸多因素的影响。你可以从第五章（GDB-K3）中了解到影响婴幼儿行为的七大因素，它们也影响着婴幼儿的发展。知道每名婴幼儿的独特个性、所处的独特情境和文化，可以帮助你支持他们以最适宜发展的方式进行学习。补充材料6.1中有指导你理解婴幼儿个体发展的问题。

补充材料6.1

身体状态和需要。早产的、体重低的婴儿在健康和大脑神经方面有风险，这些风险会影响其短期及长期的发展。母亲在怀孕期间有压力，暴露在有毒的环境中或者有营养问题，都会影响婴儿的短期及长期发展。在出生之后，如果感到累了、饿了、不舒服或有身体疼痛时，婴幼儿就不会探索、游戏和学习。如果他们的生理需要没有得到及时、定期的满足，那么婴幼儿就会变得焦虑、不信任照护者。这种不信任会成为他们的压力源，阻碍进一步的学习。此外，良好的睡眠对帮助婴幼儿加工信息和形成长时记忆非常关键。

当下及近期所处的环境。即时的社会和物理环境会影响婴幼儿练习新技能，影响他们专注于游戏，最终影响他们的发展和学习。当婴幼儿是安全的（周围是可预期的、没有危险的）、安定的（与照护者和班级群体有联结），处于有刺激性的环境中（具备有吸引力的材料、探索的机会和精心设计的游戏）时，家庭和机构情境最有利于婴幼儿的发展。家庭或机构的变化会破坏日程安排或影响物理环境和社会环境。甚至好的变化也会影响婴幼儿，让他们感到不安全、不安定，从而破坏、中断他们的学习与发展。

发展中的技能。发展发生在多个领域内并相互影响。因此，要想理解个体在一个领域内存在的技能发展差异，必须考虑在其他领域内发生了什么。比如，会移动的婴儿一旦开始具备社会性参照能力，那么他就会在探索中变得更谨慎，他会根据所看到的照护者的面部表情来学习怎么做出反应。

气质。婴幼儿对新的人、机构和物体的反应，基于他们的气质。支持婴幼儿的发展，要求我们了解他们的气质，这样我们就能预测他们对新事物的反应，理解他们在什么时候可能会不知所措，并发展出个性化的策略来支持他们。

安全的关系。婴幼儿在世界上的安全感源于他们与照护者（父母和教师）的安全关系。婴幼儿的大脑需要安全关系才能学习。大脑的海马结构负责储存长时记忆（即学习）。它位于杏仁核的旁边，杏仁核的功能是监控环境，让我们确保自己觉得安全。如果杏仁核感觉到不安全，那么它就会打断学习，聚焦于与安全有关的事情上。这就意味着，婴幼儿在学习的过程中需要感觉到安全、安定。一个平静、可预期的环境能让婴幼儿感到安全，与照护者的信任关系能让他们感到安定。在关于建立关系的第三章中，你已经了解到照护者与婴幼儿的高质量互动，有助于婴幼儿感觉安全（REL-K1 和 REL-S4-S6）。教师作为婴幼儿的"安全基地"，能让婴幼儿在教室里更有创意地玩，促进其认知技能的发展，也能增进其与同伴的关系。

文化与交流。婴幼儿的行为、发展和学习受到文化与交流的影响。文化塑造了物理环境和社会环境（比如，保育和教育儿童的日常习俗，家长和其他照护者的相关信念、期望及价值观）。如果你注意到某个婴幼儿与另一个婴幼儿在发展技能上存在差异，那么思考一下他们的家庭文化可能对此产生了什么影响。

压力与创伤。婴幼儿正在发展的大脑能感觉到慢性压力的影响（混乱、不可预期的环境使他们感到不安，常常感到饥饿），或者严重的创伤（身体受到击打，目击父母的暴力相向，以及身处事故或自然灾害中）。慢性压力或强烈的创伤可能会导致毒性压力。毒性压力会导致神经化学物质释放出来并侵蚀大脑的基础，对健康和状态造成长期影响。不过，如果婴幼儿与教师有安全的关系，那么这可以帮助他们在中等程度的创伤中仍然感觉安全，让毒性压力变成可忍受的压力，避免带来长期的损害。

认识每个领域中典型和非典型的发展指标（DVL-K4）

虽然每个婴幼儿都有自己的个性，发展的时机也各不相同，但特定的迹象提示我们，婴幼儿需要我们的帮助，以保持健康或安全。特定的行为或延迟掌握的技能，暗示着一个儿童在某方面失能。然而，我们必须考虑有些差异可能是"假警报"，是由于不适当的预期或受其他因素对儿童行为和发展的影响（比如像 DVL-K3 中所描述的那样）。因此，为了最好地支持婴幼儿的发展，履行对婴幼儿及其家庭的专业责任，你必须认识到每个领域内的不正常行为和发展（红旗项），也需要了解由于其他影响因素所导致的错误警示。你还必须理解对他们做出专业性反应是你的责任。比如，在健康和安全领域，对于生病和虐待的迹象，你有报告的责任，以及预防疾病的责任（见第十章的 PRO-K6）。在情绪情感领域，这方面则包括提供婴幼儿心理健康挑战的行为提示和向家长介绍心理健康方面的资源。附录 B 中有每个领域内的危险信号和假性警报。第七章介绍了筛查发育迟缓及失能

（ABD-K8）的方式，第八章描述了判定一个婴幼儿是否应进入特殊机构的过程（INC-K1），以及面对需要额外支持的婴幼儿及其家庭开展工作所涉及的知识、态度倾向和技能。

理解儿童发展的知识对发展适宜性实践和支持性实践的启示（DVL-K5）

第五章描述了如何运用关于儿童发展的知识，以理解在特定的情况下你能期待婴幼儿表现出哪些行为和技能，以及不能期待其表现出哪些行为和技能。在这里，我们运用关于儿童发展的知识来理解我们可以对自己有什么期待——基于发展与学习的科学来支持婴幼儿的原则和实践。发展适宜性实践基于对儿童行为的恰当预期。它们可以支持婴幼儿的即时状态和长期发展。它们基于发展和学习的原则（DVL-K1）并考虑到影响发展的因素（DVL-K3）。图6.2说明了我们如何应用发展的原则来理解最好的实践。

婴儿……	因此我们可以……
……天生在发展、学习	……将婴幼儿的行为看成是有意义的 ……从婴儿一出生起，就有意识地支持其学习 ……支持已有的发展
……发展的顺序相同，发展的步调不同	……以个别化的支持学习来尊重差异 ……根据当前的技能而非年龄进行个别化支持 ……改编的材料和经验适用于所有的婴幼儿
……在多个相互影响的领域内发展	……对基于跨领域技能的行为有所期待 ……以整合的方式支持学习 ……在婴幼儿改变某个目标时保持灵活性
……有主动探究和学习的动机	……跟随他们的引导 ……鼓励、支持他们做决定 ……为刚萌发的技能提供练习的机会 ……提供一些挑战
……在社会性情境中学习	……让他们参与互动和对话 ……示范希望他们学习的行为和态度 ……把他们引入有意义的社会仪式 ……尊重家庭和文化背景
……从所有的经历中学习，一些经历优于另一些经历	……提供安全的环境、关系，激发学习经历，支持多领域的发展 ……了解每个领域的发展，以便知道如何给予最好的支持

图6.2　支持发展的实践

了解婴幼儿教育的定义和方法（DVL-K6）

关于婴幼儿教育是什么的观点是变化的，成人支持婴幼儿发展与学习的角色也是变化的。教师必须意识到自己对婴幼儿教育或课程的定义，也要知道不同的教师和机构对婴幼儿教育或课程的定义也是不同的。在这里，我们将论述婴幼儿教育（课程）不是什么，考虑定义它是什么或者可能是什么的方法，并基于儿童发展的科学来呈现我们在本书中所采用的定义和方法。

婴幼儿课程不是……"课程"这个词可能会让我们想到特定的材料、计划好的活动或者学习目标。这样的界定对于婴幼儿保育和教育来说太狭窄了。有一些教育机构需要具体的课程，并经常将一些事先安排好的系列活动作为课程，同时将这样的安排视作高质量的教学。然而，对于婴幼儿来说，具有发展适宜性和支持性的课程是个别化的和回应性的。虽然结构化的课程可以支持教师为婴幼儿提供高质量的经验，但是以高质量的方式来使用事先安排好的系列活动仍然具有挑战性。婴幼儿的教育不应以下列形式出现：

- 小型幼儿园；
- 看孩子——只提供基本的照护，而未有意识地支持学习；
- 可爱型课程——由成人选择和指导的工艺品制作和活动集（博客和网站上可获得）。

成人指导的活动和工艺品制作，只有在支持婴幼儿发展的个别化情况下是有意义的。这些活动需要一个学习目标，教师必须根据每名婴幼儿的兴趣、技能和需要回应性地落实。

支持学习和发展的婴幼儿教育方式。目前只有极少数表述清楚的早期教育模式，包括瑞吉欧教育模式、RIE 教育模式和蒙台梭利教育模式。它们为成人在婴幼儿发展和教育中的角色定位提供了不同的视角。比如，瑞吉欧教育模式强调班级共同体和儿童发起（驱动）的学习内容，成人是共同学习者和协作者，当然也是指导者。他们根据儿童的兴趣安排课程和活动，记录儿童在上述经历中的发展。玛格达·格伯发展了 RIE 教育模式，提供了较多"不干涉"的视角。她倡导在资源丰富和具有支持性的关系中让婴幼儿追寻自己的兴趣。在这种模式中，成人不为婴幼儿安排特定的学习经历，也很少加入婴幼儿的身体活动，取而代之的是出声地反映婴幼儿做了什么。蒙台梭利教育模式强调自我驱动和动手操作的学习。成人有意识地提供特定的环境和一系列材料，促进婴幼儿的经验积累，滋养婴幼儿的发展。你可能会找到一种对你而言有效的婴幼儿教育模式，包含你对儿童发展的哲学、信念，以及成人以持续、系统的方式支持婴幼儿学习角色的认识，并有助于将你的取向、方式向家长和其他教师进行解释。

婴幼儿课程是有目的的、过程灵活的。婴幼儿课程是有目的的、灵活的，也是个体化的。课程是某种环境下的过程的结果，是发展性经验的互动、观察、计划和实现，也反映了我们的所作所为，以及对这些行动的调整（见图6.3）。支持性关系是这个过程的核心，其外围绕着环境背景、有意识的高质量互动以及有计划的经历等。开展课程的过程围绕着核心经验：有意识地计划经历（基于记录、反思婴幼儿的能力与兴趣），实施计划，进而基于自己的观察和婴幼儿的经历进行评价，然后回到整个循环的起始点，开始另一轮的观察。长期的计划围绕着物理空间、社会情感氛围、常规等支撑每日课程的重要方面。

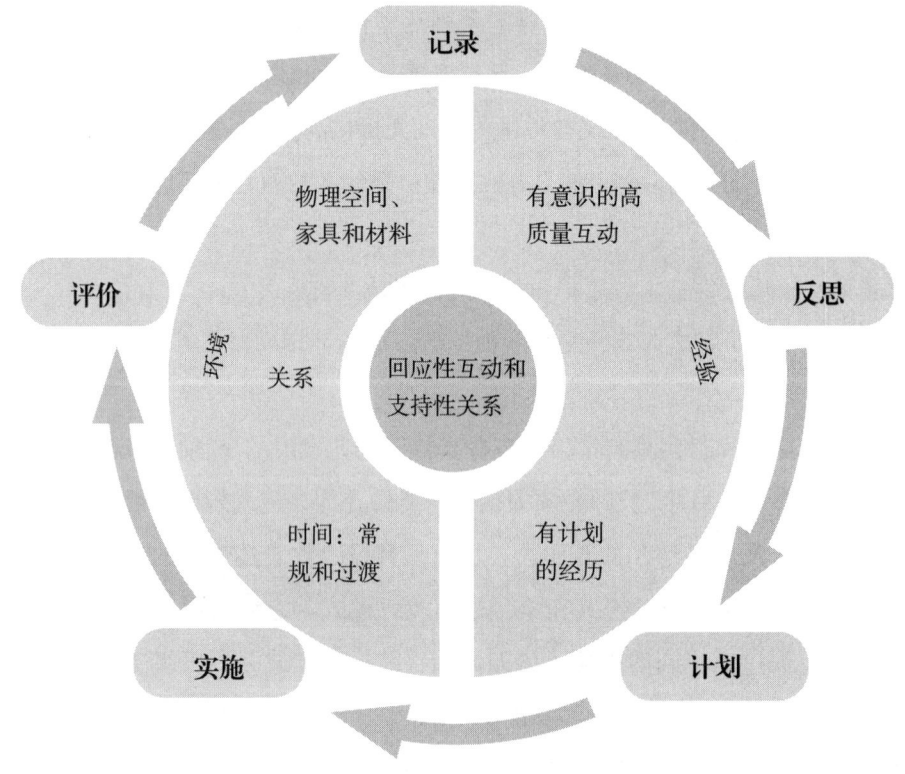

图6.3 婴幼儿课程的结构

当你接受了这种方式，你就会觉得一对一或小团体活动是很自然的、直觉上就应该这样做的事。然而，你通常需要照护人数更多的大组或全班儿童，那么你就需要花时间尝试平衡婴幼儿个体的需要及整个班级儿童的需要。通过实践，你将学到如何同时将不同儿童的经验个别化。平衡你的时间、注意和精力，使其既有助于你的管理，又对你照护的婴幼儿有回应，不是容易的事。我们通常很难成功地达到恰当的平衡，只是一直在改进。提前计划,不断地反思和有意识地行动会有所帮助!

了解婴幼儿的课程资源(DVL-K7)

到目前为止,并没有什么婴幼儿课程被科学地证明可以支持他们的发展,但是有一些基于目前对婴幼儿如何发展与学习的认识的系统化课程。它们是我们运用之前所描述的过程性方法来为婴幼儿创造学习经验的绝好资源。补充材料6.2为创造适合婴幼儿的特别学习机会提供了资源,呈现了丰富的材料。

补充材料6.2

态度倾向

支持婴幼儿发展和学习的态度、价值观和方式集中表现为尊重、耐心、愉悦和有意识地支持儿童自我驱动的学习过程(DVL-D1-D4)。

尊重所有的婴幼儿,将他们视作有能力、有求知欲的学习者(DVL-D1)

当我们相信所有的婴幼儿都有学习的动力,想获得他们所需要的学习经验时,我们就能够自信地跟随他们的指引,支持他们在游戏和学习中的选择。如果没有这个信念,那么我们就更可能去引导他们的活动,或者强迫他们做一些不感兴趣的事,从而削弱学习的趣味性。

耐心地让婴幼儿以自己的方式和节奏做事(DVL-D2)

当与婴儿相处时,我们要放慢步调,行动要慢,说话要轻柔。这需要一个人具有内在的平静,这对一些成人来说有一定的难度。当与学步儿相处时,我们要练习自我控制,允许他们花较长的时间来自我照护(比如戴上手套,或者把餐盘上的残羹倒掉)。耐心的性情有助于我们保持平静、把控住自己。

为婴幼儿的学习和发展感到欢欣(DVL-D3)

婴幼儿在做事、学习时都很欢喜。他们想跟成人分享这种欢乐,扩展经验,并促动更多的学习。对他们的学习表现出欣喜之情,并将我们与婴幼儿相处的经验分享给家长,可以帮助我们与婴幼儿的家庭建立联结。

致力于为婴幼儿的发展和学习提供有意的支持（DVL-D4）

无论是通过环境和互动，还是有计划的安排来支持婴幼儿的发展，都需要一以贯之的意识参与。婴幼儿变化快，经常做一些令人出乎意料的事。这意味着我们常常需要改变自己的计划，但这也给我们一些新的机会来支持他们的发展。因此，我们在工作时需要同时保持意向性和灵活性。

技　　能

为0—3岁婴幼儿计划支持其学习与发展的课程或经验，比计划针对其他任何年龄儿童的课程或经验都复杂。它不是像航天之类的复杂之事，而是比它更难的事。为一个变化很快的婴幼儿计划支持、促进其经验的发展非常具有挑战——你得同时跨领域或者为几个非常不同的儿童计划和安排。这需要一套极其复杂的技能，以及有意识且灵活应用它们的技能。专业的教师对婴幼儿的发展有一些目标和系统性支持，并根据婴幼儿的当下需要和转换的兴趣及时调整。与不会说话或不会移动的婴儿相处更有挑战性，因为教师需要准确地解读他们给出的线索，以建构适合他们的环境、互动以及经历。教师需要一直尝试并发展技能，同时要保持耐心。

支持婴幼儿发展和学习的技能建立在观察、反思（RFP）、建立关系（REL）、与家庭协作（FAM）以及行为引导（GDB）的基础上。图6.4呈现了支持婴幼儿发展和学习的日常技能，这些技能也反映了图6.3所示的婴幼儿课程的结构。支持婴幼儿的发展和学习始于创建学习环境（DVL-S1-S3），然后是进行有意的、灵活的互动（DVL-S4-S5），最后是规划、落实丰富的学习经历（DVL-S6-S8）。DVL-S6关于为每一个儿童计划个别化、回应性的学习经历；DVL-S7将上述过程延伸到多个儿童；DVL-S8则是拓展到（较长时间进行）多个领域。DVL-S9和DVL-S10从发展和理论的视角来创造和评价经历，从而提高这些经历的质量。

第六章 支持婴幼儿的发展和学习

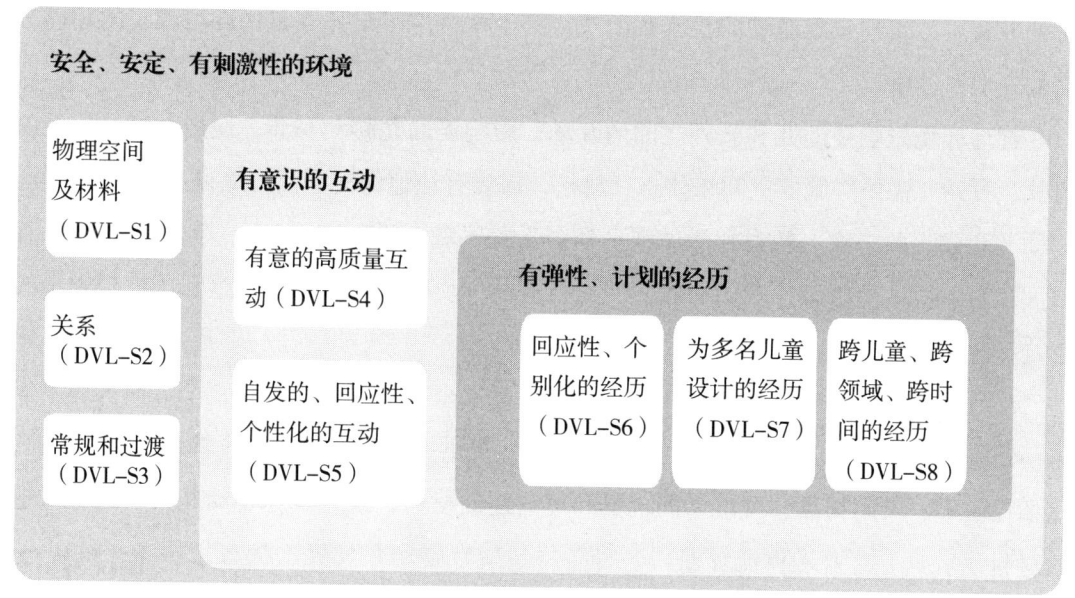

图6.4 支持婴幼儿发展和学习的日常技能

创建安全、刺激与自由达到平衡的物理环境（DVL-S1）

在物理空间、关系和时间维度之间，有一些通过环境来促进婴幼儿感到安全、安定和有刺激性的原则。

- 将可能对婴幼儿造成伤害的物品拿走，而不是期待他们避免潜在的危害。定期检查环境，监控婴幼儿的活动。
- 通过有组织、有一致性和可预测的环境，避免过度刺激与混乱，支持婴幼儿发展安全感。
- 婴幼儿的安全感建立在联结感与归属感的基础上。这些联结包括婴幼儿与教师的联结，他们的家庭与教师的联结，以及他们与环境的联结。这些联结都是婴幼儿及其家庭所熟悉的，在一定程度上代表了他们及他们的家庭。
- 当婴幼儿积极地追随自己的兴趣时，他们会受新奇、变化、有挑战性的事物刺激。

在第五章中，你了解到要建设"可以的环境"。在这样的环境中，成人能一眼看到所有的儿童，所有的空间和材料都是安全的，极少有说"不"的机会。你需要在你的托育机构中获得基本的支持，以创造安全、有刺激性的环境，达到创办托育机构的许可条款的要求（DVL-FC1）。接下来，我们将描述安全、刺激与安定达到平衡的环境，处在其中的儿童可以参与自我驱动的探索和游戏。第十章讨论了与托育机构许可相关的环境方面的安全和健康。

物理环境影响婴幼儿和教师之间的互动，影响婴幼儿移动身体、使用材料及感受的方式。婴幼儿需要舒服的空间来休息、放松，需要有让他们充满活力地自由活动的空间。婴幼儿和成人的态度、精力和活动水平都会受到环境中的光线、色彩、声音等影响。有些人比另一些人更敏感，就如同我们受到自身的气质、关系中的安全感和压力与创伤的影响一样。

尽可能地安排好提供给婴幼儿的空间，平衡安全、安定和刺激性三个方面。为了保持一定的刺激性，可以每周改变一些材料。最好提供一些婴幼儿一直非常感兴趣的材料，比如提供水、家用物品、可滚动的玩具和可搭建的材料，或者其他婴幼儿持续地感兴趣的材料或玩具。这要求你能够获得各种各样、适宜婴幼儿发展、状态良好的材料、图书和玩具（DVL-FC2）。参见补充材料 6.3，为了考虑周到，你要注意在安排婴幼儿的环境时，需要考虑布局、陈设（如家具、枕头、垫子）、照明、声音、装饰品、材料及张贴的信息等。

补充材料 6.3

架构并维持促进安全感、参与感及互动的关系性环境（DVL-S2）

关系性环境为情感氛围搭建了平台。它对婴幼儿的安全感、安定感，乐于参与活动、进行探索的意愿都至关重要。只有当与信任的成人相联结，以及与婴幼儿有信任关系的成人之间（家长与教师）、同一机构的教师之间有相互信任的联结时，婴幼儿才会感到安全。创设和维持关系性环境的技能始于第三章。具有一致性的、亲近的关系，依赖教室的物理空间和沟通系统的支持，这个沟通系统允许教师与婴幼儿的家庭成员时常进行沟通。这种关系结构以不同的方式支持婴幼儿的发展和学习。

安全基地。主要照护者通过为婴幼儿提供安全基地来支持他们的发展和学习。有了安全感，婴幼儿才能自由地探索，更长时间地投入自己的活动，在游戏中更深入地参与，最终获得更强的技能。

投入的教师。较高的师幼比（每名教师照护不超过 3 名婴儿或 3~6 名学步儿）允许教师能够更好地在婴幼儿的学习过程中分享婴幼儿的学习快乐，在婴幼儿探索、发现、练习技能和学习时提供刺激与挑战。

第六章 支持婴幼儿的发展和学习

德鲁先生在舒适区与汉尼夫分享一本书。

系统地计划和监护。确定主要照护者和提高师幼比,让教师能够系统地观察婴幼儿的发展,允许他们设计丰富、个体化的经验。教师还需要用来反思和计划的时间。这通常不是教师可控的,但能够给教师带来最好地发挥技能所需要的支持。

创建并实施支持跨领域发展的常规活动和过渡环节(DVL-S3)

对于在托育机构中的一日生活(包括特定的经历),婴幼儿是可预测的,这让婴幼儿可以依靠,并支持其建立安全感。常规活动[如入托和离托、游戏、保育活动(吃、睡、换尿布、穿脱衣服)]和活动间的过渡环节,都是课程的组成部分。保持婴幼儿的健康、安全是大多数日常照护工作的主要目的,它们不仅仅是那些我们为孩子做的事,还是婴幼儿学习生活技能的重要机会。一日生活流程提供了建立师幼关系、促进婴幼儿的自主性以及允许其学习和练习技能的机会。在第五章中,你已经了解了如何形成具有一致性和灵活性的日程安排,运用常规活动和过渡环节来支持婴幼儿的自主性、掌控感和自律性。补充材料 6.4 提供了多种支持跨领域学习的进餐常规的实例。以此为借鉴,你可以思考如何通过其他的常规活动和过渡环节来支持婴幼儿的发展。

补充材料 6.4

用有意的互动支持跨领域发展（DVL-S4）

在建立了教师随时在场并对婴幼儿进行回应性照护的有刺激性、安全的环境后，成人如何做能支持、促进婴幼儿的发展呢？我们可以利用每天的互动机会——在儿童主导的游戏或照护常规中，以有意识的、灵活的方式来支持婴幼儿的发展。我们可以运用成人掌握的所有类型的技能（情感、社交、动作、语言和认知）和整个自我，对婴幼儿的整个自我进行回应和支持（见表6.1）。在情感方面，我们可以分享婴幼儿发现的快乐，享受他们完成某件事的骄傲，反思他们遇到的挫折，以及感受事情没按他们预期的方式进行的失望。我们可以反思、分享、扩展他们与学习相关的情感。在社交方面，我们可以用非言语的方式，示范我们希望婴幼儿表现出的行为和人际交往的方式，以及对空间与所属物的分享。在动作方面，我们可以向他们展现通过动作、身体来实现目标的方法，同时为他们发现事物运作的方式留下空间。在语言方面，我们可以帮助他们建立对概念和词汇的理解。这包括从平行谈话到解释，再到推理的各种技能。在认知方面，我们可以支架婴幼儿的学习，分析一个任务和婴幼儿的技能，以理解他们可以或不可以独立做哪些事情。我们要提供一些提示或足够的支持，以帮助婴幼儿进入下一个水平的挑战。有时这样做会让事情更容易，有时会让事情更难。

表6.1 教师运用技能支持婴幼儿跨领域的发展

领域	学习的原则	怎么做
情感	情感和情绪联结激发学习	分享婴幼儿发展和学习的乐趣，鼓励他们的好奇、坚持，反思他们遇到的挫折
社交	婴幼儿是对社会习俗赋予意义的社会文化学习者	为我们期望婴幼儿发展出的态度和行为做出榜样
动作	婴幼儿通过模仿他人、理解他人有意图的行动进行学习	示范怎样做一些事，鼓励他们发现其他的操作方式
语言	婴幼儿通过语言建构对世界的心理表征	通过贴标签、描述、解释、推理、分析、表达疑惑等进行交谈
认知	婴幼儿主动建构学习，当面对基于其已有技能的挑战时，他们学得最好	通过分析某个任务与婴幼儿已有技能的关系，确定他们能做的和不能做的，提供逐步的帮助和挑战来支架他们的学习

支架需要灵活性和创意来确定怎样用最小的支持让婴幼儿收获最大。也就是说，我们要给予一种渐进的支持，以提供最小程度的帮助来支持婴幼儿进入下一步；如果最小程度的帮助不奏效，那么就再增加一些帮助。另一种支架的方式是一开始提供最大程度的支持，随着婴幼儿逐渐掌控，逐渐减少所提供的帮助。教师可以根据婴幼儿的需要，调整支架的程度（从最多到最少）。从干预最多到最少的策略最终能有效地支持婴幼儿主动学习。当示范和解释对材料的探索（比如示范怎么解决一个问题）时，教师在提供更紧密的支架。教师逐步从发起探究转到邀请婴幼儿参与，再到跟随婴幼儿的行动。教师不对婴幼儿的探究施加控制，而是持续地观察婴幼儿的需要和兴趣，并仔细地支架他们的学习和发展。

当刘女士与婴幼儿讨论他们的所看、所听时，她就在与婴幼儿共享探索、学习的乐趣。她示范如何翻动书页，就是在通过身体动作支架小婴儿与材料互动。

策略

- 示范与叙述。当儿童观看时，成人完成动作（成人做榜样示范并叙述）："我要把这些拼图块拼在一起，我会转动小拼图块让它们拼成一张图。"
- 邀请儿童帮忙。成人邀请儿童帮忙（请儿童将手放在物品上或者放在成人的手上进行操作）："把手放在这个拼图块上，让我们稍微转一下方向，这样就刚好拼起来。"
- 成人主导的协作。在成人的主导下，成人与儿童协作进行（成人的手把着婴幼儿的手，把拼图块拼在一起；成人用手引导儿童移动拼图块并叙述）："我来帮你把这块拼图放到适当的位置。让我们稍微转一下，把它拼好。"

- 儿童主导的协作。在儿童的主导下，儿童和成人协作进行（儿童握着成人的手拿着拼图，指示成人应该放到哪里，最后由成人拼好；在这个过程中成人可以提问）："我应该把这块拼图放在哪儿？""我们下一步要拼哪块拼图？"
- 成人提供帮助。在儿童完成整个拼图的过程中，成人偶尔提供身体上的帮助，并用清楚的语言加以指导："我觉得这块拼图应该在这儿。""你可以轻轻拍它一下，把它拼好。"
- 策略与鼓励。成人提供策略上的指引（建议怎么做更容易；尽可能少地给出特定的指引；尽可能用空手来示范策略；提供鼓励，以确保事情进行）："嗯，我想知道你可以把这块拼图放在哪儿。""这看起来不匹配，接下来你可以在哪里试一试？""你还可以怎么尝试？"
- 挑战与延伸。成人挑战儿童或延伸活动，请他们解决问题，拼完拼图，或者用新的方式完成任务："你能把所有的红色积木都放在下面吗？""你能用8块积木搭一座塔吗？""你能堆多高？"

支架婴幼儿学习的完整策略见图6.5。

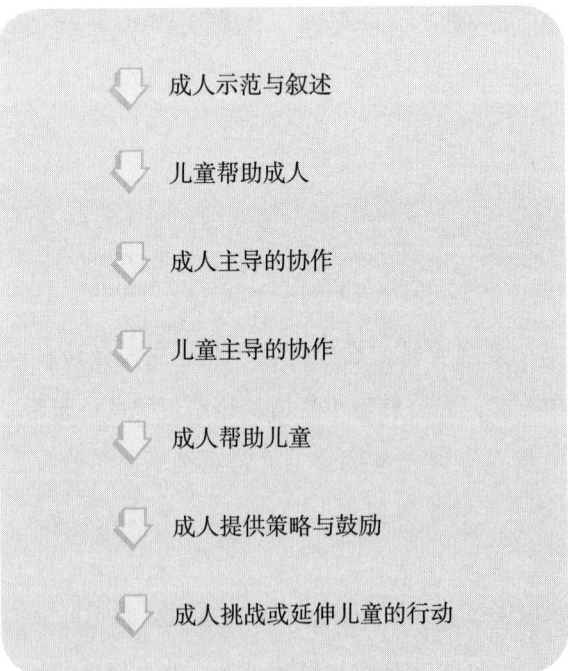

图6.5 支架学习的七条策略（从支持最少的发展到支持最多的发展）

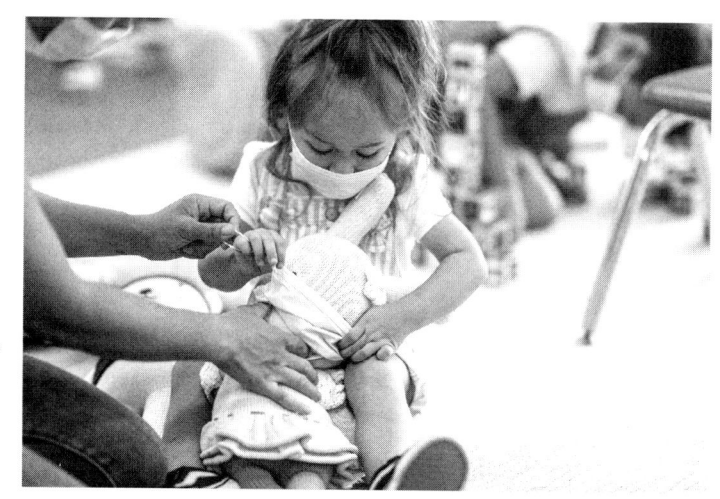

桑德拉女士提供逐步的支持——逐渐增加身体和认知支持,帮助特里尼经过多个步骤给玩具兔子戴上口罩。

用即时、自发的互动个性化地支持当前的发展(DVL-S5)

我们可以把自己的技能(比如观察的技能,回应婴幼儿表现出的线索、需要及兴趣的技能)结合起来,并运用互动来有意向地、个别化地支持每个儿童。我们还可以将观察、反思、回应以及观察—反应的步骤用来支持婴幼儿的发展和学习。

观察:仔细观看,以确定儿童在做什么、经历什么

- 观看:关注并了解当下婴幼儿在做和经历什么。婴幼儿看到或听到(感知到)什么?他们在做什么(行为)?他们有什么感受?他们有兴趣吗?他们是否乐于参与或者专心?他们满意、兴奋,还是遇到挫折?
- 确定:运用关于儿童发展的知识来确定婴幼儿的技能和学习过程。他们在用眼、手或嘴探索一个事物吗?他们在用感知运动技能(比如在视觉引导下用手拿一个物品)进行尝试吗?

反思:分析如何支持儿童的发展和学习

- 解释:目前婴幼儿需要什么支持来进行学习?他们需要感觉到人际联结,还是需要共享发现的乐趣?是否应该鼓励他们坚持应对某个挑战?是否应该支架他们迈向下一步?是否要用语言帮助他们理解自己正在做什么?是否要坚持不干预?
- 学习:在一段时间内反思自己的观察,了解婴幼儿个人化的兴趣和探索风格。你会看到他们如何追寻自己的目标,以及如何轻易地分心或受挫。

回应：敏感而温和地行动

- 决定：你需要决定自己是否应该什么都不做。有时，最好的回应是旁观。成人常常迫不及待地帮助婴幼儿，剥夺儿童解决问题或在挑战中学习的机会。有时，最有效的支持性回应是简单地观看，确保孩子安全，并且没有处于不知所措或心灰意冷的状态。有时，最需要提供的只是反思性语言。
- 选择你参与的时刻：寻求婴幼儿的邀请或他们准备好让你介入的线索。总体来说，尽量不要打断婴幼儿的思考过程或心流。
- 执行：无论你的回应是共享情绪和情感、谈话、提供榜样，还是示范或提供支架，每种回应都应该是温暖、友善、充满关爱的，并且强化你与婴幼儿的关系。

观察—反应：为了婴幼儿的反应而关注

- 观察：运用观察技能。婴幼儿对你的所做所言有何反应？你的所做所言扩展了婴幼儿的经验，让他们保持对任务的关注，还是分散了他们对任务的注意？他们享受与你共享学习成就，还是因你的反应而不知所措？
- 反思和学习：你时常反思与婴幼儿的互动吗？如果你时常反思，那么你能够认识到更多关于婴幼儿的线索和邀请，以及你如何支持其自我指导的学习。

补充材料 6.5 描述了一名学步儿学习、练习新技能时教师的反应。回顾整个过程，考虑选择怎样的回应，可以有意识地支持婴幼儿的发展。

补充材料 6.5

以系统化的方式提供个别化、回应性的学习机会，支持跨领域发展（DVL-S6）

规划的经历是我们提前计划的学习机会，以一种有目的的方式和灵活的意图来支持婴幼儿的发展。这些经历可以是结构松散的，比如只提供材料并让婴幼儿探索，然后成人对他们进行回应。这些经历也可以更有结构，我们会指导进行某些事情的特定流程，比如分享故事，照着食谱制作食品，或玩关灯时静止不动的游戏。我们也可以使用一个现成的课程（比如创造性课程、高瞻课程等），它会帮助你产生关于学习机会的观点，但这不一定是必须的，你可以有自己的想法。

创造个别化的支持是通过"记录—反思—计划—实施—评价"的周期性过程，回应婴幼儿的兴趣、需要和当下的技能水平（见图6.6）。实际上，上述循环中的五个步骤各有一些技能要求，将它们作为一个包罗万象的整体技能是因为共同运用它们可以获得高质量的学习经历。当你不需要对照护儿童负责任时，按这样的过程来规划课程要花费一些时间。有些机构允许教师有规划课程的时间，有些机构则没有这个时间。如果你所在的机构目前没有提供规划课程的时间，那么你可以与管理者讨论为什么留出一些规划课程的时间，有利于提升教师与孩子相处的质量。

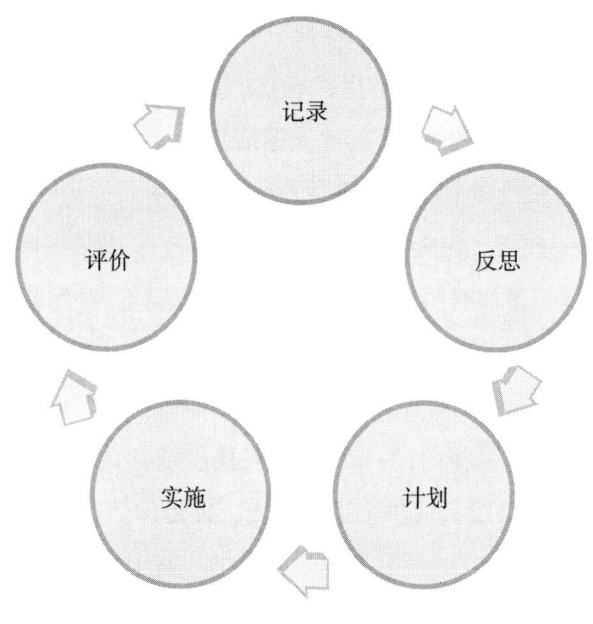

图 6.6　课程规划的周期

记录。 记录婴幼儿当下及萌发出的发展性技能。这始于你记下自己的观察，就像写逸事记录那样，记录婴幼儿在一天中做什么、说什么。记录可以包括拍视频和一系列的照片。有时候一张照片胜过千言万语！但是在教室里使用技术可能会导致你与婴幼儿面对面的互动减少，因此应谨慎且少量运用。遵循一套系统的方法，有助于确保你记录了多个领域的行为，以及观察到所有的儿童。在第七章中，我们将介绍关于评价行为和发展的额外技能及相应的实践。

反思。 回顾一段时期内收集到的某个婴幼儿的逸事记录，寻找其中的发展性技能。你可以用附录 A 中列出的发展性技能作为参考，或者借鉴其他可能的资源，来帮助确认你观察到的技能。如果婴幼儿能够灵活地在多个情境中运用某个技能，那么就表明他掌握了这个技能。刚萌发的技能是新出现的，并且只能在特定的情境中使用，或者需要在他人的支持下使用。你也可以确认婴幼儿面临的挑战，他们能在额外的支持下将技能运用在某些领域中。运用与课程相关的系统评价工具，可以帮助你确定婴幼儿展现的是萌发的新技能，还是已掌握的技能。

计划。根据婴幼儿的兴趣、需要和萌发的发展性技能规划环境、常规活动和经历。对婴幼儿掌握的或萌发的技能进行反思，以便为你希望接下来支持他们获得的发展与学习设置目标。设定合适的目标本身就是一个复杂的技能。如果一个发展性目标是一个"终点"，那么一个小目标就是达成大目标的过程中可观察的一个步骤。比如，对于独立行走这个大目标来说，小目标包括：①身体保持直立；②扶着家具侧着走；③扶着成人的手向前走；④独立走几步；⑤在跌倒时不靠其他支撑站起来；⑥不扶着任何东西从教室的一端走到另一端。为孩子的发展和学习设置适当的目标，要求我们知晓技能形成的典型过程，以及婴幼儿当前的相关技能。在确定了发展性目标后，可以按一个或几个步骤形成支持目标的计划：改变环境（增加材料、移动家具、改变常规），发起有意向的互动，或创造一个具体的学习机会。支持发展的计划取决于你对发展过程（DVL-K1）、发展的影响（DVL-K3），以及支持发展的诸多原则的潜在含义（DVL-K5）的理解。一旦你选择一个或多个方式来支持儿童萌发的技能，写下你规划发展性经历的计划，以指导你的后续行动。保存你写的计划。虽然你目前只提供个别化经历，但是你会发现将来这些经历对其他婴幼儿来说也很有用。表 6.2 是一个适用于其他儿童的、基于前期观察的、支持婴幼儿视觉空间技能发展的书面计划。

表 6.2　支持发展的计划样例

教师：C 女士　　　　**时间**：2020 年 8 月 10 日 **领域**：认知、视觉空间、问题解决
发展性目标：理解容器的容纳关系，使用容器，预测容器容纳不同大小的物品的量。 **环境和材料**：各种大小的容器，可放入容器的各种大小及形状的物品；放在低矮架子上的、婴幼儿可以拿到的篮子或桶。 **互动**：当儿童握住物体或使用容器时，用语言指出容器与容纳的关系，比如："乔丹，你手里拿着好多小物件，什么东西能够帮助你装这些小物件？""你用一个容器来帮你装所有的小物件。""一个容器能帮助我们同时掌控好多物品。你能在你的容器里放多少个物品呢？" **规划的经历**：使用 3 个不同大小的容器和不同形状的积木块、棉球。请儿童试试他们的双手能同时拿住多少个积木块或棉球，和他们一起数出具体的数目，以支持数学技能的发展。然后请他们弄清楚 3 个容器分别能够容纳多少个积木块或棉球。在这个过程中，使用"容器""正好""满了""多了""少了""一些""所有"等词。

实施。灵活落实意向性环境、常规活动和经历,跟随婴幼儿的需要、兴趣,及时进行调整。你可能会以为经历过"记录、反思、计划、实施"后,你的工作会变得容易。但是灵活和有弹性地实施这些计划很关键,这样才能保证对婴幼儿的回应性并最终支持他们的发展。再者,灵活的意向性本身就是一种挑战。婴幼儿很活跃地探索和学习,他们在某时某刻的兴趣不是总能与我们所计划的内容相协调。你可以灵活地提供具有回应性的互动,但是这些互动要有意识地促进婴幼儿的发展(DVL-S5)。

对灵活性有帮助的是,记住另一些关于发展和学习的原则:婴幼儿能从自己的经历中学习,他们在多个领域的发展相互影响。要识别婴幼儿在每一个经历中可能获得的发展。通过下面的例子,你可以认识到旨在支持婴幼儿自我表达和精细动作技能的艺术体验,如何转变成支持婴幼儿感知和语言技能的感官体验。

杰茜卡女士为她的班级计划了一个艺术体验活动(儿童的年龄为18~26个月)。目标是:①通过艺术(绘画)进行自我表达;②探究工具(画笔、玩具车)并制作标记。她在桌子上放好纸、颜料、工具后,邀请婴幼儿到桌边:"我们有颜料和蘸颜料的画笔,你们愿意来画一画吗?"阿莎蹒跚着走过来并坐下。杰茜卡女士帮助她穿上罩衫,并在她的对面坐下来。阿莎找了一辆玩具车,把它放到颜料里,然后在纸上做了个标记。然后她把双手放进颜料里,用一个手指搅动手掌上的颜料,然后伸出两只手。杰茜卡说"你的手上有蓝色的颜料",然后她也把手伸进颜料,把颜料抹在一起,说道:"手指间的颜料让我感到又冷又滑。"当阿莎用几个手指在纸上点来点去时,她的嘴里发出"噗""噗"的声音。杰茜卡女士说:"你用蓝色的颜料在纸上画点点。"阿莎听后耸了耸鼻子,摇了摇双手。杰茜卡说:"看来你已经完成了,我们去把你手上的颜料清洗一下吧。"在盥洗室里,阿莎打开水龙头,把手放在水流下。杰茜卡帮助她涂肥皂,并说道:"肥皂泡软软的、起泡沫。看,我手里的这个泡泡被颜料染成了蓝色!""蓝色!"阿莎在把自己的手放进水里时说道。当杰茜卡意识到阿莎对使用双手来探索感知(颜色、质地)有兴趣时,她跟随了孩子的引导,支持了她的感知和语言发展。

阿莎探索手指画和洗手。杰茜卡女士跟随阿莎的引导有意识地支持了她的发展。

评价。你可以通过观察、反思婴幼儿的经历和学习过程，来评价你对婴幼儿发展和学习的有意支持。根据需要，进行调整。这仍然要依赖观察和反思的技能。不管是通过收集记录（逸事记录、录音、照片或视频，以及婴幼儿的作品），还是仅仅在儿童体验的过程中进行观察，都花时间反思一下。问自己关于婴幼儿经历、自身经历的问题（见表6.3）。

如果经历中的某个改变提供了更好的学习机会，那么你应该立即调整下一个计划。有时，你要确定婴幼儿正在发展的额外技能，为他们制订一个新的计划。在这种情况下，你的评价事实上成了记录、反思和计划循环中的一部分。

表 6.3　问自己的评价性问题

关于婴幼儿的经历	关于自己的经历
1. 婴幼儿做了什么？ 2. 他们运用了什么经验？ 3. 他们练习了什么技能？ 4. 他们学到了什么？	1. 你做了什么？你说了什么？ 2. 你的经历是什么？什么让你感到惊奇？什么让你感到欢喜？ 3. 什么进行得顺利？ 4. 什么进行得不顺利？ 5. 什么使经历变得更好，以支持婴幼儿的发展？

同时为多个婴幼儿计划，并以多种技能回应（DVL-S7）

婴幼儿发展得非常快，在任何婴儿班或学步儿班里的婴幼儿都有广泛的技能。教师需要持续不断地调整或支架婴幼儿的经历，或简化帮助，或拓展支持，从而给儿童提供适当的挑战。或许机构里还会有需要额外支持的儿童（存在身心障碍和发育迟缓），与这样的儿童相处所需要的计划和回应的灵活性与正常发展的儿童相同，只是需要额外支持的儿童在技能上可能与正常发展的儿童相差几个月，甚至一年。

课程规划的周期（见图 6.6）能够帮助教师为需要额外支持的儿童规划个别化课程，但是多数从事婴幼儿保育和教育的工作者面对的是儿童集体。我们怎么利用这个过程以及形成什么经验，以适用于一个小组的儿童（4~8 名儿童，甚至多达 12 名儿童）？

教师可以通过使用一系列技能［如提供支架（DVL-S4，见图 6.5），保持具有灵活性、回应性和自发性的互动（DVL-S5）］，来支持发育迟缓的儿童。教师在设置环境、选择材料和为特定发展经历制订计划时，要注意到婴幼儿的一系列技能。为此，我们要运用简化和扩展的方法。我们需要简化一些材料或经历，使发育迟缓的儿童能通过某种方式进行练习，支持他们参与同一领域、技能整合或达成学习目标的活动。我们还可以扩展材料或经历，以挑战儿童学习和练习同一领域、技能整合和学习目标中相关的新技能。在这个过程中，通常是将新技能加入已掌握的技能，或者采用更先进的方法使用技能。图 6.7 展示了一些开放性玩具和经教师调整后的简化玩具。

通过增加材料，使同样的操作对技能弱的婴幼儿来说更容易，这就是简化。

教师增加了一些可以套在木桩上的金属环，让手部肌肉控制能力和手眼协调发展滞后的儿童，可以通过练习把这些金属环套在竖直的木桩上，虽然他们仍然不能把木珠套在木桩上。

改造材料使其变得更简单，或者创造其他的使用方法。

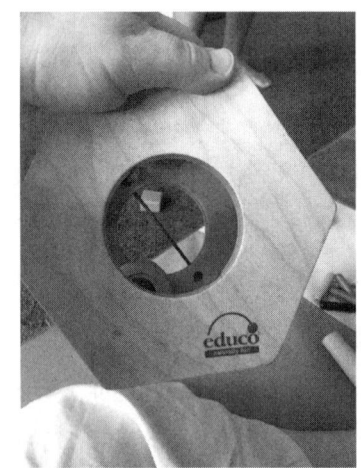

教师剪掉了形状分类玩具一侧的松紧带，这样婴幼儿即使不能按形状匹配的原则把形状块放在相应的形状空格里，也至少可以把形状块放入中间的那个孔里。

图 6.7 扩展和简化玩具

开放性材料能够以多种方式被使用，提供了自然的扩展或简化。

这些杯子可以一个个从顶部堆叠起来，或者从里面嵌套在一起，倒放的话就可以把小的藏起来，还可以放在嘴边讲话，然后听到回声。

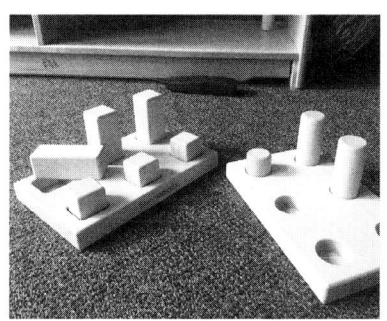

正常的立体形状分类玩具可以插得很牢固，长方体可以一个个堆高，圆柱体可以滚动，它们都可以插入板上的凹槽。有两种形状的形状块可以为年龄较大的儿童提供挑战，他们将发现圆柱体和长方体只能插进相应形状的凹槽。

图6.7 扩展和简化玩具（续）

对所有的儿童应用简化和扩展的方式，使他们能参与所有计划的学习机会，甚至当没有为他们制订特定的计划时。当规划一个经历时，仔细对比其中需要的技能与教室内儿童目前掌握的技能的异同。如果要通过艺术活动支持儿童的感知运动技能，那么3个月大的儿童可能无法使用颜料在纸上做标记，但是他能用手和脚来感知。同时，为能够使用颜料制作标记的儿童扩展艺术经验，可以提供更多的材料和工具来推动其练习运动技能。转到韵律领域，6个月大的儿童不能用脚跳，但她能摇晃手，当照护者托住她或抱着她跳时，她的整个身体会上下晃动。教师可以提供多种可弹奏的乐器或可挥舞的围巾，从而扩展儿童在这方面的经验。

规划跨儿童、跨领域、跨时间的经历（DVL-S8）

怎么利用为一个小组内的几名婴幼儿制订一周或一个月的课程计划的过程呢？建议制作一个网格表，将每周的几天作为纵列，将不同的发展领域作为横排。为婴幼儿的发展和学习提供个别化、回应性支持，并将其转换成儿童小组的课程，其原则如下所示。

一天一个领域：不同的机构和课程对不同的发展领域有不同的命名，有些包括额外的领域（如艺术、音乐、数学、科学等）。本书展示了每天都应该支持的跨领域发展。

- 健康、安全和自我照护
- 情感和自我表达
- 感知运动：大肌肉运动、小肌肉运动
- 认知
- 语言（包括早期读写）
- 人际交往

一周一个儿童：每周都应该为一名儿童制定一个有目的性的学习经历，这个过程基于对该儿童当前的及正在萌发的技能的观察和反思。

一个儿童一个经历：每周应该通过简化或扩展的方式，给集体中的一名婴幼儿提供一个支持其发展的适宜经历，甚至在为某个特定的儿童制订计划的情况下也应如此。因此，当你收集材料，计划如何呈现给婴幼儿时，请考虑他们当下的技能，计划如何提供发展的支架。补充材料6.6呈现了一个为婴幼儿提供学习经历的周计划。当你规划课程时，在确定一名儿童在一周内得到集中支持，以萌发新技能或扩展现有的技能后，再把表格里剩下的部分填满。

补充材料6.6

策略

- 每名儿童接受针对性保育和教育两次，甚至三次。
- 创设围绕某个主题（如身体、社区、自然、动物、季节、感受和情感、交通工具与运输，以及地方和地理）的经历。

第六章 支持婴幼儿的发展和学习

- 跟随你所观察到的儿童兴趣（如挖、舀进和倒出、创作音乐、玩交通工具、烹饪，以及照顾玩偶）。
- 运用所在州的早期学习经验标准的相关文件，以引发好点子。
- 使用或参考已有的婴幼儿课程。

规划和实施符合学习共同体的价值观和哲学观的课程（DVL-S9）

在最低程度上，规划的经历应该具有发展适宜性，是与教师所信奉的教育观相符合的最好实践。但是经历的其他特质由教师个体、教学团队或整个机构的哲学观决定。

教师对保育和教育婴幼儿所持有的哲学观或方式，源自培训、经验和个人信念。它们或许根植于某些理论（比如依恋理论或皮亚杰的建构主义理论），或者瑞吉欧教育模式、RIE教育模式等具体的教育取向。这些取向也反映当地的文化和学习共同体的价值观——比如，强调对需要额外支持儿童的全纳、多元文化论以及欢迎所有人，或社会正义和反歧视教育。这些反映了关于家庭内部成员之间的尊重或共同体相互依存的文化价值观。要意识到自己的信念以及同事和所在共同体的信念，这些信念影响你保育和教育婴幼儿的方式。当你发展自己的专业身份时，你可能将共同体的价值观融入你保育和教育婴幼儿的方式，并且将你所持有的价值观传递给下一代。

从发展和理论的视角评价现有的材料和课程（DVL-S10）

使用现成课程的一个好处是，它提供了一个系统的方法来为儿童提供发展、学习机会。然而不是所有的课程或提前计划的学习机会都是以所谓的发展价值来提供平等的机会，也可能根本不符合你的哲学观。此外，现成的课程可能无法为你所照护的群体内的儿童提供足够的灵活性。

一旦你为婴幼儿确定好课程资源（DVL-S7），你就可以运用你对发展适宜性实践和支持性实践的理解（DVL-K5）来评估某个资源是否适合你。补充材料6.7包含了一份基于不同的价值观和标准来提出问题的清单。这些问题可用于评估你正在考虑纳入班级的材料、你正在计划的活动，以及你可能会用到的课程。当你与共同体成员一起为课堂或机构确定实践原则时，请加入你自己的问题。

补充材料6.7

回顾与展望

回顾本章开头的图 6.1，该图呈现了与支持婴幼儿的发展和学习相关的知识、态度倾向及技能。在开始阅读本章前，你已经具备哪些素养？你的哪些素养得到了发展？接下来你会有意培养哪些素养？运用本书附有的《0—3 岁婴幼儿教师指导手册使用指南》中的相关内容与本书一起支持你在这方面的专业化发展。

第七章　评价行为、发展和环境

本章涉及的素养，聚焦于系统地收集婴幼儿行为和发展的信息，对儿童发展的支持进行个别化调整，并筛查儿童的发育迟缓。我们把这项技能称为评价。其中包括评价婴幼儿的保育和学习环境。在本章中，你将学习到不同类型的评价术语、评价的目的，常用的评价婴幼儿的工具，以及提高评价质量的方式。在图7.1中，我们总结了在评价行为、发展和环境方面的关键因素——态度倾向、知识和技能。

为什么评价行为、发展和环境很重要？ 观察行为和发展是教师获取关于婴幼儿个体的知识的主要来源。你的观察将推动你更好地建立关系、引导行为和支持发展。评价能够让观察更深入，更具系统性，也可以用于多个目的。筛查性评价对于确定儿童是否需要额外的支持是一个关键点，或者能够说明对儿童的早期干预或其他服务是合适的。评价是监控儿童发展的过程，是创设、维持高质量学习环境的必要部分。

评价行为、发展和环境与其他素养有何关系？ 观察是评价婴幼儿的基石，应整合到每天的活动和互动中。你在本书的第二章中已经了解了观察的技能，其中强调了观察在反思性实践中的重要性。你还了解到如何进行观察并对观察进行反思，从而与婴幼儿建立良好的关系，并支持他们发展和学习。在本章中，我们将从前文所述的重要的观察技能过渡到系统地进行观察。这样就可以有助于教师为婴幼儿设定学习目标，创造回应性学习体验以及监控发展进程。教师也需要评价保育和学习环境及互动过程（在家庭和集体照护的情境下），以决定怎样改进更能满足婴幼儿的需要。教师可以通过筛查性评价来确定婴幼儿是否发育迟缓或紊乱，以最好地全纳、支持那些需要额外帮助的婴幼儿。最后，教师还需要评价自己对婴幼儿开展的工作，以有助于自身持续改进并推动专业化发展。

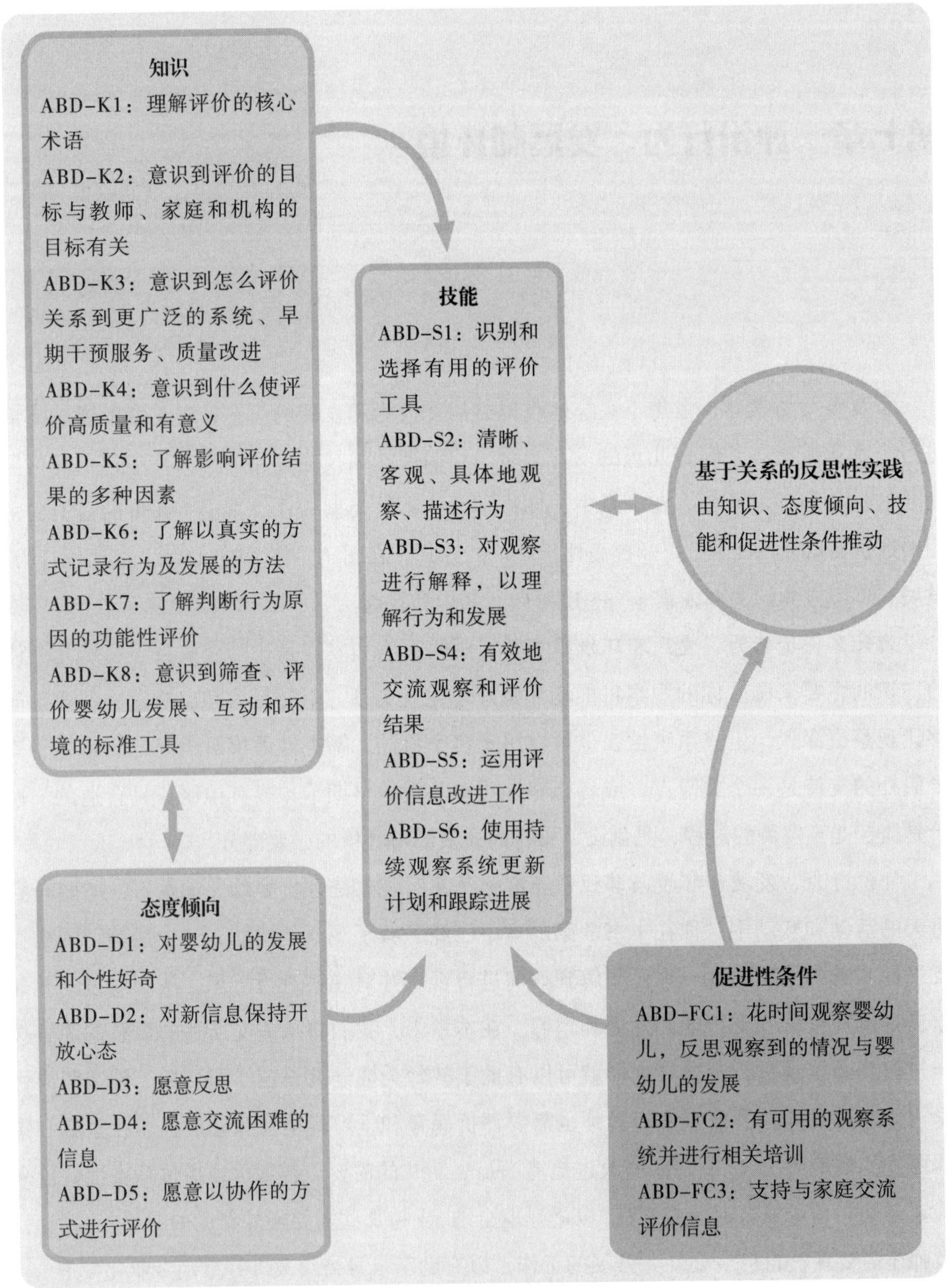

知识

ABD-K1：理解评价的核心术语

ABD-K2：意识到评价的目标与教师、家庭和机构的目标有关

ABD-K3：意识到怎么评价关系到更广泛的系统、早期干预服务、质量改进

ABD-K4：意识到什么使评价高质量和有意义

ABD-K5：了解影响评价结果的多种因素

ABD-K6：了解以真实的方式记录行为及发展的方法

ABD-K7：了解判断行为原因的功能性评价

ABD-K8：意识到筛查、评价婴幼儿发展、互动和环境的标准工具

技能

ABD-S1：识别和选择有用的评价工具

ABD-S2：清晰、客观、具体地观察、描述行为

ABD-S3：对观察进行解释，以理解行为和发展

ABD-S4：有效地交流观察和评价结果

ABD-S5：运用评价信息改进工作

ABD-S6：使用持续观察系统更新计划和跟踪进展

基于关系的反思性实践
由知识、态度倾向、技能和促进性条件推动

态度倾向

ABD-D1：对婴幼儿的发展和个性好奇

ABD-D2：对新信息保持开放心态

ABD-D3：愿意反思

ABD-D4：愿意交流困难的信息

ABD-D5：愿意以协作的方式进行评价

促进性条件

ABD-FC1：花时间观察婴幼儿，反思观察到的情况与婴幼儿的发展

ABD-FC2：有可用的观察系统并进行相关培训

ABD-FC3：支持与家庭交流评价信息

图 7.1 评价行为、发展和环境

促进性条件。系统地进行评价能够推动工作更加精细，这需要机构层面的支持，也是机构的责任。机构内的制度需要支持教师的评价实践，不然评价就无法有效地支持儿童的发展。教师需要花时间观察婴幼儿并反思观察到的情况（ABD-FC1）。这可能就意味着当一个成人观察、反思、制订计划时，另一个成人要对儿童承担更多的任务。教师需要有组织的支持（包括时间支持），以及关于使用评价工具和观察方法的培训（ABD-FC2）。机构内的制度应该鼓励家长参与评价过程，支持教师持续地与家长进行双向交流，比如定期召开家长—教师会议（ABD-FC3）。对家庭式的小型托育机构来说，找到观察、反思和与家长分享评价结果的时间，可能特别有挑战性，因为这类机构往往很难得到额外的帮助。有一些家庭托育联盟可能会给家庭式托儿所的负责人提供评价方面的临时帮助。其他的家庭式托儿所的负责人需要额外的专业化发展时间，这给依赖机构提供持续照护的婴幼儿的家庭带来了困难。

知 识

为了评价婴幼儿的行为和发展，教师要先理解核心术语，比如筛查、测试、测量、评估以及评价（ABD-K1）。教师需要理解评价与他们的目标（比如专业化发展程度）、家庭的目标（比如婴幼儿的保育与教育），以及机构的目标分别有什么关系（ABD-K2）。教师还需要知道评价与更广泛的系统、早期干预服务、质量改进（如鉴定托育机构质量的国家评级系统）分别有什么关系（ABD-K3）。教师要有关于高质量和有意义的评价的知识（ABD-K4），了解影响评价结果的多种因素（ABD-K5），以真实的方式记录儿童的行为与发展（ABD-K6）。最后，教师要了解关于功能性评价的知识，以确定引发行为的原因（ABD-K7），还需要知道筛查、评价婴幼儿发展、互动和班级环境等的标准工具（ABD-K8）。

理解评价的核心术语（ABD-K1）

许多与评价过程有关的术语有重叠的定义，我们在这里只解析一些常用的术语。

筛查、测试、测量、评估和评价都指向收集关于婴幼儿的发展优势、技能、兴趣、偏好和其他个人特征的综合信息。测试、测量和评估通常需要运用更正式的评价工具。从广义上来说，使用工具意味着用特定的方法来进行测试、测量和评估。有时候，"工具"

这个词指收集信息的具体材料，比如发展检核表或逸事记录。

当你注意婴幼儿的行为，以理解关于其发展的某些方面时，这种收集婴幼儿信息的方法被称作观察。这些观察要么是质性的（用语言来描述某个婴幼儿在做什么或说什么，比如，使用逸事记录或连续记录），要么是量化的（用检核表来说明他们确实有某种特定的行为，用分数评级来说明婴幼儿做得多好或做了多少，或者用数据来说明某个婴幼儿每天做某一特定行为的次数）。教师还可以通过家长的报告来收集信息，让家长进行评级或完成检核表，或者由你用固定的方式（被称为标准化）一对一地直接测查儿童，并将其与同年龄的婴幼儿进行对比（标准参照）。

工具也可以指正式的标准化评价工具，比如《贝利婴儿发展量表》（*Bayley Scales of Infant Development*）。正式评价工具指更耗时、通常更复杂的工具，这些工具被标准化，以测量某些特定领域或技能。这些测量可以用于指导必要的治疗工作，以及使儿童的学习个别化。一个正式的评估是判定儿童是否达到接受干预的标准的综合评价（或一套评价），也可以用于了解婴幼儿的优势、需要和环境，以更好地制订干预计划。在美国的许多州，婴幼儿需要至少在一个领域内有显著的发育迟缓才有资格获得服务。有些州对可以接受服务的儿童的发育延缓程度有不同的要求。在使用一些正式的评价工具时，你需要确定工具的信度和效度。我们将在下文中进一步讨论关于这些术语的问题。

评价中的利益相关者包括任何一个持有一定利益的人——会因使用评价结果而有所得失，因此他们应在评价过程中做决策。婴幼儿评价中的利益相关者包括：家长、教师、机构人员和社会人员（如健康和教育部门的人员），以及政策制定者。

意识到评价的目标（ABD-K2）与更广泛的系统有怎样的关联（ABD-K3）

评价婴幼儿及其照护者和环境不是评价本身的目标，评价是支持儿童发展的更广泛目标的关键部分。家庭为婴幼儿的健康投资，也有关于自己孩子的发展目标和教育目标。他们是婴幼儿评价中的主要利益方。教师也对所照护的婴幼儿有学习和发展方面的目标。在更广泛的水平上，机构有针对所服务的儿童和家庭的健康、发展及教育的目标，同时会为其员工制定目标，还有机构本身的目标。机构还要为他们的投资者（有时是州或者国家层面的政策）负责。评价承担着支撑这些更广泛的目标的作用。

筛查以确定可能的发育迟缓或发展障碍。 筛查是一个简短、内容较少的评价过程，用于识别婴幼儿是否达到期望的发展里程碑。附录 A 和附录 B 分别呈现了发展的里程碑和危险信号。筛查后可能要进行进一步的评估。对于典型的筛查工具，教师不需要太多的培训就可以使用，而且管理便捷。例如，一个筛查工具可能包括简明的发展检核表，并有测查对象"缺失技能"的标准说明，据此可以表明需要更多的深入评价。一旦筛查工具确认了可能的发育迟缓，就需要更多的测试来确定婴幼儿有哪些具体的发展障碍，从而让婴幼儿及其家庭能够获得相关的干预服务。一旦某个婴幼儿被确认需要进行干预，而且开始接受干预服务，那么确认得越早，干预服务就越有长期的效益。

机构要想接受州或者联邦的资助，常常需要对婴幼儿的发展进行筛查。联邦政府资助的规模最大的早期儿童发展项目——"开端计划"，要求用发展性筛查来确定任何一个婴幼儿健康或发展领域的问题。《开端计划执行标准》（*Head Start Program Performance Standard*）要求，教师在筛查时与婴幼儿家长进行协作，并征求其同意。筛查应该在婴幼儿进入机构后不久就进行，并且用于确定儿童在所有的发展领域内可能存在的令人担忧之处。第八章将提供确定某个儿童有发展障碍和迟缓指征的具体步骤。

规划及个别化的支持。为了做出合理的规划，要对婴幼儿进行观察并开展其他形式的评价。了解儿童的能力和兴趣，以及家庭的健康情况、文化和为婴幼儿设置的目标，让教师可以为婴幼儿规划切实的个别化目标，以及提供基于儿童当前发展阶段和需要的支持。

在干预过程中监测发展。如果一名婴幼儿被确定存在发育迟缓或发展障碍，那么他就可以得到州政府资助的早期干预服务，他将享有一个有具体发展目标的个别化家庭服务计划。这些目标通常涉及特定的技能或行为，在一定时期后婴幼儿会接受再评价。评价和观察能够追踪婴幼儿在一定时期的发展，并揭示我们（或其他人）提供的教育支持能否帮助婴幼儿达到发展目标。

评价的有效性。如果在机构层面把对婴幼儿个体或家庭的评价结合起来，那么所有的信息就能显示出服务的效益如何，或者指出哪些方面需要改进。真正的学习型共同体会寻找信息来指导持续的质量改进。机构的利益相关者会一起确定他们期望为婴幼儿及家庭提供的服务效果，选择并使用评价工具来测查效果，同时研究评价的结果。这样的机构评估有助于员工反思如何让机构内的工作更有效（婴幼儿或家庭在进入机构后有什么改变？），以及机构人员是否需要做出一些改变（例如，确定是否需要调整课程，或者某个领域的人员是否需要更多的专业化发展或支持）。

问责。关于婴幼儿、家庭、教师和机构的评价信息可用于问责。有些资金提供方只需要进行评价，机构需要承担相关的责任，以持续获得资金支持。其他资金提供方可能对机构的评价有效性提出要求，或要求其达到一定的质量认证标准和评价等级。专业组织也会使用评价来保证机构的质量或等级。比如，评价可以显示机构在州层面的质量等级及改进体系中的等级，这可能与获得资金资助或其他支持有关。

意识到什么使评价高质量和有意义（ABD-K4）

为了确保你实施的评价都是有意义的，在实施时要遵循高质量的评价过程，评价工具对评价目的来说应该是充分的，实施评价的方式是高质量的。以下是确保评价高质量的一些原则。

基于优势。这种方式聚焦于确认儿童当前在各个发展领域的技能水平，也能确定什么有助于儿童的学习和成长。聚焦于儿童个体、亲子及家庭的优势和资源，有助于教师促进婴幼儿的发展（包括儿童和家庭觉得有挑战性的领域）。确定优势有助于教师理解儿童学习得最好的情境，并运用这些信息在儿童和家庭最需要帮助的方面提供帮助。当知道儿童的优势可以促进他们的学习与发展时，教师就能运用这些优势，帮助儿童在其他领域得到发展。比如，一个小婴儿很享受与他人对视、对笑，但是他运动发育迟缓，那么教师就可以与婴儿进行面对面的互动，激励婴儿保持较长时间的俯卧姿势，这样可以强化婴儿的运动力量及发展。对于喜欢积木和搭建活动，但缺乏社交技能且不常和其他儿童一起游戏的学步儿，教师可以向他示范怎么邀请其他儿童加入平行游戏。总之，以优势为本的方式有助于教师了解到整体的儿童，而不只是聚焦于儿童发展不足的领域或面临挑战的领域，最终以尊重地支持儿童的方式让其发挥最大的效能。

协作。要与家庭协作观察和评价婴幼儿，共同决定评价中重要的内容。教师除了通过自己的观察来收集信息外，还可以通过家庭来收集信息。教师要定期与家长核对并分享你的评价，从他们的视角来看待婴幼儿的发展，探寻他们的评价与你的评价之间是否有相似之处。通过这样的方式，你不是以专家的身份来告诉家长关于孩子的情况，而是你们在一起分享各自看待问题的视角。家长和教师在很不同的环境中观察婴幼儿，因此可能看到不同的情况。了解从家长的角度来看待婴幼儿的行为有多么不同，可以给教师带来一些为婴幼儿创建教室环境的新想法。

持续进行与"拍快照"。一次评价只能提供婴幼儿的一次技能表现的快照，然而婴幼儿随时都会变化。当评价在一定的时间段内持续进行时，它才是最有用的。在第六章中，我们谈到了记录、反思、计划、实施、评价的过程。这提供了一个关于婴幼儿的完整图像，并鼓励教师采取持续支持儿童发展的方式。

使用与存档。最后，你必须运用自己的观察！有时你进行评价只是因为你必须在表单的相应框里打钩，以表示你完成了评价。但是要抵制这种简单化做法的诱惑，你进行评价不只是为了让资助者、上级评估者或监督团队看到评价文件。评价（包括观察和正式评价）必须要运用于改善实践——否则它们就是浪费每个人的时间和资源。

有些评价工具比别的评价工具好，有些人实施评价比另一些人要有更多的技巧，有些情境比另一些情境更有利于评价。在选择和使用单独的评价工具时，要考虑以下影响评价质量的因素。

效度（有效性）意味着工具所测的是它宣称要测的，或者能够提供你所需要的信息。教师可以通过许多方式来确保一个工具的有效性。表面效度意味着工具看起来像在测查特定的技能或发展领域。比如，如果你看到几个问题关于学步儿能说的词语，学步儿能理解的词语，学步儿能指出和用姿势表示的词语，那么你可能认为该工具在评价学步儿的语言和交流。从你的目的来看，有效性可能是最重要的，因为它可以保证在工作中有用。你还能发现一个评价工具与另一些评价工具有关（评价的对象一致），以及它能否以期望的方式进行预测。你还必须确保工具对你的目标和你所工作的人群来说是有效的，测查的题目对他们来说是敏感的和足够具体的。有些类似的或真正可获得的工具对你当前的目标来说并不有效或不适切。比如，如果你正在评价一个学步儿的语言技能，那么你需要确保评价工具能够测查儿童的口头语言，或者你需要依赖自己的观察来了解他们怎样理解他人的谈话并与他人交流。此外，你可以邀请其他人和你一起观察。

当筛查确定婴幼儿可能有发育迟缓或发展障碍时，你需要筛查出具体的内容，不要有太多的假阳性报告（表明有问题，实际上并没有）。你还需要足够敏感地确定发育迟缓的少数假阴性报告（表明没有问题，但是有问题）。有时你可以根据自己关于儿童发展的知识，在筛查工具给出提示前，更早地觉察到发育迟缓。你可能需要在一段时间里多次确认评价结果。

信度指工具的可靠性。如果两个人在同样的情境中对同一个婴幼儿使用同样的工具，那么他们应该得到相似的结果。如果一个人用同样的工具测查同一个婴幼儿两次，测查时间差一天或一周，那么他也应该得到相似的结果。使用评价工具进行评价需要接受培训，有一些评价工具比较容易使用。大多数评价工具都有标准，被测儿童能够与同年龄儿童的标准情况进行比较。不过有时候你更想知道儿童的能力，而不在意他与别的儿童相比是怎样的。在这样的情况下，你需要调整自己所说的和所做的，看看儿童能做什么。但是如果你改变了工具，你就不能把你测查的婴幼儿情况与其他同年龄儿童的情况进行比较，因为相关的评价指标是标准化的。

了解影响评价结果的多种因素（ABD-K5）

评价工具的效度不只关乎评价工具本身，还涉及使用工具的个体。评价结果的准确度可能会受评价者、被评价的儿童以及情境等影响。我们必须对获得准确的评价结果保持警惕，并意识到何时评价的准确性会因一些原因而受到损害。

评价者的不可靠之处。有时尽管评价者学习过使用工具的标准化流程，但评价者的观点仍然可能产生偏离，或者他们有时会忘记评价中的一些微妙之处，因而没有按原则忠实地进行评价。评价的忠实度意味着对所有的儿童运用同一种方式进行评价。将评价标准化就与忠实度密切相关。偏见会损害忠实度，所以评价者必须反思自己可能出现的偏见（尤其是在进行观察时）。比如，如果你与所要评价的教室里的某个儿童有某种较亲近的关系，那么你对这个儿童的行为的解释就会比对其他儿童的行为的解释更有技巧或更积极、正向。你可以学习描述客观细节，将它们与对儿童行为意义的解释进行区别，避免将偏爱或偏见带入评价。同样，我们文化中的社会偏见也会存在于评价中。比如，我们有基于儿童的性别、种族的某些特定预期。例如，有研究表明，教师们认为非裔美国儿童比白种儿童有更多的学校适应问题以及更弱的学习能力（Pigot & Cowan, 2000）。然而，一个人很难或者不太可能看到自己的偏见。如果有多名教师参与评价、对比看法和评级，或者让家长参与进来，观察、评价自己的孩子，那么你就能更仔细地思考自己的观点如何与他人不同。

婴幼儿的不可靠之处。婴幼儿本身存在不可靠性。他们不是在每一天都做同样的事情，表现出同样的能力，他们的行为受所处的情境和自身的感受影响。一次简单的评价只是婴幼儿行为的一个快照。考虑一下，儿童在某个时刻的行为会受到哪些影响。婴幼儿是不是累了、饿了，或者不知所措？婴幼儿在一个新的、不熟悉的情境中吗？他们是与陌生人在一起，还是与信任的照护者在一起？如果你不确定自己得到了关于婴幼儿能力的真实感受时，重新进行一次观察会有所助益。另外，你需要不断地将你每天观察到的婴幼儿行为与得到的评价结果进行对比。

第七章 评价行为、发展和环境

了解以真实的方式记录行为及发展的方法（ABD-K6）

评价婴幼儿最常用的方法是观察。观察能让你看到婴幼儿在自然场景中的状态。观察不需要广泛的培训，观察到的内容也容易与家庭进行交流。不过，你很难知道你是否看到儿童能做些什么，以及他们是否在其他情况下会做得更好。在总结和解释前多观察几次有好处，然后你可以将观察到的信息分享给家长和同事，听取他们的意见。

观察有多种用途：通过观察一个新来的婴幼儿如何与材料和其他人互动来了解他，了解婴幼儿的兴趣和能力，回答关于婴幼儿行为或发展的具体问题。清晰的观察目的可以帮助你决定使用何种观察方法，以及客观地记录所观察到的行为。要了解关于观察法的更多信息，可以参考网络上的资源，以及更多的阅读材料。

逸事记录是对特定背景和时间下的行为进行简要描述，是在事件发生不久后写下的记录。通过使用这种方法，教师可以对比婴幼儿在多个领域表现出的行为、技能及兴趣，追踪他们在一段时间内的技能发展。逸事记录对收集一些关于特定技能的数据比较有用，比如，对儿童在娃娃家和同伴一起玩耍时出现的社交技能的观察和记录。逸事记录能捕捉到重要发展事件的客观细节。在第六章中列举了一些例子。它们在本质上是真实的，并描述了事情发生的地点与经过。用生动的言辞描述发生的事情，就像是描绘了一幅事情发生的"画卷"，不过你得尽量保持客观。要描述行为本身，而不是你对它的解释或对行为意义的假设、儿童内部的状态，以及你的情绪反应。如果你想要记录对婴幼儿或你的心理状态的解释，那么你可以分开记录（比如分成两栏，一栏是观察记录，另一栏是解释记录）。

连续记录在详述婴幼儿的行为顺序方面与逸事记录相似。但是，逸事记录通常捕捉一个事件，而连续记录持续时间更长，通过记录不同情境中的行为来捕捉更广泛的发展。在操场上观察十分钟后，你可能观察到学步儿在推滑板车时表现出来的大肌肉技能、在穿过障碍时的认知和运动规划的能力，以及他与同伴和成人互动时的交往能力。连续记录意在捕捉婴幼儿做过的每件事和说过的每句话（包括动作、姿势、面部表情），而且要尽可能客观。连续记录在确定一段时期内的技能发展，或在不同情境（如室内、室外、常规活动和过渡环节）中看到的不同技能的发展模式很有帮助。

检核表能记录你感兴趣的特定行为或技能。它可以帮助你快速地收集到许多信息。你可以在每一列列出婴幼儿的技能，在每一行列出婴幼儿的姓名，从而创建一个表格，当某个婴幼儿使用某个技能时做出标记。比如，你可能想观察婴儿怎么取用物品，例如用整个手臂去击打一个物品，或者用整个手掌抓握、用拇指与其他手指相对的方式来捏住物品。通过这种观察方式，你能够追踪教室内婴儿的小肌肉技能的发展。当你为了特定的发展里程碑进行观察时，检核表是一个有用的工具。你可以用这种方法来观察某个儿童或一组儿童。传统的检核表有以下几种形式。

- 事件取样，记录某个行为发生的频次。就像一个检核单，你每次看到目标行为时都会标注一下。
- 时间取样，可以设定一个有规律的时间间隔（可能是一分钟或一小时，取决于所观察行为的特点），标识是否在每个时间间隔中出现某种行为。
- 等级量表，允许你对看到的某个行为的频次或质量进行分级。这种量表通常将行为列在横排上，将"通常""经常""少有""几乎没有"列在竖列上。

了解判断行为原因的功能性评价（ABD-K7）

功能性评价有助于你理解为什么特定的行为（通常是有问题的行为或挑战性行为）会发生。它有助于我们弄清楚行为的功能。ABC方法是从几个观察结果中组织信息的功能性评价方法。其中"A（antecedent）"指前情，即先于问题行为的事件或活动，"B（behavior）"指观察到的行为，"C（consequence）"指结果或紧随行为之后的事情。在多次进行功能性评价后，教师能够确定是否某个行为由前情引出（比如，无论何时，只要卡莉和几名儿童在一个狭小的空间里，她就会打另一个孩子），或者是否卡莉打人的结果强化了她的行为（比如，无论何时，只要卡莉打了另一个孩子，其他孩子就会离开，只剩她独占这个空间）。功能性评价不会告诉你如何处理一个行为，但是它可以针对为什么发生这个行为提供见解。这可以帮助你找到满足儿童需要的其他方式，以减少发生问题行为的可能性（比如，重新安排教室，减少狭小空间，或者当卡莉在一个狭小的空间里和其他儿童在一起时，有一个教师在她旁边）。

意识到筛查、评价婴幼儿发展、互动和环境的标准工具（ABD-K8）

在小学阶段和更高的教育阶段，美国的州政府要求确定哪些标准化评价工具可以使用。许多学前教育机构都得到了州或联邦政府（包括开端计划）的资助，并且被要求进行评价，但是他们可以选择适合自己机构的工具。以婴幼儿为工作对象的机构负责人或个别教师在这方面常常有决定权。许多教育机构只凭借上述的几种观察方法进行评价。

通过正规的评价，你可以收集到一些信息：①婴幼儿的健康及发展；②家庭的养育需求及家庭环境；③师幼互动以及群体保育环境的质量。请查阅网络资源，并阅读关于实施有意义的观察和有效评价的工具和方法的更多资料。

发展筛查与评价。筛查和评价工具都基于发展的标准或里程碑——跨国、跨文化及使用不同语言（在附录 A 中描述的那样）的许多儿童以可预测的顺序发展技能。这些评价工具可衡量婴幼儿相对于同龄儿童的发展情况。

如前所述，筛查工具通常用于确定可能的发育迟缓。《儿童发育筛查问卷》（*The Age and Stages Questionnaire*）是一个由家长完成的多领域筛查工具。《德弗洛儿童早期筛查量表》（*Devereux Early Childhood Assessment*）和《儿童发育筛查问卷》的"社会性—情感评价"部分都包括了社会性—情感领域。《儿童行为检核表》（*Child Behavior Checklist*）通过儿童的挑战性行为来评价其情感健康情况。

正式评价比筛查要花更长的时间。正式评价的内容更详尽，为儿童发展的一个或多个领域提供了更全面的画像，不像筛查只是提示可能存在某个问题。评价工具强调儿童正在萌发的新技能，所以教师可以运用其结果来规划有意识的发展支持。正式评价也用于确定婴幼儿是否需要早期干预。有两个跨领域的测查：《巴特发展量表（第三版）》[*Battelle Developmental Inventory*（third edition）]和《贝利婴儿发展量表（第三版）》。《麦克阿瑟-贝茨沟通发展量表》（*MacArthur-Bates Communicative Development Inventory*），通过家长和教师的报告来检测婴幼儿语言理解及表达的发展。家长和教师都要完成这个量表，因为婴幼儿在家庭和机构中学习、使用的词语有差异。

迪亚斯女士使用基于游戏的标准化方法来完成婴幼儿的发育筛查。

评价学习。评价能测查学习效果，即在一段时间内婴幼儿所知和所做的变化。对能力（如工具使用或言语清晰度）和知识（如词汇或基本概念）的评价，对于测查专门计划的学习经历是否有效或某个课程是否起作用很有用。儿童正在学习的内容是不是他们所在的学校、社区或文化希望他们学习的内容？

因为学习目标与课程紧密相联，所以相关的标准测量就很少，因此学习评价工具通常和特定的课程相联。比如，《教育策略黄金评估系统》（Teaching Strategies Gold）是与创造性课程配套的评价工具，《高瞻儿童观察评价系统》（High-Scope COR Advantage）是与高瞻课程配套的评价工具。这些评价都得重复进行，以跟踪儿童的学习进展。

评价教师的互动和群体照护环境。对服务质量进行评价有助于机构持续改进，增加教师的专业发展机会。质量测评也用于问责的目的，比如美国有基于州的《质量评定与促进系统》（Quality Rating and Improvement Systems）或开端计划监测系统。教师需要自然地面对自己的实践过程被录像，以便自己能回看或者和同伴、指导者一起回看。这些观察评价工具都比较复杂，有些需要教师参加正式的培训，以获得进行评价的资格。

所有的质量测查均基于实践的价值取向或理论视角。教师可以为机构改进选择测查工具，以捕捉你认为重要的方面，以及你觉得真正可以为儿童及其家庭带来一些变化的维度。确保你认同评价工具背后的价值观。下面列出了测查婴幼儿教室中的质量的多种工具。

- 《婴幼儿学习环境评量表（修订版）》（Infant/Toddler Environment Rating Scale-Revised）测查教室空间、家具、常规活动、听与说、计划的活动、互动、机构的结构质量，以及家长和员工的需要。与此量表类似的量表有《家庭养育环境评量表（修订版）》（Family Child Care Environment Rating Scale-Revised），该量表适用于测查基于家庭的养育环境。
- 《学步儿课堂评估评分系统》（Toddler Classroom Assessment Scoring System）测查教室中成人和婴幼儿的互动与关系，涉及情感氛围、行为引导、教师对儿童的敏感性、如何促进儿童的学习和发展、怎样给婴幼儿反馈，以及如何进行语言示范。
- 《婴幼儿师幼互动质量评估》（Quality of Caregiver-Child Interactions for Infants and Toddlers）聚焦于教师支持婴幼儿的社会情感、语言和读写、认知发展，以及对安全和健康的警示识别，这个工具在家庭和机构的背景下都适用。
- 《托育机构质量评价》（Program Quality Assessment），它与高瞻课程配套，用于评价机构提供的学习环境中的日程安排和常规活动、成人与儿童的互动、课程规划和儿童观察,以及婴幼儿及其家人的体验。

态度倾向

许多态度倾向能够帮助你变得具有反思性,并运用反思来促进改变,同时有助于你开展评价工作。这些态度倾向包括:对婴幼儿的发展和个性好奇(ABD-D1),对新信息保持开放心态(ABD-D2),以及愿意反思(ABD-D3)。态度倾向也支持你在评价过程中与家庭建立伙伴关系,包括:愿意交流困难的信息(ABD-D4)和愿意以协作的方式进行评价(ABD-D5)。

对婴幼儿的发展和个性好奇(ABD-D1)

对婴幼儿整体的发展有好奇心,对每个儿童如何成长有兴趣,将有助于你开展工作。渴望理解每个婴幼儿及其家庭的优势、挑战、需要、偏好及兴趣,将引导你进行评价。

对新信息保持开放心态(ABD-D2)

保持开放的心态很重要。通过评价的过程,教师可以对婴幼儿及其家庭、课程、环境以及自身有更多的了解。如果在进行评价之前,你就认为自己已经知道答案,那么你就会在评价过程中寻找支持你既存信念的信息,而忽视与之冲突的信息。

愿意反思(ABD-D3)

通过反思你的评价并允许它改变你的工作来完成整个循环。愿意反思自己的信念怎样影响你的客观性。这将有助于你建立起准确、有效、可靠的评价。

愿意交流困难的信息(ABD-D4)

没有人愿意传达不好的消息。在进行观察和评价后,你需要与婴幼儿的家人谈论儿童的优势、弱势和需要。有时你需要帮助家庭做决定——是否要对可能的发育迟缓进行正式的评估。这不容易,但是教师必须这么做,因为这对婴幼儿来说最有帮助。

愿意以协作的方式进行评价（ABD-D5）

避免把自己当成是权威的专家。我们既要认可自己的专业程度，也要认可家长是自己孩子的专家。因此，要让他们参与收集评价信息，也参与解释、理解评价结果。

技　　能

教师需要识别、选择有用的评价工具（ABD-S1），清晰、客观、具体地观察、描述行为（ABD-S2），并准确地解释观察到的情况（ABD-S3）。教师还需要有效的沟通技能，与家长和其他同行交流观察、评价的结果（ABD-S4）。最后，教师需要利用评价的结果来改进其与婴幼儿的相处（ABD-S5），并且利用持续的观察系统，不断更新课程计划以及追踪婴幼儿的进步（ABD-S6）。

识别和选择有用的评价工具（ABD-S1）

评价的第一步是要确定评价的目的以及参与评价的人员。对此做出的回答将指引你选择评价工具和程序。比如，如果你面临的问题涉及计划和课程，那么你很可能会使用一种观察方法、关于评价的某种知识或学习评价。如果面临的是确定儿童是否有可能的发育迟缓，那么你就需要使用正式的筛查工具。确保你选择的工具，对你评价的人员和情境是有效的。补充材料7.1中提供了一些与评价目的相匹配的评价工具，并呈现了如何将具体的评价工具与某个评价目的匹配。在制订评价计划时，要问自己和其他利益相关者以下问题：

补充材料7.1

- 你的评价目的是什么？希望回答什么问题？
- 利益相关者有哪些？哪些人应该参与？
- 评价什么（比如，婴幼儿的发展、成人与儿童的互动质量）？
- 谁在什么情境中被评价（是在家里的婴幼儿，还是在教室里的教师）？
- 观察结果能够解答你的问题吗？如果能的话……
  - 哪种观察最适合解答提出的评价问题？
  - 谁应该是观察者？
  - 观察的时间、地点是怎样的？
  - 要进行多少次观察？

- 如果你需要标准化筛查或正式评价工具……
  - 你具有使用评价工具的资格或接受过使用工具的培训吗?
  - 有足够的信度(可靠)和效度(有效)吗?
  - 适用于你要评价的人群吗?
  - 完成评价和记分的速度与便利程度怎么样?

一旦你知道使用评价工具(筛查、正式评价、非正式观察)的方法,你就需要选择具体的工具。在选择正式的标准化筛查工具及评价工具时,要对比其质量,找到最适合你的评价目的和人群的工具。

清晰、客观、具体地观察、描述行为(ABD-S2)

在开始之前,要先明确观察的目的,列出要记录的行为。注意,婴幼儿以及成人的细微的非言语行为也是你了解他们的内部状态和发展需要的关键线索。如果使用检核表,那么你要清楚地界定行为,以确保任何使用这一工具的人都能理解要观察什么样的行为。对于要观察什么,可以查看附录A中列出的各领域的发展性技能,或参考各州颁布的儿童早期学习指南。

随着时间的推移,观察结果和等级评定可能会出现偏离。最好回去看看先前的观察结果,问自己是否仍然按之前的方式看待问题。如果不是的话,那么问自己为什么会这样,是否自己已经成为经验丰富的观察者,是否自己对婴幼儿更了解了,是否自己在评定等级方面更"慷慨"了。与别的教师核对一下,看看他们是否认可你对某个行为的描述,以确定观察的可靠性。

在你的观察中,考虑一下你是一个怎样的角色。你会退到后面进行观察吗?这与你平时跟婴幼儿互动的方式是否不同?这样做会影响他们的行为吗?如果有不熟悉的人进入你所在的场景进行观察,他会怎样影响你的行为以及婴幼儿的行为?以上这些因素都会影响观察质量。

策略

- 保持客观、积极的取向。去除前见,注意可能的偏见。聚焦于儿童所做的、他们怎么做的、什么时候做的，而不是注意他们不做的，他们做错的或做得不好的，或者他们做什么的原因。

- 要生动。在进行逸事记录或连续记录时，要清楚地描述儿童的行为，用足够多的细节来确保读记录的人能够想象出你所描述的观察。

雷切尔女士在看孩子们玩时，进行了连续记录，将孩子们所说和所做的都记了下来。

- 要有意识。要带着问题进行观察。这个婴儿能用这些物品做什么？这个孩子达到了同年龄段儿童通常达成的里程碑吗？这个学步儿怎么活动和进行探索？这个孩子怎样与其他儿童进行互动？这个婴儿在过渡的过程中有什么反应？这个儿童所处的教室或家庭如何支持其发展？
- 保持独立解释。一定要把你对某人内部状态的解释与你对指标性行为的描述分开。比如："观察——当她看到布伦丹先生穿过那扇门时，她的眉头皱着""解释——她看来对房间里新来的人感到警惕"。

对观察进行解释，以理解行为和发展（ABD-S3）

运用关于婴幼儿行为如何受具体情境影响的知识（第五章）、婴幼儿发展顺序及危险信号的知识（第六章），将所有的观察结果综合起来并进行解释。问自己下列问题：

- 这个观察或评价增加了我对婴幼儿发展、学习、优势、需要、偏好和兴趣的哪些方面的认识？我对这个家庭的目标和期待有哪些更深入的理解？
- 我如何综合考虑所有的信息（包括我所知道的关于儿童、家长及教师的信息，以及其当前和更广泛背景的信息）？这些因素如何影响结果？

在许多情况下，请家长或同事将他们对同一行为的观察和解释，与你的观察和解释进行对比非常有用。这能够促使你的描述更客观。多人一起开展工作反映了评价的协作方式并最终能够提供更丰富的信息。

有效地交流观察和评价结果（ABD-S4）

对观察进行解释后，你需要与家长和同事交流你的发现。以下是一些有效交流评价结果的要点。

保密性。保证你在征求家长的许可后，再向其他专业人员分享关于孩子和家长的信息（参见第九章中关于信息收集伦理的内容）。

准确性。在分享评价结果时，要尽可能准确。仔细整理笔记，避免过度概括或过于宽泛，避免粉饰不好的信息。

清晰。找到合适的言辞来简要地表达所了解的内容并不总是那么容易。关于儿童发展的知识可能太术语化，家长们不好理解。在分享评价结果时，注意时常检查自己的表达，以让人能理解。

尊重和敏感。在与儿童的家庭成员分享评价结果和接下来可能的举措时，要表现出尊重和敏感。注意，你在评估他们的孩子，甚至是评估整个家庭。想想当你作为家长听到关于自己和孩子的评价时会有什么感受。与家长交流，看看你对其孩子的看法与他们是否一样。他们在家里是否会看到同样的情况？你所说的会让他们感到意外吗？

基于婴幼儿的优势。当需要和家长及其他人谈论一个婴幼儿的行为或发展问题时，最好聚焦于他能做什么和可以做什么，以有助于他在未来有所收获。这并不意味着，你忽视或粉饰儿童技能的弱点或行为上的难点，而是意味着通过他们擅长的事，找到方法来帮助他们建立和发展额外的技能。

有些家长很难接受自己的孩子可能发育迟缓或有行为和发展方面的问题。当家长有负面反应时，实施评价的教师会感到很困难。不过，在这个过程中，由于有关乎儿童、家庭及发展的专业知识，教师在帮助家庭方面发挥着独特的作用。

策略

- 遵照机构的相关规定和协议，与家长交流评价结果。这可以让你感到舒服，并让沟通的过程更容易。这也能保证机构支持你的工作。
- 事先与你的督导者或同事谈论你与家长沟通的计划，将他们当成是家长，进行模拟对话演练。

运用评价信息改进工作（ABD-S5）

上文的内容涉及如何选择评价工具，如何实施客观的观察、解释及评价。将你的解释运用于课程规划以及个别化的活动（见第六章），是托育机构实现高质量保育和教育的关键点。

丹尼丝女士和她的助教为儿童在下一周的发展经历做计划，她们一起回顾逸事记录和儿童的作品。

当基于婴幼儿的反应改变做事的方式，基于觉察到的每个婴幼儿的发展需求修改或制订计划，以及观察结果揭示儿童集体的发展需求和兴趣时，我们在日常互动中可以运用评价信息来改进工作。

使用持续观察系统更新计划和跟踪进展（ABD-S6）

在进行评价时，需要具备的最后一项技能是坚持！评价应该以一种持续且系统的方式开展。目标是建立一个以系统的方式收集信息并加以保存的观察体系。那是一种可以持续关注机构里的儿童及其家庭，也可以在评价的过程中加以改变的方式。随着时间的推移，持续地对儿童和家庭进行评价，有助于确定是否应该提供额外的服务（比如，更广泛的社会支持、健康服务或早期干预服务）。对机构质量的观察能确定需要提高质量的领域（比如规划专业化发展）。

在你的教室和机构中纳入持续的观察系统，有助于以动态、回应性方式持续调整、改进服务。这要求在每个层面（家长、机构员工、管理层）确保评价系统在一段时间内持续运作。

回顾与展望

回顾本章开头的图 7.1，该图呈现了与评价行为、发展和环境相关的知识、态度倾向及技能。在开始阅读本章前，你已经具备哪些素养？你的哪些素养得到了发展？接下来你会有意培养哪些素养？运用本书附有的《0—3 岁婴幼儿教师指导手册使用指南》中的相关内容与本书一起支持你在这方面的专业化发展。

第八章　接纳需要额外支持的婴幼儿及家庭

——与卡拉·彼得森合著

在所有的托育机构中，大约有 14% 的婴幼儿有额外的支持需求。"额外的支持需求"涉及多种需求类型，本书重点关注的是有发育迟缓或残疾的婴幼儿，这些婴幼儿有资格获得《残疾人教育改进法案》（*Individuals with Disabilities Education Improvement Act*）中 C 部分规定的服务。虽然以往大家更常使用"特殊需要（special needs）"一词来描述该类群体的需求，但"需要额外支持（additional support needs）"一词不仅能更好地描述儿童发展需求的特点，还能够让人感到受尊重。此外，还有些婴幼儿由于健康史（如早产）、经历（如长期压力）或环境（如贫困），存在发育迟缓或残疾的风险。

本书将使用基于优势的、协作的、以家庭为中心的实践来支持有额外需求的婴幼儿及其家庭。图 8.1 中总结了促进这些做法的关键知识、态度倾向和技能。《残疾人教育改进法案》中的 C 部分描述了对服务的要求，如早期识别、筛查和转诊、直接服务和专业合作，以明确和实施对需要额外支持的婴幼儿及其家庭的最适当和有意义的支持。作为一名教师，在与被鉴定为残疾的婴幼儿及其家庭合作时，你很可能会参与到这些专业服务中。

你将了解儿童诊断的相关内容，有时你需要使用特殊材料或调整环境。你将找到新的方法来支持婴幼儿与你、他们的父母、其他照护者和同伴的互动。你可能会在没有诊断出残疾的婴幼儿身上发现发育迟缓或残疾的危险信号或早期迹象。你可以将该婴幼儿转介到其他评估机构，这也是婴幼儿获得早期干预服务的重要步骤。

图 8.1 接纳需要额外支持的婴幼儿及家庭

第八章 接纳需要额外支持的婴幼儿及家庭

为什么接纳需要额外支持的婴幼儿及家庭很重要？ 每个从事婴幼儿保育和教育工作的人都会与一些需要额外支持的婴幼儿打交道。在全纳教育的实践中，机构为所有的婴幼儿（包括正常发育和需要额外支持的婴幼儿）服务，这对婴幼儿、他们的家庭和为他们服务的专业人员来说也是最理想的。首先，美国联邦法律规定，所有符合 C 部分服务条件的婴幼儿都要与正常发育儿童在相同的环境中接受免费和适宜的服务。其次，全美幼教协会和美国特殊儿童委员会早期教育分会（Division for Early Childhood of the Council for Exceptional Children，DEC-CEC）提到的职业道德准则以及美国卫生与公众服务部和教育部（US Departments of Health and Human Services and of Education；DHHS，ED）的政策都主张为有或没有残疾的儿童提供包容性环境。因此，你需要提高自己的专业技能，学习具体的残疾方面的知识，与跨学科团队合作，帮助家长寻求服务系统，并支持其他人增强与需要额外支持的婴幼儿及其家庭合作时的能力和信心。

接纳需要额外支持的婴幼儿及家庭与其他素养有何关系？ 即使面对需要额外支持的婴幼儿，教师也要先把他们看作一名婴幼儿。所有的婴幼儿都需要关怀、尊重和学习的机会。婴幼儿的发展方式各不相同，但有些发展方式可能表明婴幼儿发育迟缓或有问题，并需要特殊的发展支持。在与需要额外支持的婴幼儿一起相处时，你将使用与正常发育婴幼儿相处时同等的知识和技能。除此之外，你还需要额外的知识、态度倾向和技能，以确保你的工作对需要额外支持的婴幼儿及其家庭有效。

促进性条件。 如果在整个机构中采用系统的方法进行筛查和评价，那么机构就更有可能为需要额外支持的婴幼儿提供有效的服务（INC-FC1）。这需要确定一套常用的筛查和评价工具，并为员工提供使用这些工具的培训。机构需要制定一个系统的方法，将儿童转介到额外的服务机构（INC-FC2），并向教育工作者或其他工作人员提供支持，鼓励其与家庭沟通评价和干预服务（INC-FC3）。最后，机构需要使用基于优势的、以家庭为中心的服务模式或课程（INC-FC4）。

知 识

与需要额外支持的婴幼儿一起相处，你需要了解有关为需要额外支持的婴幼儿提供服务的法律和政策（INC-K1）、评估和诊断残疾的程序（INC-K2）、发育迟缓和残疾的早期迹象（INC-K3）、常见残疾的特征（INC-K4），以及各种服务模式和计划（INC-K5）。

你需要了解自己的角色和责任（INC-K6）、你和家庭可以得到什么资源（INC-K7），以及家庭可能对这些情况做出的反应（INC-K8）。

> 2009年，全美幼教协会和美国特殊儿童委员会将全纳教育定义为："支持每个婴幼儿及其家庭的权利的价值观、政策和做法，无论婴幼儿的能力如何，他们都能作为家庭、社区和社会的正式成员参与广泛的活动和环境。"2015年，美国卫生与公众服务部和教育部声明："所有的残疾儿童都应该有机会参加具有包容性的高质量幼儿教育项目，这些项目能够为他们提供个性化的适宜支持，以满足高期望……'所有的残疾儿童'是指本州内所有符合条件的残疾儿童，包括英语学习者、移民（无论移民的身份如何）、无家可归者、寄养者以及居住在印第安人保留地的人。"

了解与残疾婴幼儿有关的政策、立法和地方程序（INC-K1）

《残疾人教育改进法案》是美国的一部联邦法律。该法律规定，所有符合条件的残疾儿童都可以获得免费、适宜和个性化的公共教育。《残疾人教育改进法案》中的C部分描述了对婴幼儿（0—3岁）进行早期干预服务的要求。早期干预服务使残疾婴幼儿能够充分融入各种自然环境（如家庭和社区的早期教育机构）。早期干预服务能够提供支持和资源，加强家长和教师的能力，帮助儿童获得发展。

每个州都掌管着《残疾人教育改进法案》中C部分规定的服务。所有的州都必须满足《残疾人教育改进法案》的最低要求，但具体的服务内容因州而异。相关的服务将由指定的州领导机构（教育、卫生或人类服务）负责管理，机构间的协调委员会确保相关机构和服务提供者之间的合作。

知道发育迟缓和残疾的诊断程序（INC-K2）

《残疾人教育改进法案》中的C部分要求各州确定有资格获得服务的儿童，并向这些儿童及其家庭提供适当的服务。每个州的"儿童发现（Child Find）"系统必须包括公益宣传活动，向家长提供有关儿童发展和服务的信息，协调各机构和服务提供者的筛查和评价，并确定将儿童转介给服务提供者的程序。每个州都制定了发育迟缓和诊断条件的标准，使儿童有资格获得服务。每个州都需要用适当的诊断工具和程序测出发育迟缓的婴幼儿，他们可以根据迟缓的程度和迟缓领域（认知、沟通、社会情感功能、身体发育、适应性发育）的数量获得服务。如果婴幼儿有确诊的身体或精神异常状况，并且很可能出现发育迟缓，那么他们也有资格获得服务。这些异常状况包括：染色体异常、遗传或先天性疾病、感觉障碍、先天性代谢异常、神经系统疾病、先天性感染、严重依恋障碍或毒性疾病（如胎儿酒精综合征）。

知道发育迟缓和残疾的危险信号以及常见的错误警报（INC-K3）

作为一名早期教育专业人员，你将在识别需要额外支持的婴幼儿方面发挥关键作用。你必须了解发育迟缓和残疾的指标，以及经常在生命前三年出现的一些缺陷的类型和特点。

关注有助于识别发育迟缓或残疾的发展里程碑（见附录A）。婴幼儿的发展模式各不相同，有些迹象是错误的警报，但仅仅采用等待观察的方式可能会导致婴幼儿失去早期干预的机会。在婴幼儿的发展过程中，如果你发现缺少了一些发展里程碑行为，那么这很有可能是发育迟缓或残疾的迹象，千万不要忽视。

当多个发展领域都出现危险迹象时，要引起重视。语言理解和表达方面的发育迟缓可能是认知延迟的迹象，而语言和社会互动方面的延迟表明婴幼儿可能患有自闭症谱系障碍。在日常保育和教育中，安静的婴幼儿对他人的关注需求很少，这可能暗示其缺乏好奇心和探索欲，婴幼儿可能有问题解决或认知技能发育迟缓的风险。

面对错误警报，请不要轻易下结论。要确定缺失的里程碑意味着什么以及如何应对它们，需要考虑到可能影响婴幼儿行为和发展的多种因素。例如，学习多种语言（虽然通常与积极的结果有关）可能与早期表达性语言的延迟发展有关。你可以了解附录B中的危险信号和错误警报。

即使你面对的是错误警报，也不要轻易忽视它。请从家长、其他照护者、同事、儿童发展专家、标准化测试或者其他评估报告中获得更多的相关信息。如果发育迟缓或残疾被发现并及早干预，那么对于婴幼儿来说，结果几乎总是比未发现和未干预更好，有些迟缓或残疾是可以预防的。

知道常见残疾的特征及轨迹（INC-K4）

发育障碍的存在远比人们意识到的更普遍。根据美国疾病控制和预防中心（CDC，2018）的数据，17%的3—17岁儿童有一种或多种发育障碍，而且发育障碍发生在所有的种族和社会统计学群体中。爱荷华州立大学的卡拉·彼得森等人（Carla Peterson et al.,2004）的研究表明，在"开端计划"中有一组婴幼儿，他们大多数来自低收入家庭，超过 80% 的人有与发育障碍相关的健康或发育状况，其中有 19% 的儿童在学龄前接受了特殊教育服务。但彼得森（Carla Peterson，2013）的另一项研究表明，在学龄期接受特殊教育服务的儿童中，只有 15% 的人在婴幼儿期也接受了早期干预服务（《残疾人教育改进法案》的 C 部分）。对发育障碍的早期识别有助于对儿童进行干预，但由于许多原因，对前三年的发育障碍进行识别是具有挑战性的。作为一个了解儿童发展的教师，你有一个独特的机会来帮助识别可能需要早期干预的婴幼儿。

有些发育障碍可能在婴儿出生时就能够发现。例如，唐氏综合征和脊柱裂这两种疾病影响着不到 1% 的婴儿，有时它们甚至在出生前就被发现了。每年有数百万名美国婴儿在出院前接受新生儿筛查，筛查某些遗传、内分泌和代谢疾病，以及听力丧失和关键的先天性心脏缺陷。低出生体重、早产、多胎和怀孕期间的感染（在出生时就知道的因素），使婴儿面临更高的发育障碍风险。

另一些发育障碍在婴儿出生后的一段时间才逐渐变得明显。有些学步儿通常在 2 岁后才被发现存在发育障碍的迹象（例如语言表达不流畅）。患有自闭症谱系障碍的儿童在语言和社会技能方面都有明显的障碍，可能要到学步儿后期甚至 3 岁后才能被发现。

你会看到婴幼儿之间有许多发育上的差异，例如下文中列出的差异。有些婴幼儿即使经历过特定的诊断，也会表现出其中的一些特征。请记住下文中呈现的发育问题，这能够使你以更充分的准备面对不同婴幼儿的需求，并可能帮助家长为他们的孩子获得相关的诊断。

语迟的学步儿（占学步儿总数的 9%）比同龄人说话晚得多，但最终会赶上同龄人。学步儿的语言迟缓会使他们在试图沟通时感到沮丧，阻碍他们的社交技能发展、与同伴的互动以及情绪和行为的调节。但我们通常无法判断学步儿的语言迟缓是暂时的，还是一种更普遍的疾病的迹象，因此要寻求额外的支持。

扁头综合征或斜头畸形（22% 的婴儿在 7 周时出现，3% 的婴儿在 2 岁时出现）是由于婴儿以同一姿势（出生前或出生后）躺了太长时间，使他们的头部受到不均匀的压力。为了防止出生后出现这种情况，要确保不爱活动的婴儿经常转换体位（包括他们被抱着的时候），并花时间让婴幼儿趴卧。在治疗扁头综合征或斜头畸形时，婴儿需要戴上矫正头盔或头带 3~6 个月。

感觉处理障碍（5%的婴幼儿）是指对影响婴幼儿机能的感觉过度敏感或不敏感。可能出现的症状有：对响亮的声音（吹风机或搅拌机）、食物或衣服的质地、明亮的颜色或灯光极为敏感，或者对极热或极冷等感觉没有反应。患有感觉处理障碍的婴幼儿往往无法很好地适应变化或任何不可预测的事物。当面临这些情况时，婴幼儿的反应可能是大声和持续地哭闹或发脾气。患有感觉处理障碍的婴幼儿可能会让人觉得很难抚慰，但如果他们的需求没有得到满足，那么敏感性可能会导致他们在未来的生活中出现更多的焦虑。因此，当出现类似情况时，教师需要与家长合作，确定婴幼儿所特有的敏感性，最大限度地提高他们的舒适度，减轻他们的压力。

听力障碍（1.4%的受筛查婴儿，5%的3岁以上儿童）包括因频繁的耳部感染（称为中耳炎），使中耳发炎而造成的暂时性听力损失。婴幼儿出现中耳炎可能有以下征兆：烦躁不安、强烈哭闹、拉耳朵、因疼痛而脸部肌肉抽搐、失去平衡、耳朵流脓以及听力不佳。家庭和教师需要从儿科医生或其他专家（如听力学家）那里获得帮助，识别婴幼儿的听力损失，并了解它是永久性的还是暂时性的，以支持婴幼儿的语言发展。应尽早决定使用口语或手语，以便婴幼儿能尽快开始接受语言的输入。

视力障碍（3%的儿童）包括视力下降、弱视和其他视力问题。当视力问题没有得到纠正时，重要的神经连接的机会可能会因此丧失。如果婴幼儿有看不清的迹象，请帮助家庭进行专业的视觉评估。

自闭症谱系障碍（1%~2%的儿童）是一种影响社会性和沟通技能的发育障碍。该障碍可能表现为与他人沟通和互动困难，兴趣范围受限（如只玩一种类型的玩具），以及出现重复性行为。当婴幼儿出现自闭症谱系障碍的迹象时，他们通常表现为语言或沟通方面发育迟缓，这些症状一般在出生后的第二年变得更加明显。你可能会在婴幼儿的非典型互动（缺乏共同关注，不愿意看别人的脸，对自己的名字没有反应）和饮食（对食物质地极其敏感，食物选择有限）方面，看到早期的自闭症谱系障碍的迹象。

胎儿酒精综合征（1%的婴儿）包括一系列与产前饮酒/酒精暴露有关的发育问题。具体问题可能包括：面部畸形、发育迟缓、学习障碍、神经系统问题，以及情绪或行为问题。没有任何程度的产前饮酒/酒精暴露是安全的。

唐氏综合征（低于1%的儿童）是一种染色体异常的表现，在高龄母亲生育的婴儿中比较常见。患有唐氏综合征的婴儿往往肌肉张力低下，影响他们身体的整体发育，他们可能在吃饭和说话上有困难。唐氏综合征与认知延迟有关，尽管这些延迟在年幼的婴儿身上可能不明显。

脑性麻痹（低于 1% 的儿童）是最常见的发育性运动障碍。患有脑性麻痹的婴幼儿会出现运动、平衡、姿势和肌肉张力方面的问题。风险因素包括早产、出生并发症或母体感染。

腭裂（低于 1% 的儿童）是指婴儿的上唇或口腔顶部（腭）的裂缝，可能会造成在吞咽、含住奶瓶或乳房以及语言发展方面有问题。

囊性纤维化（低于 1% 的儿童）是一种影响呼吸、消化和排泄系统的遗传性疾病，包括心脏增大、手指和脚趾成棍状的可能性增加、有类似哮喘的症状、多汗、肺部黏液过多和肠道恶臭。

臂丛神经损伤（低于 1% 的儿童）是指肩部、前臂、手部和手指肌肉的瘫痪或无力，通常是出生时的并发症。到几个月大时，如果神经仍然受损，受伤一侧的锁骨会向前生长，使两个肩膀看起来歪歪斜斜。

脊柱裂（低于 1% 的儿童）是一种在怀孕期间发生的神经管缺陷，婴幼儿露出脊柱，导致脑内液体过多、下肢瘫痪或无力，以及出现学习障碍。母亲肥胖和叶酸低是脊柱裂的风险因素。

知道早期干预服务模式和个别化家庭服务计划（INC-K5）

在自然和全纳的环境中，与家长和发展专家（了解所有领域的发展和学习过程）进行发展支持性互动，是对大多数发育迟缓的婴幼儿最有效的早期干预。有些婴幼儿（如有感官或运动障碍的婴幼儿）需要专门的支持。有视觉障碍的婴幼儿可能需要一个定向移动专家；有脑瘫的婴幼儿可能需要物理治疗师或职业治疗师，教每个照护者如何把婴幼儿抱放到最佳的位置，以及抱脑瘫婴幼儿的最佳姿势。家长需要和全科医生一起合作，了解婴幼儿的整体发展，并将其他专业人士（如物理治疗师）的具体建议纳入日常活动。

早期干预服务模式由一个包括家庭在内的多学科小组团队规划，该团队需要制订个别化家庭服务计划。这个团队可以包括耳科专家、家庭治疗师、护士、职业治疗师、定向行走专家、物理治疗师、心理学家、注册营养师、社会工作者、特殊教育家、言语和语言病理学家，以及眼科专家。团队中的成员通常是发展综合专家，可以被任命为服务协调人，管理服务的实施。在为每个符合条件的儿童及其家庭制订个别化家庭服务计划时，家庭成员需要参与过程中的每一步工作（从最初的评估到计划实施和过渡）。在提供任何评估或服务之前，必须得到家长的同意。

个别化家庭服务计划描述了婴幼儿目前的优势和需要、将要提供的服务、预期的主要结果，以及服务的开始日期、天数、频率和持续时间。制订和实施个别化家庭服务计划是一个持续的过程。如果要为3岁儿童的过渡（从早期干预服务过渡到幼儿园教育服务）提供支持，那么至少要在他过3岁生日的6个月前制订计划。

针对儿童的个别化家庭服务计划必须包括以下内容：
- 涉及的人和组织：谁提供服务？谁支付？服务在哪里发生？
- 目前的功能水平：医疗、感官和发展评估。
- 家庭信息：优先事项、关切、优势、需求。
- 服务：建议的类型和频率，以及如何评估它们。
- 结果：短期的、相关的、具体的、可衡量的发展目标。

知道识别、评估和治疗过程中的角色和责任（INC-K6）

作为干预小组的一员，你仍然有责任提供高质量的保育和教育服务。随着更多评估数据的收集，在能够对婴幼儿做出具体的诊断后，你将成为设计团队的一员。你可能需要寻找对这个婴幼儿最有效的具体做法的信息，安排与其他服务提供者合作的时间，并对物理空间或日常活动安排进行调整，从而适应特殊的干预措施。此外，你还需要与家庭成员和服务提供者沟通，实施个别化家庭服务计划，并监测婴幼儿的干预进展。

在这个过程中，你并不是孤军奋战。或许在见到个别需要额外支持的儿童之前，你就已经开始了解和认识当地和州的资源和服务提供者。了解谁在你的州和社区中管理早期干预计划，谁进行初步评估和提供服务，以及当地的信息交流和确保保密的程序是什么。当你成为计划小组的一员时，你需要了解儿童和家庭所接受的具体服务，谁负责每项服务，以及谁是监测计划进展的服务协调人。

你在与家庭协作并提供支持方面的素养，对有效地帮助发育迟缓或残疾的婴幼儿至关重要。你需要了解家庭、照护者和团队中其他人的角色、责任和权利，这样你才能指导家庭完成筛查、转介、评估、评价、制订个别化家庭服务计划，以及监测计划实施和儿童进展的过程。表8.1概述了诊断和治疗过程的步骤。

表 8.1　诊断和治疗过程：家庭的权利与专业人员的责任

	目标	家庭的权利	专业人员的责任
第 1 步：筛查	识别有可能出现发育迟缓或残疾迹象的婴幼儿，并将他们转介给专业机构进行进一步评估	在子女接受任何评估前，应在合理时间内得到书面通知	解释筛查的目的、过程及其结果
第 2 步：转介	由合适的专业人员对疑有发育迟缓或残疾的儿童进行评估，以做出诊断	使用家庭常用的语言，以能够理解的方式，充分了解早期干预下的家庭权利	解释这个过程以及家庭的权利，并确保家长能够理解
第 3 步：评估	确定儿童是否符合被诊断为特定残疾类型或发育功能障碍的标准	在子女接受初步评价和评估前，了解可获得的信息，并以书面形式表示同意；如果家长未同意，儿童将无法接受评估	向家庭解释其权利，并指导家长做出同意接受评估的选择
第 4 步：评价	确定儿童是否有资格在所居住的州获得《残疾人教育改进法案》的 C 部分中的服务	收到一份书面解释，该解释说明为什么儿童被认为有资格获得服务；家庭有权利对资格提出异议，以及对认定儿童资格的程序提出异议	解释家庭的权利，并指导家长对裁决提出异议的决定
第 5 步：制订个别化家庭服务计划	描述对适合残疾或发育迟缓儿童的早期干预服务计划的建议	在子女转介后的 45 天内，获得一份个别化家庭服务计划；了解该计划并同意建议的服务；了解已有的服务，了解子女接受服务需要家长的同意；充分参与并邀请他人参与所有的计划会议	解释家庭的权利，指导家长对婴幼儿的服务计划做出决定，并为计划过程提供信息
第 6 步：监测	监测儿童和家庭的进展、优势和需求，并至少每 6 个月审查一次个别化家庭服务计划	让儿童在家庭或社区的自然情境中接受服务，检查所有的个别化家庭服务计划文件和相关记录，并对所有的识别信息进行保密	实施个别化家庭服务计划的各个方面，解释家庭的权利，并指导家长做决定

了解当地、区和州政府为发育迟缓或残疾的婴幼儿及其家庭提供的服务（INC-K7）

每个州所提供的服务都是不同的。了解你所在的州为需要额外支持的婴幼儿及其家庭提供服务的机构，以及你所在社区的资源。对以下问题进行回答，可能会使你感到更

有准备和自信:

- 哪个州的实体机构负责执行《残疾人教育改进法案》的 C 部分?
- 哪些机构对儿童提供全面的评估以确定其是否残疾?
- 谁监督个别化家庭服务计划?
- 哪些当地团体支持残疾儿童的家庭?
- 哪些公园有供残疾儿童使用的游乐设施?
- 哪些影院为患有自闭症谱系障碍或感觉处理障碍的儿童提供感官友好的电影活动?

了解家庭对婴幼儿发育迟缓或残疾信号的反应(INC-K8)

你可能是第一个发现婴幼儿出现发展问题的专业人员,这也意味着你可能是第一个将这些问题传达给婴幼儿家人的人。在整个识别和干预的过程中,你需要支持家庭成员。当家长听到你对婴幼儿发展的担忧时,他们做出消极的反应是很正常的。每个家庭都对自己的孩子充满期望。当家长了解到婴幼儿的诊断并努力面对新的现实时,他们的期望必须进行调整。

家长们对于婴幼儿存在发育迟缓或残疾的反应可能是不同的:有些家长可能会表现出消极的情绪,否认这些信息,或者质疑你的知识和判断;有些家长可能会因为有专业人员帮助其证实自己先前的担忧而感到松一口气;有些家长可能想要了解他们的孩子为什么会残疾,或者责备自己或他人;有些家长则长期寻求"正确"的诊断。无论反应如何,你的作用是帮助他们充分了解孩子的发展情况,找到对应的信息和资源,并计划下一步行动。保持对婴幼儿未来规划的关注十分重要,你可以帮助家长为其孩子制订和实施新的发展计划。

态 度 倾 向

一些对需要额外支持的婴幼儿的态度倾向,将帮助你更好地与他们相处。这些态度倾向包括:注重儿童和家庭优势的积极态度(INC-D1),对家庭的尊重(INC-D2),以及与家庭和其他专业人士合作(INC-D3)。这些态度倾向基于有关尊重差异和全纳的职业道德和价值观,包括来自全美幼教协会和美国特殊儿童委员会早期教育分会的价值观。

致力于使用基于优势的方法来处理需要额外支持婴幼儿的问题（INC-D1）

请记住，需要额外支持的婴幼儿首先是一个婴幼儿，因此早期教育专业人员需要使用以人称为主的语言来描述他们，如"一个儿童有身体残疾（a child with a disability）"而不是"残疾儿童（a disabled child）"。基于优势的方法尊重每一个婴幼儿，他们都是有能力和渴望学习的人，有权利接受教育和参与社区活动。我们重视每个婴幼儿的独特潜力，他们能够为家庭生活和学习共同体贡献意义和丰富的内容。家庭总是有长处的，而高效的教师则以这些长处为基础来支持家庭。你在引导和支持婴幼儿方面的素养是宝贵的优势，可以帮助家长了解婴幼儿的行为，形成有实际意义的期望，并支持婴幼儿的发展。

承诺采取以家庭为中心的方法，与需要额外支持的婴幼儿家庭合作（INC-D2）

重视每个家庭在支持婴幼儿的发展和学习方面的优势。尊重家庭是对婴幼儿产生主要影响的环境，家庭对婴幼儿的发展负有最大的责任。通过询问家长有关婴幼儿的问题，以及他们的担忧、想法和价值观，表明你将家长视为其孩子的专家。然后你可以利用这些信息，让家长成为合作者，支持婴幼儿的发展。

虚心向他人学习，以满足婴幼儿的需要（INC-D3）

对新的信息和新的合作持开放态度是至关重要的。你不可能提前了解关于残疾情况的所有信息，所以你必须在工作中不断向他人学习。你需要反思并承认自己在与需要额外支持的婴幼儿及其家庭互动和提供支持方面的恐惧、不确定性和偏见。你要愿意寻找资源，并与那些可能比你更了解孩子残疾情况的家长一起合作。

技　　能

为了更有效地与需要额外支持的婴幼儿相处，教师需要：首先，创设一个全纳和无障碍的环境（INC-S1）；其次，采用基于优势的方法来适应特定的学习需求（INC-S2），并在环境中提供每个婴幼儿所需的支持（INC-S3）；最后，使用以家庭为中心的方法，帮助家庭支持需要额外支持的婴幼儿（INC-S4），与家长沟通全纳、评价、个性化和相关主题（INC-S5）。

创设一个全纳和无障碍的环境（INC-S1）

法律要求你在最小限制性环境中提供服务，这意味着需要额外支持婴幼儿的环境必须尽可能地与其他婴幼儿的环境一样。为了满足发育迟缓或残疾婴幼儿的需要，你可能需要选择不同的材料，对环境进行调整，以支持和鼓励他们探索和互动。

带有盲文和标识的书

策略

- 调整环境或消除障碍，例如：固定边缘松动的地毯，以便每个婴幼儿都能探索并与他人互动；对材料进行调整，使其更容易操作（例如，在学步儿的拼图上添加更大的木质旋钮或延长的手柄，或在木板书页上添加延长器，使翻页更容易）；增加有助于婴幼儿坐起或移动的支撑物。考虑向物理治疗师或职业治疗师咨询如何改造现有的玩具和材料，以增加其无障碍性。
- 在海报、照片、书籍、玩具和其他材料中反映不同婴幼儿和家庭的正面形象，包括需要额外支持的儿童和家庭。
- 提前计划，让每个婴幼儿都能够参与课堂活动。通用设计的概念意味着教师使用的材料和创造的经验对大多数儿童来说是可获得的（Center for Universal Design，1997）。教师应该选择可以以多种方式体验的材料和经验。例如，玩具和材料应该包括多种类型的感官信息（视觉、听觉、触觉），可以以不同的方式使用。唱歌活动也可以包括听觉和视觉信息，比如根据图画卡片来唱歌。

采用基于优势的方法来适应特定的学习需求（INC-S2）

当采用以优势为基础、以人为本的做法时，要先记住把婴幼儿当作婴儿、学步儿本身来看待，而不是把他们的诊断或病情当作标签。虽然许多人提倡使用强调主体的语言（例如，儿童患有自闭症谱系障碍而不是自闭症儿童），但最好不要以这个假设来进行互动。有些残疾人喜欢强调身份的语言，因为他们认为自己的残疾是其作为一个人的身份的重要部分，也是更广泛群体的一部分。基于优势的方法意味着要设定对婴幼儿日常生活有用的功能性目标（例如，用手势交流比用积木搭塔更具有功能性目标）。要观察婴幼儿能做什么，并在这些优势的基础上，帮助他们达到下一个功能性目标。你可以使用基于优势的策略来支持有残疾和无残疾的婴幼儿的发展和学习。

两个具有相同诊断结果的婴幼儿仍然会有不同的外观、行为和互动方式。有的婴幼儿可能有轻微的障碍，而另一些婴幼儿可能有更严重的障碍。你可能已经与具有各种发展性技能的婴幼儿打过交道，感受他们如何从一名还不会翻身或拿奶瓶的婴儿成长为能自己走路和吃饭的学步儿。要适应发育迟缓或残疾的婴幼儿的额外支持需求，你需要像你对正常发育的婴幼儿一样，进行仔细的观察、灵活的计划和个别化关注。但是，个性化的需求十分关键，你必须精确地了解发育迟缓或残疾的婴幼儿的技能和需求。

■ 策略

- 与家长交谈时使用孩子的名字。询问家长对"第一人称"或"第一身份"的语言偏好。询问家长在家里看到了什么，什么对他们有用，什么技能可以使婴幼儿更容易遵循家庭常规。
- 加入婴幼儿的游戏，观察对婴幼儿有用的和其最感兴趣的技能。询问他们的父母，他们在家里对什么最感兴趣。调整材料和活动来适应这些技能和兴趣。

支持每个婴幼儿与环境互动并从环境中学习（INC-S3）

你已经掌握了观察（记录）和反思的技能，然后要通过环境、材料和互动来计划、实施和评价你对婴幼儿的支持（见第六章）。你可以用同样的策略来支持需要额外支持的婴幼儿。课程规划循环中的每一步都可以调整，以便为需要额外支持的婴幼儿提供专门的支持。

第八章 接纳需要额外支持的婴幼儿及家庭

策略

- 记录：仔细观察，找出婴幼儿非言语行为的模式。
  - 密切注意安静的婴幼儿和那些不自己走动或移动的婴幼儿；他们需要的支持可能是最多的。
  - 注意婴幼儿如何表现出他们的互动欲望或移动他们的身体。
  - 注意有意沟通的线索——有严重发育迟缓的婴幼儿是否通过声音、动作或手势表现出对物体或人的认知。
  - 仔细记下发育迟缓的婴幼儿对哪些环境、人物和事件反应最大。
- 反思：在环境背景中了解婴幼儿当前和萌发的技能。
  - 关注婴幼儿在每个领域中能做什么；确定他们当前和萌发的技能，而不过分关注这些技能出现时的典型年龄。
  - 回顾你的笔记，确保你像观察其他婴幼儿一样经常观察安静的婴幼儿。
  - 回顾你的笔记，找到婴幼儿看起来最投入的时候，考虑如何增加相应的时机。
- 计划：基于功能性目标，创造发展和学习的机会。重点放在与婴幼儿的家庭和课堂环境相关的功能性目标上，通过以下步骤设定目标。
  - 询问家长对孩子的目标，并一起选择一个你可以在机构中提供支持的目标。
  - 了解这些行为（在家庭或机构中）自然发生时婴幼儿的日常活动。
  - 进行任务分析，列出每一个小步骤，以及婴幼儿为实现目标所需要的具体行为和技能。
  - 确定婴幼儿在实现目标的过程中所涉及的现有和新出现的技能。
  - 建立一系列的学习目标，以培养达成目标的技能。
- 实施：灵活和有意识地参与支持婴幼儿发展的互动。
  - 尽可能在婴幼儿的日常生活中开展工作；根据需要创造额外的学习机会。
  - 积极发起并维持与婴幼儿的互动，以及婴幼儿与他人之间的互动。随着时间的推移，要学会平衡干预和放手，给予更多的引导可能是必要的，但过于干涉或强硬可能会使婴幼儿不知所措。
  - 对于需要时间来处理感觉或交流输入的婴幼儿来说，他们反应的时间可能比普通儿童更长。

- ➢ 尽可能对婴幼儿的每一个线索做出反应，必要时由其他人提供帮助。
- ➢ 帮助其他婴幼儿和照护者了解需要额外支持婴幼儿的交流线索、语言理解能力和身体能力，并展示你所拥有的任何有效的互动策略。
- 评价：找出表明进步的小变化。
  - ➢ 要注意，身体有残疾的婴幼儿可能需要更长的时间才能达到目标。
  - ➢ 庆祝婴幼儿一路走来的小变化。
  - ➢ 与家庭沟通小的成功，帮助他们理解其意义。

补充材料 8.1 提供了有关计划互动的信息，以支持发育迟缓的婴幼儿的沟通技能。

补充材料 8.1

使用以家庭为中心的方法，帮助家庭支持需要额外支持的婴幼儿（INC–S4）

当与需要额外支持的婴幼儿家庭合作时，要使用"以家庭为中心"的方法，这是你应该对所有家庭使用的方法，但它对这些家庭更为关键。在早期干预中，以家庭为中心的方法意味着将家庭置于与婴幼儿互动的中心，并象征性地将其置于干预策略的核心。重点是帮助家长以最佳的方式养育他们的婴幼儿。你在以家庭为中心的实践中的技能，将为你给予家庭的一系列支持做准备——帮助家长了解他们的权利，评估他们的需要和目标，对家庭的优先事项做出反应，合作为婴幼儿制定功能性目标，并使家长参与支持其孩子在家庭和社区中的发展。你可能是最了解婴幼儿及其家庭的专业人员。你可以帮助其他专业人员了解婴幼儿及其家庭的优势，以及对他们有效的方法。

策略

- 尊重家长（或其他主要照护者），询问他们与婴幼儿相处的经验，以及他们对婴幼儿的额外支持需求有什么认识。利用这些信息，使你的课堂和课程更好地适应婴幼儿的需要。
- 避免给家长提供他们不需要的建议。
- 观察家长与婴幼儿的互动，以及他们如何适应婴幼儿的需要。鼓励他们之间的积极互动，注意哪些互动能让婴幼儿平静下来或帮助婴幼儿学习。

第八章　接纳需要额外支持的婴幼儿及家庭

- 牢记家长的需求，以便你支持对家庭最重要的功能性目标。

沟通全纳、评价、个性化和相关主题（INC–S5）

你在评价婴幼儿行为、发展和环境方面的知识，对确定婴幼儿接受服务的资格、监测发展进度和调整计划至关重要。当你与家长和其他照护者就这些评价进行沟通时，既要直接，又要有同情心。要花时间了解家长从孩子的行为、之前的评估或诊断中已经知道什么。要帮助他们了解新的评价结果、过程中的下一步，以及他们在每一步的权利。你将与家长合作，与早期干预专家协调，并为婴幼儿和家庭谋福利。

■ 策略

- 查阅资料，以便你能清楚地解释评价结果、个别化家庭服务计划程序、可用资源和其他对家长有帮助的信息。
- 解释专业术语，如功能性目标、全纳教育或任务分析。你可能很熟悉这些词，但你需要通过一个更清楚的方式来向家长解释。

康林的教师在观察康林与家人互动的过程中，了解到很多关于其沟通和社会技能的信息。

回顾与展望

回顾本章开头的图 8.1，该图呈现了与需要额外支持的婴幼儿相关的知识、态度倾向及技能。在开始阅读本章前，你已经具备哪些素养？你的哪些素养得到了发展？接下来你会有意培养哪些素养？运用本书附有的《0—3 岁婴幼儿教师指导手册使用指南》中的相关内容与本书一起支持你在这方面的专业化发展。

第九章　领导、指导与辅导

——与朱莉娅·托尔夸蒂合著

如果你负责照护婴幼儿，那么你一定同时与包括婴幼儿父母在内的其他婴幼儿照护者一起工作。在这样的专业关系中，你可以提供领导、指导与辅导，帮助其他人发展支持婴幼儿发展的能力。你们可以一起反思共同的工作，清晰地沟通，分享目标。领导者可以运用领导、指导与辅导来支持婴幼儿教师的专业化发展。不是领导者的导师和教练有时更能有效地支持教师的专业化发展。领导、指导与辅导有助于确保为婴幼儿及其家庭提供有效、连续和持续改进的服务。图9.1中总结了关于领导、指导与辅导的知识、态度倾向和技能。

为什么领导、指导与辅导很重要？只要拥有这方面的素养，我们就可以相互支持发展、运用与婴幼儿相处的其他方面的素养。领导者、导师和教练引导教师的专业化发展。教师相互学习，共同反思经验，在与婴幼儿及其家庭相处时相互鼓励。教师能用辅导、监测或开展家长工作坊的方式，培养家长支持婴幼儿早期发展的能力。这种领导力（多种角色）能够促使人们相互帮助、竭尽全力，从而成为欣欣向荣的共同体。领导者促使其他人员认识到儿童早期以及婴幼儿照护中的价值与情感劳动的重要性。每名教师在这个领域都可能成为引领者，无论他们的专业角色是什么，他们都可以时常指导他人（包括其他教师及家长）。在这一章中，我们用"领导者"指代在机构中支持机构和其他人发展的人，这个人通常是机构中的主管。一些领导者是机构内外的导师和教练，他们专注于促进其他成人的能力发展。在阅读这一章时，问自己以下问题：

- 我怎样才能帮助其他成人发展支持婴幼儿发展的技能？
- 我要在领导者、导师和教练那里寻求什么？

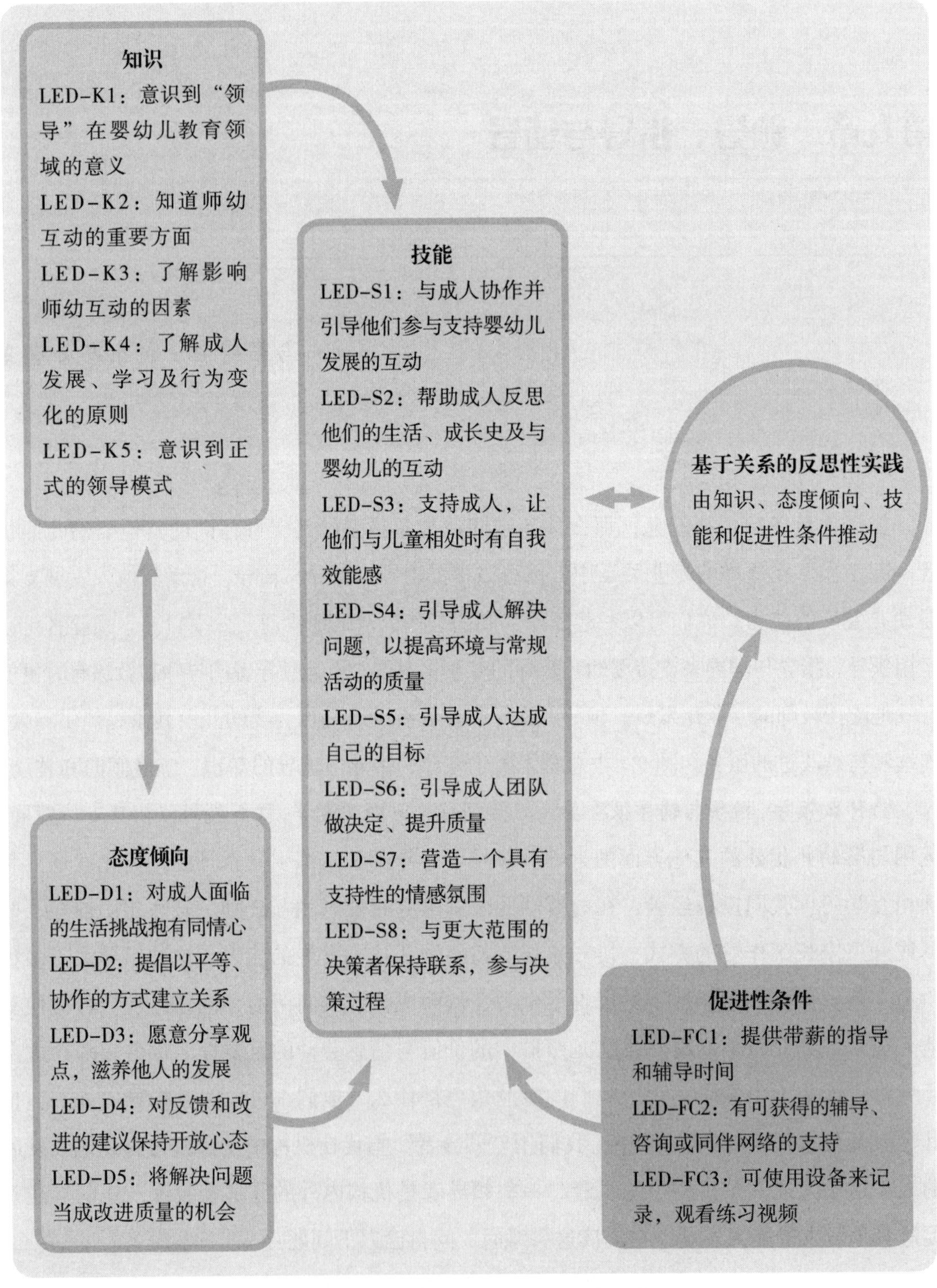

知识
LED-K1：意识到"领导"在婴幼儿教育领域的意义
LED-K2：知道师幼互动的重要方面
LED-K3：了解影响师幼互动的因素
LED-K4：了解成人发展、学习及行为变化的原则
LED-K5：意识到正式的领导模式

技能
LED-S1：与成人协作并引导他们参与支持婴幼儿发展的互动
LED-S2：帮助成人反思他们的生活、成长史及与婴幼儿的互动
LED-S3：支持成人，让他们与儿童相处时有自我效能感
LED-S4：引导成人解决问题，以提高环境与常规活动的质量
LED-S5：引导成人达成自己的目标
LED-S6：引导成人团队做决定、提升质量
LED-S7：营造一个具有支持性的情感氛围
LED-S8：与更大范围的决策者保持联系，参与决策过程

基于关系的反思性实践
由知识、态度倾向、技能和促进性条件推动

态度倾向
LED-D1：对成人面临的生活挑战抱有同情心
LED-D2：提倡以平等、协作的方式建立关系
LED-D3：愿意分享观点，滋养他人的发展
LED-D4：对反馈和改进的建议保持开放心态
LED-D5：将解决问题当成改进质量的机会

促进性条件
LED-FC1：提供带薪的指导和辅导时间
LED-FC2：有可获得的辅导、咨询或同伴网络的支持
LED-FC3：可使用设备来记录，观看练习视频

图 9.1　领导、指导与辅导

领导、指导与辅导和其他素养有何关系？ 在本书中，你已经学习到关于提升与婴幼儿及其家庭相处质量的反思性实践的知识、态度倾向和技能。在本书的最后一章中，你将了解到早期保育与教育领域的专业化发展，以及反思性实践的质量取决于提升教师的知识、态度倾向、技能的领导、指导和辅导力。领导者、导师和教练会激发、指导、有技巧地支持教师以各种方式发展，比如建立一个帮助教师发展并达成工作目标的成长性氛围。当教师获得素养并开始在这些素养方面成为其他人的导师时，教师也成为正式或非正式的领导者。

促进性条件。 机构必须给任何领导模式的工作提供资源，包括：提供带薪的指导和辅导时间（LED-FC1），有可获得的辅导、咨询或同伴网络的支持（LED-FC2），可使用设备来记录，观看练习视频（LED-FC3）。

知　　识

要想成为工作伙伴及其他成人的有效领导者，你需要意识到"领导"在婴幼儿教育领域的意义（LED-K1），知道哪种师幼互动最有利于婴幼儿的发展（LED-K2），了解影响师幼互动的因素（LED-K3），知道成人怎样学习才能与婴幼儿更好地相处（LED-K4），熟悉一些支持成人提升能力的模式（LED-K5）。

意识到"领导"在婴幼儿教育领域的意义（LED-K1）

领导就是产生影响。这是一种激发、激励他人做到最好的方式。领导者针对最好的实践以及常见问题的实际解决，设置开放和有创意的对话基调。领导者促进学习和发展，认可协作的方式，知道向他人学习能提高照护质量。一个领导者有愿景，能够看到变化的理论——所追求的目标和达成目标的策略，相信那些在每天的工作细节中让我们变得高效的理由。领导者会指出我们认为什么对婴幼儿重要、我们实际做什么和为什么做之间的联系。领导者通过员工及家庭之间的多样化语言、文化的回应，提供给机构内外的相关人员信息与指导，建立与其他机构及系统的联结来创造积极的工作环境。不管你在何种职位，展现领导力意味着什么？以下是领导力的七个特征。

- 共享愿景：一个领导者会帮你"把注意力放在奖励上"，聚焦在重要的事情上。促进婴幼儿的发展和健康是我们开展工作的最终目标。提醒每名工作人员有助于我们保持焦点。

- 设定明确的目标：目标要专门而具体，如果目标不清楚，我们就无法达成目标。领导者要澄清目标，帮助我们踏上不断改进的轨道，告诉我们何时应该更靠近目标。
- 适应和创新：规范、健康问题、安全问题、营养、技术和每天的生活总是在变化。领导者要帮助我们适应和探索实现目标的新方法。同时，要记住，当事情变化时，婴幼儿更需要连续性和一致性。
- 协调系统：领导者要帮助人们在机构中的不同层面或在社区的不同组织之间共同解决问题。
- 知道谁是决策者：领导者要与政策、实践、优先事项的决定者保持联系。在机构内，我们都是决策者。如果必须实施一个决定而没有达成一致意见，那么决定不太可能产生积极的改变。强有力的领导者会说服并激发我们做出好的决定。
- 分享成果：领导者的言辞中常用"我们"而不是"我"。他们知道重要的成就不是一个人能达成的。他们分享自己的成就感，并能迅速地指出其他人的贡献。
- 支持他人：领导者会运用反思性实践来帮助他人，发展他们与婴幼儿相处的能力。他们了解成人如何学习，也知道一个人的经历和心理健康如何影响其与婴幼儿及其他成人互动。

知道师幼互动的重要方面（LED-K2）

师幼互动对儿童的早期发展至关重要，所以领导者会寻找多种方式来支持师幼间的积极互动关系。领导者需要知道成人应该如何最好地与婴幼儿互动，以及为什么这样做如此重要，这样领导者才能向其他人清楚地说明相关的内容。如果你具备相关的知识，那么你就能将重要的方面架构成一个框架并给予积极的反馈——告诉其他教师"做什么"而非"不做什么"。这方面的知识在本书的其他章节中也有介绍。领导者必须对与婴幼儿相处会对教师和家长造成情感挑战这个事实加以体恤。领导者还要用本章所提到的反映素养的词汇，来创造一种具有反思性、积极性、同理心、发展适宜性的谈论婴幼儿及其家庭的方式。再进一步的话，领导者要用基于优势的方式与其他成人（同事和家长）交谈，就像我们希望成人和小婴儿谈话时那样。

评价机构质量的工作提供了一个理解师幼互动质量应有状态的框架，比如《学步儿课堂评估评分系统》《托育机构质量评价》及《金字塔婴幼儿观察量表》（*Pyramid Infant-*

Toddler Observation Scale）和《婴幼儿师幼互动质量评估》（*Quality of Caregiver-Child Interactions for Infants and Toddlers*）。每种工具都有自己针对质量的聚焦点和框架。每种工具都包括了目前所知的影响婴幼儿健康和发展的互动的重要方面。

了解影响师幼互动的因素（LED-K3）

当你正在支持其他成人与婴幼儿相处的工作时，要考虑哪些方面可能会影响他们的互动，包括他们过往的经历以及当前的压力。你可能无法意识到一个同事或家长的个人成长史，或在他们的生命里"流淌"的每一件事。对影响他们的事件类型加以关注，能帮助你在进行假设或判断前暂停一下，并有助于你采取更加具有同理心和支持性的视角。

照护者的早期经历影响其照护行为。在生命的早期阶段会发生很多重要的事情，我们甚至对这些事情都没有记忆，但它们仍影响着我们今后的人生。对婴幼儿的行为和发展的影响会持续产生作用，直到他们成为儿童、青少年，甚至成为另一代人的父母和教师。如果婴幼儿经历过创伤、亲人离去、长期压力或被粗暴对待（虐待），那么他们很有可能终生都会有健康、发展、行为及社会性问题。早期的创伤或不稳定的照护会导致关系问题，他们难以相信或照顾他人，难以建立、维持长期的关系，难以照护一个婴幼儿。婴幼儿可能会使任何一个人感到恼怒、沮丧；但对某一些人来说，一个因疝气痛而发出刺耳尖叫的婴幼儿，会给他（她）带来与自己的过往经历及当下的心理状态相联系的负面情绪。曾经有过逆境经历或心理健康问题的人，可能会觉得难以应对婴幼儿的情感需求。

当前的压力源和心理健康影响师幼互动。影响家庭生活的因素和家长的压力、身体健康和心理健康（譬如没有足够的金钱、居无定所或家庭结构变化），都会影响他们与孩子的互动，同样，这些方面也会影响托育机构中的教师与婴幼儿的互动。抑郁和焦虑会减少成人的共情力、敏感性和温暖度，干扰成人调节情绪和对婴幼儿做出积极反应的能力。

婴幼儿影响成人对他们的照护！ 婴幼儿的气质、交流技能、需要和其他特性都会影响到成人与他们互动的方式。一个很好的情况是，成人对婴幼儿的差异有敏感性和回应性，这表明他们能够根据婴幼儿的需求来调整自己的照护行为。但是当成人处在压力中时，婴幼儿的个别差异就会成为加在其身上的额外挑战，一些师幼组合可能比其他的配对更难协调。虽然我们不会因为成人在照护婴幼儿时遇到困难而责怪婴幼儿，我们希望每个婴幼儿都以适合他（她）的方式得到照护，但我们仍然应该同情那些因某些婴幼儿的需求和个性而挣扎的家长或教师。

支持和资源。每个曾经照护过婴幼儿的人都会发现调整情绪是件难事。从领导者、导师或教练那里获得支持，能帮助教师反思自己的情绪，学习自我管理情绪的技能，练习正念，提升自己的共情能力。这些技能可以帮助有压力或经历过逆境的人更具回应性地照护婴幼儿，并与婴幼儿的家庭及其他专业人员保持积极的关系。

了解成人发展、学习及行为变化的原则（LED-K4）

学习是终身的。所有人都会持续地发展、学习和适应，直到生命终止。因此你需要不断地扩展自己的知识和技能，提高与婴幼儿及其家庭相处的质量。作为教师，你可以向儿童、家长和同事学习。许多婴幼儿托育机构中有面向两代人的项目，以支持家长的发展和儿童的发展。当你读到关于成人学习的一些原则时（如图9.2），记住这些也适用于婴幼儿。

成人……	所以我们……
……能够终身学习和经历	……将新知识与他们已知的相联系 ……将新技能与他们已经会做的相联系
……具备与儿童、家庭和教育相关的知识与技能	……尊重他们的专长，根据他们的知识、技能和兴趣来调整信息
……在多个互相影响的领域内发展	……提供多种形式的开放性材料，允许通过多种感官体验（视觉、听觉、感觉）进行探索
……有动力积极探索和学习与自己的生活相关的事情	……跟随他们，根据他们的兴趣和动机进行调整 ……鼓励他们设定目标并尝试新事物 ……支持他们的学习自主性
……在感受到尊重的社会情境中学习	……一起协作和学习，反思与婴幼儿的共同经历
……从所有的经验、经历中学习（有些经验优于另一些经验）	……作为合作伙伴一起参与支持成人发展和提高自我效能的活动

图9.2 成人的学习原则指导领导者如何提供支持

 策略

如果我们能提供以下帮助，那么成人能更好地学习。

- 设定他们自己的目标。成人在探索他们感兴趣的事物和运用所知道的东西时，会学得最好。自我选择的学习目标与成人在日常生活中遇到的真实问题相联系。有些成人在设定自己的目标时需要一些指导。不过，成人在面对自己设置的目标时能学得更好。

- 将所学与已知相联系。我们需要看到新的概念如何与已有的知识和技能相联系。一个可以使用的工具是先行组织者策略。比如列一个要学习的主要思想的预览表、呈现要学的一部分信息的图表、一个小故事或类似情境中的实例。先行组织者能够为成人学习者提供一个理解其要听到的内容的参照标准，可以帮助他们将所知道的与要学习的联系起来。例如，在教关于婴幼儿的气质的内容时，可以让成人描述他们注意到的婴幼儿的个性特点，并结合不同婴幼儿的情况和不同的情境，思考婴幼儿的反应模式（比如，婴幼儿对日常活动转换的反应模式是怎样的？）。这就建立了一个成人调整环境以支持不同气质类型的婴幼儿的参考框架。

- 接触材料、参与过程。与婴幼儿相似，成人从应用于日常生活的实践经验中学习得最好。比如，在玩橡皮泥时，讨论在学步儿班里有哪些方式支持儿童的语言和小肌肉技能的发展，比听一个讲座有效得多。

- 在日常生活中运用所学。成人想要将今天所学的内容用于明天的实践中。他们想知道什么时候、在哪里可以用到自己的所学。他们想要解决问题。在运用所学计划付诸行动的步骤时，他们需要一定的指导。

- 在工作中运用所学时需要得到支持。成人在将所学的内容整合并运用于与婴幼儿相处时需要得到支持。他们可能需要提醒、鼓励、辅导，以及有进行反思的时间，这样他们能学以致用。

- 相互支持。成人学习者能在相互帮助中运用所学。协作学习能够让学习更有意义、更持续有效。这样就建立了一种共同工作的文化氛围，提高日常照护的质量以及支持婴幼儿及其家庭的质量。

- 从观察照护工作中获得反馈。与领导者、导师和教练一起工作时，教师能够回顾、反思自己的工作。他们也可以通过观看一段自己学以致用的视频来进行回顾和反思。为了支持这样的回顾与反思，教师可以在寻找反馈时发挥主导作用。他们可以描述自己的目标（努力提高什么），邀请同事或领导者给予反馈和提供意见。在第七章中，我们谈到了在对婴幼儿进行评价以及和家长交流相关内容时，要运用基于优势的方法。这个方法在指导成人学习者时同样很重要。聚焦于积极的方面，能够帮助他们建立信心，从而让他们听进去你所说的话。采用基于优势的方法比采取批评的立场（谈论一个人没做好什么）更有效。

意识到正式的领导模式（LED-K5）

早期教育领域的专业人员常用几种领导模式支持彼此。每种模式对于特定的情境或特定的个体来说都能运作良好。作为实践者，教师能体会到某种或多种领导模式。当你发展成为专业人士时，你可能会被吸引成为导师、领导者或教练。

反思性督导是在一个或多个实践者与领导者之间有规律地进行协作反思的过程。反思性督导包括以下三个方面：

- 反思——信任、倾听、询问、同感
- 协作——开放、双指向、权力分享
- 规律性——时间、可用性、可靠性、灵活性

反思性督导要求花时间进行深入反思，思考与婴幼儿及其家庭相处的经验和自己的情感。随着时间的推移，我们能够更好地理解自己的情感，能够练习使用策略来更好地调整自己的负面情绪，也能够考虑其他人的经历和情感，并用更广阔的视角看问题。反思性实践对与婴幼儿相处时的一些压力能起到缓冲作用。成为导师、领导者和教练的教师也能从反思性督导中获益，他们也需要有空间来反思自己的工作。当领导者、导师和教练接受反思性督导时，他们能够更好地与教师之间建立基于关系的实践，使教师通过反思性实践（见第二章）更好地支持婴幼儿及其家庭。以同样的基于关系的方式与教师相处，可以促进他们将同样的方式运用于婴幼儿及其家庭，这叫平行过程（并行过程）。我们想要教师与婴幼儿进行温暖的、敏感的鼓励性互动，相应地教师之间、领导者（常常也是督导者）、导师和教练与教师之间要有类似的互动。

指导指向一对一的长期关系，以支持一个人的发展。这种关系通过鼓励、告知、辅导、引导、激励和协作的方式，提供持续的发展支持。通常来说，导师更有经验，但并非总是更权威。特别是就婴幼儿教师而言，一个人所受的教育与成为领导者所需要的经验并不一致，两个所受训练、经验极其不同的人也会承担同样的角色并一起工作。有效的指导关系有以下特质。

第九章 领导、指导与辅导

- 基于关系。指导需要信任和开放的心胸。一个没有加薪或升职权限的导师可能提供更舒适的关系。
- 不断发展。师徒关系有规律地持续发展（取决于见面的时间）。随着被指导者的专业发展，目标和主题会随着时间的推移而发生改变。
- 强调反思。师徒关系常常包含自我评价以及自我观察，被指导者需要与导师公开地、有反思性地进行讨论。
- 目标导向。师徒协作确定目标，规划达成目标的步骤，观察进展的迹象。
- 通过观察知晓。观察结果和描述性反馈能够指导反思性讨论。这些讨论是指导过程中的重要方面，常常与师徒关系相关。

辅导是一个具体的策略，通常是师徒指导中的一个部分，它遵循一个周期。通过观察、提供描述性反馈、指导目标设置、提供信息和鼓励实践等方式，辅导的过程能够促进成人学习。辅导能够帮助成人学习者（包括同伴或婴幼儿的父母）发展支持婴幼儿发展的能力和信心。辅导成人学习者是基于其当前的技能和专长的经验性、实践性工作。领导者要仔细地观察，以确定可以扩展的优势，描述成人与儿童间的积极互动，指导教师看到为什么有质量的互动对婴幼儿的发展很重要，或者与教师讨论有哪些方式来扩展原有的优势。例如，一名教师与学步儿交谈顺利，但是欠缺与婴儿的非言语交流技能，他（她）需要被指导观察、确认婴儿的肢体语言，并进行出声的回应。

态度倾向

领导者、导师和教练——无论是正式的，还是非正式的——必须对成人面临的生活挑战抱有同情心（LED-D1）。他们以平等、协作的方式建立关系，而不是因自己的能力而居高临下（LED-D2）。同样，他们要愿意分享自己的观点（LED-D3），而且要对反馈和改进的建议保持开放心态（LED-D4）。最后，有效的领导者、导师和教练将解决问题看作自身发展的机会（LED-D5）。教师在这些态度倾向方面的成长是成为这个领域的领导者的一种方式，不管他是否有一个正式的领导者、导师或教练的称谓。

195

对成人面临的生活挑战抱有同情心（LED-D1）

同情成人可能很难，尤其是同情那些做事方式可能会伤害到儿童或不支持儿童发展的成人。如果一个成人正在经历抑郁、焦虑，或正在应对自己生命中早期不良经历的影响，那么当我们带着同情心去深思时，我们就能够想到为什么成人会以他们的方式做事。比如，在接孩子的时候，一场"搏斗"可能以母亲抱出尖叫的儿童而告终，这可能因为这位母亲有压力、赶时间、被责任或不知所措压倒了。如果抱着想了解这位母亲的所想所感之心，那么我们就能找到一些方式来支持她，而不是批评她。

提倡以平等、协作的方式建立关系（LED-D2）

教师、家长以及其他照护者在进行协作、感觉受到平等的尊重时，学习得最好。当每个人都平等地分享观点和反思时，他们会发展更多的知识和技能。这是假定的"共同能力"，即每个人都能在关系中提供一些有价值的东西——这是强有力的领导、指导与辅导的基础。

愿意分享观点，滋养他人的发展（LED-D3）

分享观点将有助于你建立协作的专业关系。新教师带着想法、反思和洞见，与有经验的教师分享。请其他教师分享他们对于某个情境的想法，并与你一起思考可能的回应。认真倾听，将你的思考与他们的观点相联系。无论你有多少经验，无论你是一位教师、家长，还是其他照护者，愿意作为平等的伙伴进行分享都极有价值。

对反馈和改进的建议保持开放心态（LED-D4）

带着开放的心态和反思性技能去听反馈，就不会带着戒备和感到受批评。怀着好奇和开放的心态，想象一下如果你做出一点不同的事情，那么会发生什么。当你发现自己变得有所防备或抵抗时，问自己为什么会这样。

将解决问题当成改进质量的机会（LED-D5）

当有些事情不起作用、婴幼儿感到烦躁、照护者倍感压力时，就是要深思可能会发生什么的时候了。要询问教师、照护者或家长对于所发生事情的想法，以及你可以为此做什么。可能会发生什么？这是一个关于常规活动的时机或步调、团体动力学和家庭压力的问题吗?要将解决这些问题视作改进照护质量的机会。

技 能

当进行指导或辅导时,你需要领导力,参与小组决定(例如,两名搭班教师一起确定在教室里应该怎么做)或大组决定,在某个机构或组织内外做决定。领导者、导师或教练必须在工作中具备有效协作、引导教师的技能(LED-S1)。他们必须巧妙地帮助成人反思自己的生活、成长史和促进婴幼儿发展的互动(LED-S2),让成人在与婴幼儿相处的工作中有自我效能感(LED-S3),引导成人解决问题,提高环境与常规活动的质量(LED-S4)。他们也需要技巧积极提升专业化发展。特别是领导者、导师和教练要引导成人设定并实现他们的目标(LED-S5),引导成人团队做决定和持续提升质量(LED-S6),并创造具有支持性的情感氛围(LED-S7)。领导者、导师和教练有机会影响这个领域,而不只是一个机构,因此他们需要有技巧地与机构、社区甚至国家层面的决策者相联系(LED-S8)。

杨先生通过假装游戏来支持莉莉的发展。他的教练在观察这个过程,为杨先生希望发展的互动技能提供一些反馈。

与成人协作并引导他们参与支持婴幼儿发展的互动(LED-S1)

领导、指导与辅导需要协作技能,与他人平等相处,并在对他人的想法给予平等的关注和认可时分享你的观点。辅导需要具体的协作技能,如共同设置目标,发现优势,给出反馈，分享思考结果，给予鼓励，提供信息，以及根据需要提出更高的目标。

这些技能都与运用于支持记录、反思、计划、实施和评价周期的技能类似。同样，要以基于优势的方式来进行这个过程。然而，在这个过程中，你需要邀请另一个成人（一个同事或婴幼儿的家长）一起进行反思，然后他们可以实施计划。要让被观察的成人决定你什么时候开始观察、观察哪种类型的行为或关注哪些实践，以及他们愿意如何获得反馈。要围绕婴幼儿的需要和兴趣，而不是成人的行为、实践或泄压来架构你的反馈。比如，要问"你愿意支持婴幼儿做什么和学什么？"，而不是问"你想改进什么？"。

策略

- 与被辅导的人一起工作，以确认有意义的、可达成的、具体的目标。比如，一个目标可能是对婴儿的交流提示做出更快的回应，或者在与学步儿谈话时用更多的描述性词语。
- 仔细观察照护者，评价他们开展婴幼儿保育和教育的技能，确定他们的优势和问题。
- 提供具体的正向反馈，描述教师所做的事情、某个儿童或几个儿童是怎么反应的，以及这些如何影响儿童的发展。
- 鼓励被辅导的人将具体的某个优势扩展到更多的场景、更多的儿童及更长的时段。
- 针对常用策略提供个性化信息，并将其与儿童的发展与福祉联系起来。
- 与被辅导的人一起反思辅导和观察是怎么进行的。
- 在一个连续的辅导周期中更新目标。

帮助成人反思他们的生活、成长史及与婴幼儿的互动（LED-S2）

当你参与反思性实践，并获得了对自身反应（见第二章）的理解时，你就能通过邀请他人跟你一起反思来扩展这些技能。通过问好的问题，认真倾听并反思你所听到的，你能帮助成人参与反思性实践。当成人听到关于自己的总结和反馈时，他们能梳理清自己对一个情境有怎样的感受。这也可以帮助他们理解，哪些行为可以让他们更容易获得洞见。

策略

- 问询成人行为背后的心理状态（"在这个场景中，你的心里有什么想法？""在某个互动中，你的身体有何感受？"）。
- 提出开放性问题或用"我想知道"的句式（"这看起来真是一个艰难的转换，我想知道对你来说发生了什么"）。
- 仔细倾听并追问，以获得更多的信息（"你说'好难'，那么对你来说什么好难？"）。
- 运用积极倾听的技能来总结别人的话语，反思自己听到了什么（"听起来你感到紧张，因为好像你对场面失去了控制，想要把事情重新变得好玩是有困难的"）。

支持成人，让他们与儿童相处时有自我效能感（LED-S3）

对于教师和家长来说，在保育和教育婴幼儿时感到有能力（自我效能感）很重要。要帮助他们保持平静、开放，他们会对婴幼儿有更多真诚和可靠的回应。通过增强他们在保育和教育婴幼儿方面的自信，可以提高教师和家长的自我效能感。

策略

- 描述别人与婴幼儿的积极互动。比如，评论婴幼儿对教师尝试的新做法的积极反应。
- 用欣赏的方式认可他人的知识与技能。
- 提供机会，让他人运用自己的强项技能。比如，可以邀请在某个领域有特殊技能的教师，让他帮助其他教师掌握这一技能，或者在专业发展阶段带领大家一起讨论该技能。

引导成人解决问题，以提高环境与常规活动的质量（LED-S4）

引导成人解决问题，鼓励成人发挥创意。比如，当讨论一个学步儿在教室里跑动的问题时，一位教师开玩笑地说要设置一些路障，这激发了另一位教师补充说，可以设置一个"跨越障碍训练场"。这样的点子一开始听起来有点傻，但是其实可以启发教师重新安排教室空间，用障碍来阻断"跑道"。其成效就是让学步儿的行动慢下来，引导他们参加更多的社会性互动。

策略

- 当与另一名成人一起解决问题时，要先一起界定问题，然后想到尽可能多的解决办法。再然后，讨论各自想法的优势和局限。
- 讨论各自想法的细节。想想为什么一个想法无法发挥作用，以及如何才能发挥作用。带着好奇参与讨论（"我真的很想知道这个是否可行"）。
- 当一个可能的解决办法或许有效时，一起决定何时、怎样尝试，要花多长时间，怎么判断它是否奏效，以及什么时候决定是否继续使用它。
- 尝试想法，看看是否奏效。看看最初的想法能否完全成功，想想你从中学到了什么。然后决定是否继续落实这个想法——是对其做出调整，还是完全尝试另一个想法。

引导成人达成自己的目标（LED-S5）

要聚焦于教师或家长在与婴幼儿相处时的目标，因为成人在自我引导或自我选择目标时能最好地学习。有效的导师可以帮助成人在选择目标时注意可达成性（在相对短的时间里他们能够改变和学习的事情，比如帮助一个小婴儿入睡），这又与教师长期的专业和个人目标相联系，例如，将来成为儿童教育顾问，或者减少家庭的压力。无论你是导师，还是被辅导者，都要花一些时间来参与指导和辅导这项技能的活动（LED-FC1）。

策略

- 与一位婴幼儿教师或家长一起反思——对他们的学习来说什么是重要的？
- 帮助他们确定可达成的目标。与婴幼儿更好地相处的目标太宽泛，支持早期语言发展这个目标依然太大。使用更多的词汇来标识婴幼儿看到的、接触的物品，就是一个具体的、可观察的、可达成的目标。

引导成人团队做决定、提升质量（LED-S6）

好的领导者能够帮助集体做好的决定、高质量地工作，给予他人反馈，同时接受他人的反馈，通过开放的、协作的讨论让他人参与其中。每个人都被邀请分享开放式问题，以及跟进问题的选择与解决。领导者要引导问题的解决，并让利益的相关方做决定。每个相关方都要参与决策的过程,以确保每个人都有机会表达自己的想法。让少数热情的人主导交谈是容易的事,重要的是让每个人都有机会参与,让他们的声音被听到。领导者要阐明谁负责执行决定。

策略

- 请集体中的每名成员发言。保持提问的状态,直到每名成员都有机会说出自己的观点和担忧。
- 尽量让会受决定影响的每个人都参与讨论,尤其是那些将来要执行决定的人。这些人可能包括家长和管理者。
- 每个人的责任、任务、执行任务的步骤及所需要的记录都要清晰。

营造一个具有支持性的情感氛围(LED-S7)

好的领导者会营造一个安全的,接纳教师、婴幼儿及其家庭的,又有定期的反思性监管的环境。领导者要认识到在早期保育和教育工作中成人状态的重要性,要鼓励教师(同事和家长)照顾好自己。成人要休息好,进行身体运动,建立社会联结与支持。领导者要遵循公开、透明的规则,同时尊重他人的隐私,对每个个体采取基于优势的立场,从而维护各个层面(教师和婴幼儿、教师和家长、教师和其他人员)的信任、尊重及相互支持。

与更大范围的决策者保持联系,参与决策过程(LED-S8)

针对婴幼儿的服务通常由多个专注于教育、社会服务、健康、营养的组织提供,领导者必须协调,以确保服务能够惠及有需要的婴幼儿及其家庭。团队决策者可能要在社区、地区及州层面的某一大型机构内或不同层面的机构间开展工作。因此,领导者需要与其他层面的决策者联系,并代表婴幼儿及其家庭参与协作性的决策。

策略

- 确定所在社区、地区及州层面会做出影响婴幼儿服务决策的相关领导者。

- 联系这些决策者以及其他的利益相关方，认识他们并了解他们对你所在社区的婴幼儿保育和教育的立场与目标。
- 参与相关决策者及其他利益相关方都会参加的会议，跟他们熟识起来。
- 邀请决策者和其他利益相关方参与一些体现你所在机构优势的会议，或者请他们直接解决婴幼儿保育和教育工作涉及的政策问题。

回顾与展望

回顾本章开头的图 9.1，该图呈现了与领导、指导与辅导相关的知识、态度倾向及技能。在开始阅读本章前，你已经具备哪些素养？你的哪些素养得到了发展？接下来你会有意培养哪些素养？运用本书附有的《0—3 岁婴幼儿教师指导手册使用指南》中的相关内容与本书一起支持你在这方面的专业化发展。

第十章 专业化发展

本书中的大部分内容详细介绍了为婴幼儿及其家庭提供高质量的保育和教育所需的知识、态度倾向和技能。本章的内容则主要聚焦于你如何看待自己作为一名婴幼儿教育领域的专业人员，以及这如何影响你的工作和事业发展（见图 10.1 中总结的专业化发展的相关内容）。教师的专业化发展要求包括：找到自己的声音，了解自己在机构中作为从业者的身份，在机构之外进行沟通，并掌握针对婴幼儿及其家庭开展工作的道德和法律要求。

为什么专业化发展很重要？ 因为专业感能够为你的职业指明方向。你的专业身份可以帮助你确定你想在哪里工作，并在你改进实践和接受新的挑战时提供指导。专业化发展也给你的工作带来了更深层次的意义，当工作具有挑战性和高要求时，专业化程度能够为你提供支持。推动自己和他人的专业化发展也有助于更广泛的婴幼儿保育和教育领域的发展。最终，专业化发展程度的提高将改善劳动力的条件，提高照护的质量，并最终改善婴幼儿及其家庭的教育结果。

专业化发展与其他素养有何关系？ 专业化发展与反思性实践密切相关，反思性实践使你能够以有意识和有目的的方式发展素养。这种终身学习的能力是作为一个专业人员的核心方面。专业化发展也与领导力有关。尽管专业化发展常见于你与婴幼儿、家庭、同事和管理者的日常互动，但它也涉及你与地方、州和国家层面的决策者的互动。

促进性条件。 所有机构的工作人员都应该有机会接受专业发展培训，了解该职业的行为准则，以及州和地方法律（PRO-FC1）。在定期召开的研讨会中，可以探讨法规变化以及它们如何影响工作的问题。此外，机构必须为教师的可持续发展提供财政和社会支持（PRO-FC2）。管理者应帮助每名专业人员阐明自己的实践理念。管理者应该列出一个职业发展计划，并向专业人员指出需要或希望其在哪些方面学习相关的知识或技能。机构管理者还应分配培训资源（带薪的员工时间、培训资金），以满足全体员工的专业发展

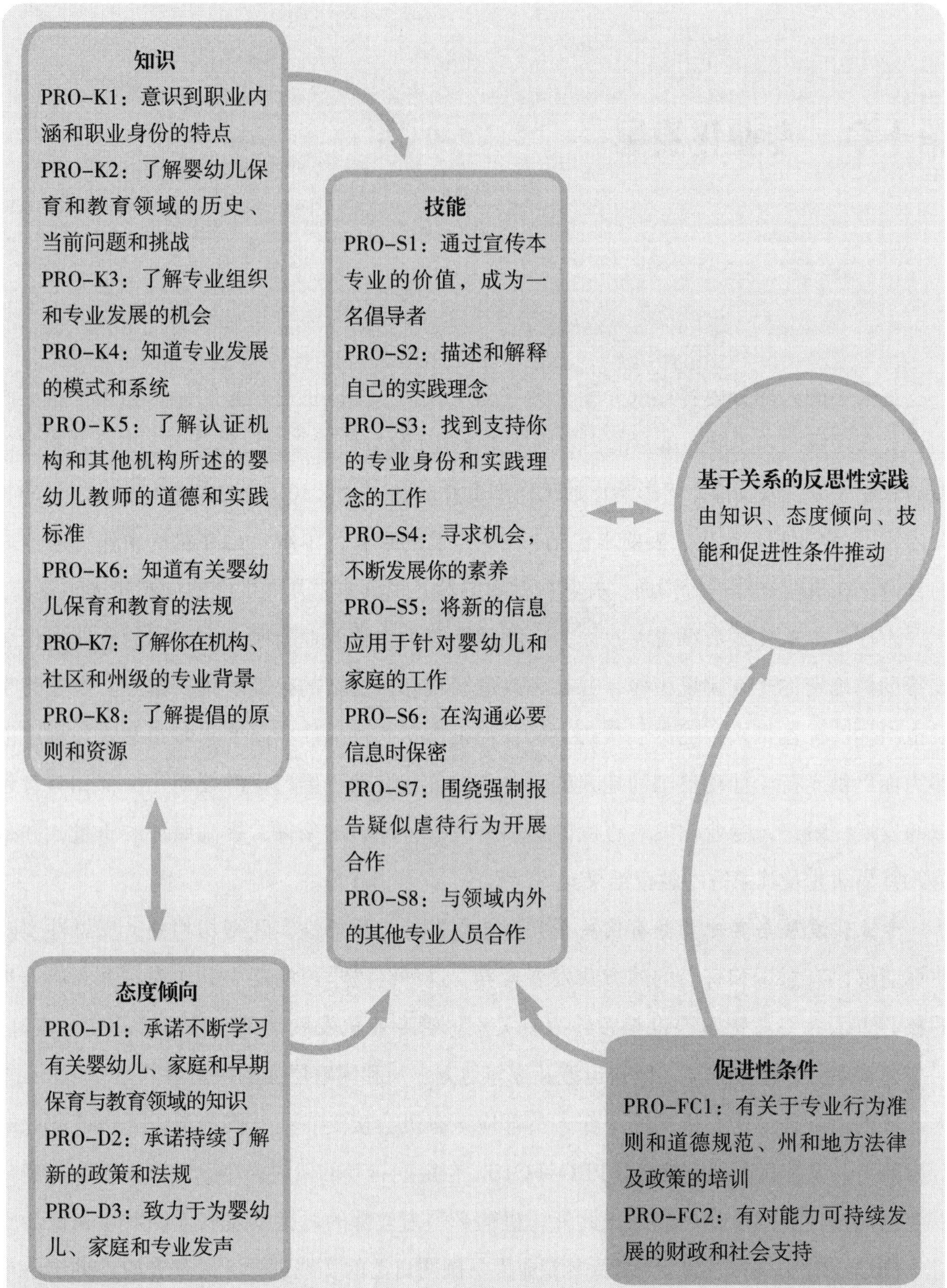

知识

PRO-K1：意识到职业内涵和职业身份的特点

PRO-K2：了解婴幼儿保育和教育领域的历史、当前问题和挑战

PRO-K3：了解专业组织和专业发展的机会

PRO-K4：知道专业发展的模式和系统

PRO-K5：了解认证机构和其他机构所述的婴幼儿教师的道德和实践标准

PRO-K6：知道有关婴幼儿保育和教育的法规

PRO-K7：了解你在机构、社区和州级的专业背景

PRO-K8：了解提倡的原则和资源

技能

PRO-S1：通过宣传本专业的价值，成为一名倡导者

PRO-S2：描述和解释自己的实践理念

PRO-S3：找到支持你的专业身份和实践理念的工作

PRO-S4：寻求机会，不断发展你的素养

PRO-S5：将新的信息应用于针对婴幼儿和家庭的工作

PRO-S6：在沟通必要信息时保密

PRO-S7：围绕强制报告疑似虐待行为开展合作

PRO-S8：与领域内外的其他专业人员合作

基于关系的反思性实践

由知识、态度倾向、技能和促进性条件推动

态度倾向

PRO-D1：承诺不断学习有关婴幼儿、家庭和早期保育与教育领域的知识

PRO-D2：承诺持续了解新的政策和法规

PRO-D3：致力于为婴幼儿、家庭和专业发声

促进性条件

PRO-FC1：有关于专业行为准则和道德规范、州和地方法律及政策的培训

PRO-FC2：有对能力可持续发展的财政和社会支持

图 10.1　专业化发展

需求,并支持个人的专业成长。这可能意味着需要派一些员工参加会议,或者为他们报名参加在线课程或面授课程。管理者必须帮助员工把通过培训获得的知识应用到自己的实际工作中。领导者、导师、教练和同伴网络可以帮助教师将知识转化为技能,并促进他们的专业成长。

知　　识

专业化发展的基础包括意识到职业内涵和职业身份的特点(PRO-K1)。了解婴幼儿保育和教育领域的历史、当前问题和挑战(PRO-K2),有助于教师更好地宣传/倡导他们的职业,并推动该领域向更理想的状态发展。教师应该了解专业工具和资源,特别是专业组织和机构内外的专业发展机会(PRO-K3)。教师要了解道德和实践标准(PRO-K5),以及关于婴幼儿保育和教育的法规(PRO-K6),它们都对高质量的专业照护至关重要。虽然行政人员负责制定符合国家托儿所许可准则的一般做法和程序,但作为在教育现场中实施照护、关注婴幼儿健康和安全以及日常经验的教师,对这些内容也不可忽视。此外,教师还需要了解他们所处的机构、社区和州的独特性——例如,关于职业发展的机构规章、社区对婴幼儿家庭的支持,以及关于早期保育和教育的州法规和准则(PRO-K7)。最后,教师是婴幼儿保育和教育领域的倡导者,因此要了解有助于教师工作的支持工具和资源(PRO-K8)。

意识到职业内涵和职业身份的特点(PRO-K1)

职业团体是由具有共同目的和身份的个人组成的团体。该团体的成员在责任和特征方面具有一致性。这通常意味着他们在以下方面有共同的协议。

- 明确的责任,包括期望教师能做什么和不能做什么。
- 道德准则,包括共同的价值观和行为标准。
- 初级和高级职业人员的预期素养(知识、技能)。
- 执业标准,界定低质量和高质量的实践。
- 教育和培训要求,包括进入该行业、保持专业地位和晋升到更高职位所需的条件。
- 认证或执照,可能因州而异,但有国家层面的共同要求。
- 过失行为的法律和职业后果。

婴幼儿保育和教育在更广泛的领域中具有特殊的作用,它必须为每个婴幼儿提供个性化的服务,并需要与家庭密切合作(尽管这些做法对所有年龄组的儿童都有益)。正如我们在图 10.2 中所描述的,婴幼儿教师、早期干预人员、家庭访问员和家庭支持者的角色是相互交叉的。例如,当婴幼儿教师提供育儿小课堂或帮助家长在社区中确定所需的服务时,他们就是在为家庭提供服务。

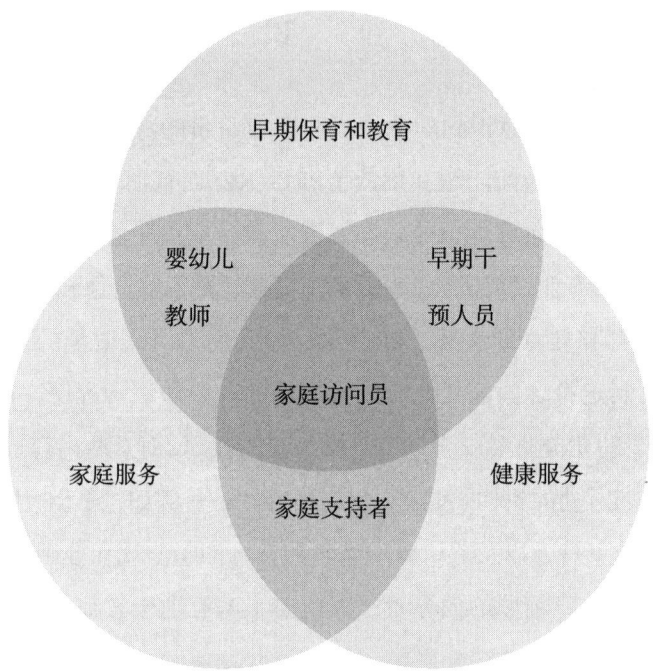

图 10.2　领域内的角色重叠情况

形成你的职业身份,意味着将你作为一个从业者的身份与所选择的职业身份联系起来。你的职业身份是指与其他从事类似工作的人建立联系,同时了解什么使你的工作与众不同。这既是为了适应该职业,也是为了让你能够找到自己的核心竞争力并脱颖而出。了解你的实践——你如何做,以及你为什么这样做——是发展职业身份的一个重要部分。发展你的职业身份意识也有助于你在职业生涯中变得更加积极向上。当你发展了自我意识(包括对自身能力的认识)时,你可以思考这个职业是否适合你。如果是的话,你可以更多地了解你想工作的环境类型,例如,某个机构制定了能够反映你的价值观和促进你想做的工作的规章制度。当你参加会议或满足年度专业培训要求时,你的职业身份也可以帮助你在持续学习和专业成长中进行选择。

专业化的过程是指找到你的声音，知道你在项目或机构中作为个体从业者的身份，并在你的机构之外进行交流。你可以在许多领域使用这种声音，与他人分享你的知识和实践。

了解婴幼儿保育和教育领域的历史、当前问题和挑战（PRO-K2）

在历史上的大部分时间里，人们一直认为照顾婴幼儿只是保姆做的轻松工作，工作内容主要是监护性的护理，对儿童没有长期的影响。婴幼儿保育和教育一直被认为是低技能的工作和妇女的工作。然而，这种想法已经受到了不断演变的儿童发展科学的挑战，人们开始认识到：①生命前三年的大脑发展的重要性；②婴儿和学步儿的独特需求；③在这个快速和脆弱的发展时期，提供最佳支持所需的重要素养。这些研究进展正在推动对婴幼儿服务的政治支持，以及促进工作队伍的专业性，这一职业的巨大价值也开始被认可。虽然婴幼儿教师仍然是教育工作中收入最低的成员，但目前有朝着工作人员专业化发展的趋势，包括越来越多的人呼吁提高婴幼儿教育要求和质量标准，以及提高与这些新要求相匹配的薪酬。

国家政策对接受早期保育和教育的婴儿和学步儿的数量有重要影响。无论国家政策是鼓励有工作的家庭成员留在家里带孩子，还是鼓励他们去工作，都会影响到接受早期保育和教育的婴幼儿。在美国，大多数婴幼儿的主要照护者至少要在家庭外做兼职。由于数量庞大的婴幼儿需要在生命中最脆弱、最易受影响的时期接受早期保育和教育，各组织正对婴幼儿的经验质量及州和国家层面的教育工作者的资格认定给予新的关注。例如，美国卫生与公众服务部的儿童和家庭管理局以及其他联邦组织（包括"开端计划"项目组），都强调了早期保育和教育领域专业化发展（包括对婴幼儿的早期教育工作）的重要性。我们正处于早期教育工作队伍的大变革时期，有许多力量在推动早期教育人员专业水平的提升。然而，通过这种推动，重要的是保持劳动力的多样化，并为目前正在从事这项工作的人员提供专业化发展途径。在这个社会和专业迅速变化的时期，加入专业组织有助于你与这个领域当下关注的议题建立持续的联系。

了解专业组织和专业发展的机会（PRO-K3）

你将了解专业组织规定的执业标准和道德准则，以及由美国地方、州或联邦政府确定的法律和许可。专业组织可以成为专业化发展的资源来源，也可以提供更广泛的专业内容和你在其中所处位置的信息。如果你选择加入专业组织，那么它们可以帮助你成为一个积极的学习者，并为这个行业和你所工作的儿童和家庭发声。全美幼教协会和美国0—3岁幼教协会等专业组织提供了许多免费或低价的资源，涵盖的主题包括早期照护中的反偏见方法、发展指导和宣传"工具包"，教师可以采取简单的行动来促进高质量的保育和教育。而其他组织会与州级组织合作，监督资格认证的情况，例如，密歇根州婴儿心理健康协会和婴儿心理健康促进联盟与许多州级组织合作，实施婴幼儿心理健康认证（包括对婴幼儿教师的支持和认可）。

知道专业发展的模式和系统（PRO-K4）

正如全美幼教协会所阐释的，专业发展系统指的是综合框架中的一套广泛的工具和资源，旨在支持早期教育专业人员的持续发展。专业发展应以多种模式实现，并适应教师的具体需求。专业发展系统可以包括以下内容。

- 婴幼儿工作队伍的资格认证。当所有的从业人员都被要求拥有证书时，证书（如婴幼儿发展导师资格认证证书）能够确保教育质量。
- 认证和认可。认证和认可（例如密歇根州和加利福尼亚州的婴儿心理健康认证）确立并验证了超越证书的专业知识和技能。
- 婴幼儿工作队伍的能力标准。许多州都为早期教育工作者规定了一套能力标准，有些州还为婴幼儿教师规定了单独的能力。各州应确保有围绕每套能力的专业发展机会。
- 个性化专业发展计划。教师需要一个适应其优势、知识和目标的个性化专业发展计划。一些州有注册系统，从业人员可以在参加与特定主题相一致的会议和研讨会时，追踪他们不断增长的能力。与管理者沟通你的专业发展计划，可以促使他们成为你可获取的资源来源。让他们知道你想要什么反馈，并寻求他们的帮助，以确定可以帮助你提高技能和专业性的机会。
- 个性化辅导。你可以通过阅读书籍或参加研讨会来丰富你的知识。但如果想要改变技能和做法，你需要在工作环境中由一个值得信赖的人提供长期的反馈。有效的辅导包括：合作决定目标，观察实践，提供反馈，共同反思，以及联合计划。
- 实践共同体。实践共同体由一群做着相同工作的人组成，他们会定期会面，分享想法和挑战，设定目标，参与培训，以实现这些目标，并追踪相关的进展。

- 合作。专业人员可以相互合作，以识别目标，并采取行动来实现这些目标。和那些与你有共同价值观且有重叠的经验和专业知识的同事一起合作是最有成效的，可以帮助你反思自己的工作。观察别人可以帮助你聚焦于你在实践中想要关注的地方。

美国各州在为婴幼儿教育领域的从业人员（甚至是一般的早期教育从业者）制订职业发展计划方面所付出的努力和进展各不相同。从总体上来说，美国正朝着提高劳动力专业化发展水平的方向进发，也许从业者最终需要两年制的副学士学位或四年制的学士学位。因此，许多从业者在获得婴幼儿工作经验的同时，也开始接受高等教育。目前，婴幼儿教育队伍中的大多数专业化发展并没有被组织成一个系统，而是逐个发展。在通常情况下，教师必须确定他们需要什么，并寻找机会来满足这些需求。你可以利用本书中的素养来了解自己的优势，以及你需要更多支持的领域，这样你就可以系统地寻求教育机会，做最适合你的工作。

了解认证机构和其他机构所述的婴幼儿教师的道德和实践标准（PRO-K5）

道德准则。婴幼儿教育领域的职业道德指导从业者如何为婴幼儿和家庭工作，以及如何与同事互动。职业道德在各个方面为我们提供指导，例如，指导我们如何包容所有的家庭，并对家庭的多样性表示尊重，支持婴幼儿的行为与学习，评价婴幼儿（包括需要额外支持的婴幼儿）的发展，以及支持我们的同事。在国际上，联合国《儿童权利公约》（Convention on the Rights of the Child）规定了如何与儿童相处的国际标准，包括保育和教育的各个方面。在美国，全美幼教协会的《道德行为准则和承诺声明》（Code of Ethical Conduct and Statement of Commitment，2011）"为负责任的早期照护行为提供了指导方针，并为解决婴幼儿保育和教育中的主要道德难题提供了共同基础"。全美幼教协会的道德行为准则是早期教育中大多数道德框架的基础。该准则包括我们对儿童、家庭、同事、社区和社会的道德责任。

全美幼教协会的道德行为准则的第一条原则提供了一般性指导，适用于我们针对婴幼儿和家庭的所有工作。"最重要的是，我们不应该伤害儿童。我们不应该参与对儿童有情感伤害、身体伤害、不尊重、有辱人格、危险、剥削或恐吓的做法。"全美幼教协会在以下方面提供了具体的道德指导：我们如何包容所有的家庭并对家庭的多样性表示尊重，如何引导婴幼儿的行为，如何支持儿童的学习和发展，如何进行评价和使用评价工具，以及如何包容需要额外支持的婴幼儿。

最佳实践的标准。在美国，国家专业组织、各州和联邦政府提供了指导早期保育和教育实践的标准。

- 《开端计划执行标准》（Head Start Program Performance Standards）——对开端计划的质量要求
- 《开端计划家长、家庭与社区共同参与框架》（Head Start Parent Family and Community Engagement Framework）——预期的计划成果
- 《质量评定与促进系统》（Quality Rating and Improvement Systems）——QRIS 标准
- 全美幼教协会的《幼儿教育机构质量标准》（Early Childhood Program Standards）——高质量机构的特点
- 美国特殊儿童委员会早期教育分会（DEC-CEC）提出的标准——与发育迟缓或残疾的婴幼儿合作的建议
- 《国家早期教育质量保证中心早期学习指南》（National Center on Early Childhood Quality Assurance Early Learning Guidelines）——各州关于婴幼儿应该拥有的标准化教育经验的信息

知道有关婴幼儿保育和教育的法规（PRO-K6）

你必须了解你对婴幼儿和家庭承担的法律义务，这些义务通常来自国家的许可条例。此外，地方、州或国家组织（包括全美幼教协会和美国特殊儿童委员会早期教育分会）可能描述了一系列的"最佳实践"。这反映了该领域目前对支持儿童福祉、发展和学习的科学理解，以及相关组织的价值观和理念。

美国的每个州都有自己的环境安全标准及儿童保育和教育项目的许可条例，通常有针对婴幼儿的特殊项目。它们都遵循了美国儿科学会和美国公共卫生协会的建议。想要查找教师所在州的法规，请访问全国早期教育机构许可法规数据库网站（National Database of Child Care Licensing Regulation）。"开端计划"办公室的早期学习和知识中心也有一份全面而详细的健康和安全检查表。有关全国性的健康、安全和刺激的照护标准，请参见《关爱我们的孩子：国民健康和安全表现标准》（Caring for Our Children：National Health and Safety Performance Standards）。《早期保育和教育项目指南（第四版）》（Guidelines for Early Care and Education Programs，fourth edition）由美国成人教育协会、

第十章 专业化发展

美国保健协会以及国家儿童保育和早期教育健康与安全资源中心联合编写。

受虐待的儿童和你作为法定的强制报告人的角色。虽然每个州都有关于报告虐待儿童行为的法律，但早期保育和教育工作者始终是法定的强制报告人。强制报告人由于在工作或生活中与儿童密切接触，法律要求他们报告任何表明儿童受到虐待的线索和情况。你所工作的机构中可能有专门的报告协议，你可以与主管讨论你对儿童或家庭的关注情况，但这并不能改变你向国家指定机构报告可疑虐待事件的法律义务。你必须对该情况进行报告，否则你可能因忽视法律责任而受到刑事处罚。关于婴幼儿受虐待的线索，可参见附录 B；关于如何报告涉嫌虐待儿童的情况以及报告后的情况，可参见补充材料 10.1。

补充材料 10.1

了解你在机构、社区和州级的专业背景（PRO-K7）

明确你的职业身份需要了解你的独特背景，包括你所在的州和社区、你服务的儿童和家庭，以及你所在的具体机构。为了了解你的专业背景，请问自己以下问题：

- 哪些国家机构负责管理早期干预、家访和儿童保育？这些实体机构是如何合作的？
- 你所在的州对早期教育的许可和认证有哪些规定？
- 你所在的州是否有针对婴幼儿的早期学习指南？请获取它们的复印件。
- 你所在州的质量评级和改进系统有哪些内容？在该系统中，哪些内容被用来评估机构？请获取它们的复印件。
- 你所在州的早期干预资格标准是什么？
- 你所在的社区有哪些优势？哪些公共和私人机构（包括宗教团体、社区中心和非正式共同体）支持家庭？有哪些就业机会？
- 家庭面临的共同挑战（例如，无家可归、失业、心理健康问题、青少年养育问题、吸毒成瘾、孤立无援或缺乏社区凝聚力）是什么？
- 你在工作中面对的家庭的文化背景是什么？家庭成员生活在分离的还是融合的社区中？来自少数文化或民族的家庭生活在与其文化相近的人身边，还是曾经经历过被他人孤立的情况？
- 哪些社区事件影响了家庭对儿童保育和教育的需求（例如，新工厂开业引发新工作群体的涌入，存在季节性移民工人）？

了解提倡的原则和资源（PRO-K8）

由于婴幼儿生命的最初几年和其与成人保持良好的关系十分重要，这意味着需要地方、州和联邦的政策和资源来支持有婴幼儿的家庭，提高高质量的保育和教育项目的可获得性，并增加有能力的婴幼儿教师的数量。作为一名婴幼儿教师，凭借你的专业知识，你拥有独特的资格为婴幼儿及其家庭，甚至整个早期教育行业发声。

谁是决策者？ 要了解每个层次的决策者是谁，他们是你可以联系或拜访的对象。你的专长和知识对决策者来说是有价值的。随着时间的推移，如果你与他们建立了良好的关系，那么他们可能会带着关于政策的问题来找你。你可以向他们展示你的高质量机构如何运作，并谈论早期教育的重要性。这些决策者包括行政官员（市长、州长、在教育部或公共卫生部工作的人）和立法官员（地方议会、理事会和委员会，以及州级立法机构或总议会的成员）。

有哪些主题和决策？ 在地方层面，你可能会推动儿童和家庭的心理健康或残疾服务等的扩展。在州层面，你可能会推动专业认证或资源分配问题等的解决。在国家层面，你可能会倡导为婴幼儿的照护者提供税收减免、家庭休假政策，或为联邦早期教育服务提供资金等。婴幼儿教师队伍缺乏薪酬平等，将会影响从事婴幼儿教育工作的人员的福利。

选择你认为最有意义的且能有所作为的主题。

- 全美幼教协会拥有能够培养宣传技能的材料；他们对"专业的力量"的倡议，旨在使幼儿教育工作队伍实现专业化发展。
- 美国 0—3 岁幼教协会的资源包括宣传工具，及各州为婴幼儿和家庭发声的事实。
- 全美儿童保育协会（National Child Care Association）致力于支持有利于儿童的政策。
- 儿童保育就业研究中心（Center for the Study of Child Care Employment）拥有与劳动力有关的政策信息。

联系和合作。 召集一批早期教育专业人员发声，对于决策者而言是强有力的。特别是在这个过程中争取家庭的支持尤其有效。当全国性的"开端计划"受到威胁时，许多家庭和专业人士会为了保护这些资源而参加华盛顿特区的听证会。

态度倾向

教师对促进专业化发展的态度倾向反映了他们对持续学习（PRO-D1）、了解新的政策和法规（PRO-D2），以及为婴幼儿、家庭和专业发声（PRO-D3）的承诺。总体而言，这些承诺促进了该领域的专业化发展，因为它们呼吁教师努力实现自己的最佳发展，并支持该领域的发展。

承诺不断学习有关婴幼儿、家庭和早期保育与教育领域的知识（PRO-D1）

首先，对于你的职业身份来说，承诺持续学习是一个重要的特征。作为一个终身学习者，意味着你愿意根据所学的东西不断反思与改变。其次，要承诺保持对新的评价工具、课程和专业标准的了解。最后，要想方设法地了解有关儿童发展的新研究。在这个过程中，你要不断完善自己的实践，发现家长和从业人员支持儿童的新方法。

承诺持续了解新的政策和法规（PRO-D2）

在道德和法律上，你都有义务对关于自身职业的政策和法规保持了解。承诺持续学习和根据新政策调整你的做法，是成为一名婴幼儿教育专业人员的基础。

致力于为婴幼儿、家庭和专业发声（PRO-D3）

作为一名婴幼儿教育专家和专业人士，你可以帮助婴幼儿、家庭和所处的专业领域在公众中获得支持。你可以代表本行业向地方、州和国家决策者陈述你的观点，并呼吁提供服务和政策，以支持婴幼儿及其家庭。通过你的宣传，你可以为这个行业以及全国的儿童和家庭带来变化。

技　　能

专业化发展技能始于培养教师为专业发声/宣传的能力，以向他人传达本专业的价值（PRO-S1），并向同事、家庭和社区解释你的实践理念（PRO-S2），这有助于其他人了解你的工作对社会中最年轻成员的福祉的重要性。通过寻找与你的专业身份和实践理念相一致的工作（PRO-S3），寻求持续的专业发展（PRO-S4），并将新的信息应用到你的工作中（PRO-S5），在这个行业中找到自己的位置。此外，专业化发展技能还包括为儿童和家庭保密（PRO-S6），围绕强制报告疑似虐待行为开展合作（PRO-S7），以及与其他专业人员合作（PRO-S8），为婴幼儿及其家庭服务。

通过宣传本专业的价值，成为一名倡导者（PRO-S1）

你正在学习婴幼儿生命的前三年对其发展的重要性，以及我们作为成人如何能够最好地支持儿童的发展。然而，许多人可能不理解你作为婴幼儿教师的工作的真正含义。你可以通过分享你的工作内容，以及你的工作对婴幼儿及其家庭（以及整个社会）的影响，为这个职业争取支持。你也可以向他人描述与婴幼儿一起工作时所需能力的复杂性，从而促进他人的理解。你可能会在生活中听到不了解情况的人对早期教育工作的随口评论：

- "婴幼儿教师只是保姆，你不需要获得一个学位来做这份工作。"
- "你所做的就是整天和婴幼儿一起玩，这怎么会是一种职业呢？"
- "婴幼儿学的东西对他们以后的生活不重要——他们甚至不会记得这些东西，所以你对他们做什么其实并不重要。"

图 10.3 展示了一个简单的四步沟通模式，可以让别人了解这个职业的价值和重要性，以及从业者需要什么，以便他们针对婴幼儿和家庭开展最好的工作。

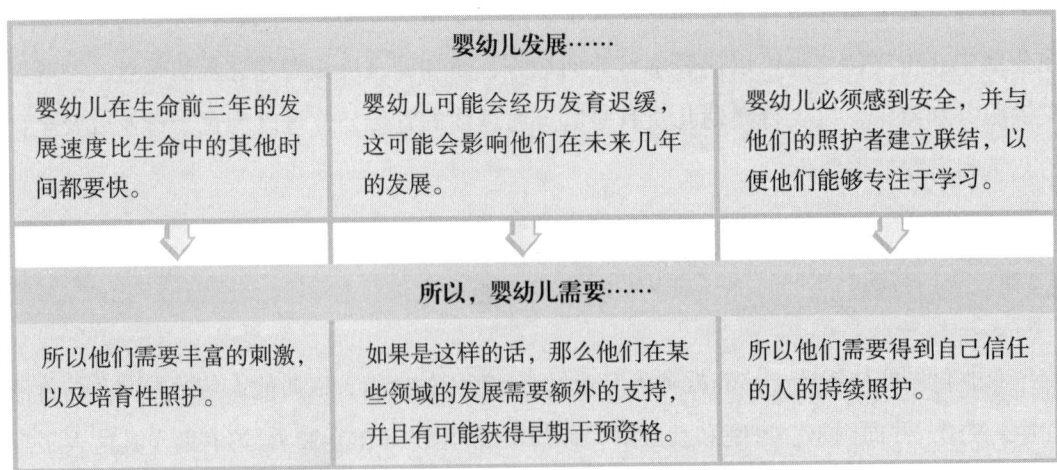

图 10.3　针对婴幼儿教师的重要性展开沟通的步骤

第十章 专业化发展

因此，婴幼儿教师必须……		
因此，婴幼儿教师必须有意识地选择与其交谈、玩耍的方式，选择适合他们的材料，从而最好地支持他们的发展。	因此，婴幼儿教师必须密切关注婴幼儿的发展，以监测他们的发展，并在需要时寻求额外支持。	因此，婴幼儿教师必须与婴幼儿及其家庭建立牢固的关系，并尽可能长时间地与每名婴幼儿一起工作。
所以，婴幼儿教师需要……		
所以，教师需要对婴幼儿的发展有深入的了解，并能获得高质量的材料。	所以，教师需要培训和获得筛查工具，并支持在所有的婴幼儿身上系统地使用这些工具。	所以，教师需要在身体健康和心理健康方面获得支持，以便能够在情感上与婴幼儿和家长良好相处。

图 10.3 针对婴幼儿教师的重要性展开沟通的步骤（续）

为了发展这种沟通技巧，请思考婴幼儿如何发展和他们需要什么，然后考虑相关的知识如何影响你对他们开展的工作。

描述和解释自己的实践理念（PRO-S2）

除了传达整个婴幼儿保育和教育领域的重要性外，发展你的专业身份的途径还包括阐明你的实践——你如何做，以及你为什么这样做。你的理念基于你对研究证据和专业标准的了解，同时基于你在生活中的价值观和信仰。当你反思影响自身态度倾向的因素时，这个过程可以促使你进一步探索和成长。此外，向同事和家长解释你的理念，可以促进你们的合作和联系。例如：有一些教师给新来的家庭写了简短的实践理念声明；另一些教师在与家长或同事讨论他们的实践（特别是有分歧或可能产生误解的地方）时，会自发地表达他们的实践理念。你的专业理念可以帮助你确定日常工作的优先次序，同时可以引导你在专业化发展的过程中做出选择。

用一个三步模式来解释你的实践理念。

- 关于婴幼儿/家庭，我相信……

- 所以我在实践中做……
- 这对婴幼儿／家庭的影响是……

例如，我相信良好的人际关系会对婴幼儿的发展起到积极作用，并为他们提供探索和学习所需的安全感。因此，当我遇到新的婴幼儿时，我会先致力于与他们形成牢固的关系，通过互动建立情感上的联系。根据我的经验，我发现婴幼儿很快就会信任我。当他们探索时，他们会把我作为一个"安全基地"，兴奋地与我分享他们的发现。

你可能会发现，制作一个带有图片和故事的专业作品集，以向别人展示你所做的事情、你是如何做的，以及对儿童和家庭的影响，是很有帮助的。

找到支持你的专业身份和实践理念的工作（PRO-S3）

了解你的理念和身份如何与一个机构的规章制度、程序和专业文化相适应，可以帮助你决定它是不是适合你的专业环境。该工作是否允许你为你希望的儿童和家庭群体服务？该机构是否重视你的工作？是否支持你做想做的工作？当然，作为一名专业人员，你也可以阐明你的实践理念并与机构的管理层合作，从而努力改变环境。如果你是一个正式的领导者角色，那么你可以确保政策和资源分配反映你和机构中其他人的价值观。

策略

在评估你目前的职位或考虑一个新的职位时，问自己以下问题：
- 这个机构是为谁服务的？
- 你的角色／工作需要承担哪些具体的责任？
- 领导层是什么样的？是否有共同的决策？
- 督导的重点是敦促教师遵守法规，还是让他们有机会对教育实践进行反思？
- 你是否有机会进行个性化的职业发展？
- 同事之间的互动是怎样的？大家倾向于竞争还是合作？
- 工作人员是否以尊重和善意的方式与婴幼儿和家长交谈并谈论他们？
- 你是否有带薪时间与家长见面，进行观察和反思以及计划课程？

寻求机会，不断发展你的素养（PRO-S4）

当你阅读这本书时，你就开启了促进专业素养发展的良好开端。如果你想成为理想中的专业人员，那么你就需要在职业生涯中持续不断地学习关于婴幼儿和家庭的知识，以及你能为他们做什么。你需要通过终身努力，不断完善和改进实践，这样你才能成为你想成为的人。作为一名教师，同时是学习者，你需要了解自己。例如，了解你偏好的学习方式——你是否喜欢参加会议或研讨会，参加一学期的大学课程或在线课程，或者参观其他婴幼儿教育机构？有些人喜欢通过阅读或观看视频来学习，而有些人则喜欢通过听音频的方式来学习，还有一些人喜欢通过实践来学习，对获得直接经验有所偏好。大多数人的学习方式都是上述偏好的组合。通过反思你作为一个学习者的经验，你会发现什么最适合你。你的同事和主管可以成为你获取专业发展机会的宝贵信息来源。

策略

寻找以下机会：

- 相关性——与你的工作直接相关
- 目标导向——帮助你实现职业目标
- 实用——注重理论或研究如何应用于现实生活
- 协作性——指导者将学习者视为同事
- 自我导向——学习者可以为自己的学习和选择承担责任
- 旨在利用生活经验——鼓励学习者表达他们的经验、知识和意见

将新的信息应用于针对婴幼儿和家庭的工作（PRO-S5）

寻求他人的反馈，以帮助你应用新知识或改变具体的实践。让同事、领导者、教练或导师观察你并给予反馈，对你来说是有帮助的。如果可能的话，请拍摄你的实践做法，并与值得信赖的同事、导师或教练一起反思你的行为。机构还可以成立一个"实践共同体"，将同事们聚集在一起研究相同的技能，以改善整个机构的实践。当你变得更加熟练后，你就可以成为新手教师的导师，这可以提高你的实践水平和领导力（见第九章）。

在沟通必要信息时保密（PRO-S6）

第四章中讨论了与家庭就潜在的敏感话题进行沟通的情况，包括分享有关机构的规章制度和许可要求的信息，以及其孩子的行为和发展。对与家庭分享的信息和关于家庭的信息进行保密是专业精神的一部分，这能够帮助你和家庭产生信任的关系。例如，当你必须告诉一个家庭，另一个孩子因为传染病回家了，或者他们的孩子被另一个孩子咬了，但不要说明咬人的是哪个孩子时，你可以简单地说："今天有两个孩子因生病离托。你可能要注意你家孩子的……症状。""你的孩子今天在玩的时候被另一个孩子咬了。她哭了，但很快就平静下来了。你可能会看到她的手臂上有一个小红印。"保密原则也适用于你与同事的沟通和关于同事的沟通。

围绕强制报告疑似虐待行为开展合作（PRO-S7）

报告一个家庭中的疑似虐待行为，可能是你作为婴幼儿教师所要做的最困难的事情。你的工作重点是与家庭建立牢固的关系，支持他们照顾自己的孩子。向政府报告一个家庭中出现疑似虐待行为，对你来说或许是痛苦的，你可能会担心这会破坏你与家庭的关系，或者导致他们离开机构，也可能会结束你与孩子的关系等。虽然这些情况有时会发生，但并不总是如此。如果你在家庭加入机构时告诉他们，你是一名法定的报告人，并解释这意味着什么，那么这对你可能面临的情况会有所帮助。你需要适应并承担自己作为法定报告人的法律责任。发展你在这一领域的能力，对你和家庭来说都是很重要的。希望你在职业生涯中不会经常被要求报告可疑的虐待行为，不过关键是你要做好可能需要报告的准备。

 策略

通过采取以下行动，你能够在履行重要的职业责任时变得轻松和自信。

- 与你的主管交谈，确保你了解有关强制报告的机构政策。你需要问自己以下问题：在给当地的儿童保护服务机构打电话前，你是否应该先给你的主管打电话？你应该和你的主管一起打电话吗？在你的机构中，让家长知道你正在打电话的做法是否常见（你这样做不会使儿童或你处于危险的情况）？你的机构是否有一个指定的儿童保护服务机构联系人负责打电话？

第十章 专业化发展

- 向同事和主管询问以往的报告方式以及报告的结果如何。这将有助于你在需要进行报告时提前计划。
- 与你的同事一起练习如何与家长进行沟通。
- 让家长了解你作为法定报告人的角色和责任,这样你就为自己在必要时与家长进行艰难的对话做好了准备。例如,如果一个家庭住在一个不安全的建筑里,那么你可以让这个家庭中的成员知道,按照法律规定,你有责任进行报告。如果你们一起打电话,那么儿童保护服务机构可能会帮助这个家庭找到一个更安全的住处。
- 查看附录 B 中对虐待的定义和虐待的迹象,并参见补充材料 10.1,以了解你应该收集的信息和你应该遵循的步骤。

在报告后,花点时间与同伴或主管一起处理你的感受。例如:你学到了什么?下次你可能会采取哪些相同或不同的做法?你对儿童保护服务机构对待这个家庭的方式有什么感觉?

与领域内外的其他专业人员合作(PRO-S8)

作为一名早期教育专业人员,你需要与机构内的其他类似角色(如你的搭档)以及来自不同领域的专业人员(如公共卫生工作者、家庭支持者、社会工作者或治疗师)合作,他们可能在你的机构内部或外部工作。与机构内的同事合作,有助于建立一个更愉快的工作环境,并使儿童和家庭在机构中更容易过渡。与机构内外的其他专业人员合作,有助于你接触更多的观点,这可以帮助你产生一些关于如何促进专业化发展和宣传活动的想法。当家庭有健康、教育或社会服务的需要时,你将有一个专业的网络来进行转介。

策略

有效的合作包括:

- 找出你能从别人那里学到什么;
- 深入倾听他人的意见,在必要时暂停表达自己的观点;
- 清楚和积极地分享你的观点,避免采取防御性的立场;
- 记住他人的角色和专长,以便将来可以向他们寻求帮助。

回顾与展望

回顾本章开头的图 10.1，该图呈现了与专业化发展相关的知识、态度倾向及技能。在开始阅读本章前，你已经具备哪些素养？你的哪些素养得到了发展？接下来你会有意培养哪些素养？运用本书附有的《0—3 岁婴幼儿教师指导手册使用指南》中的相关内容与本书一起支持你在这方面的专业化发展。

在本书中，我们阐述了促进高质量的早期保育和教育的知识和态度倾向，以及成为高效的婴幼儿教师所需的技能。我们希望你能够通过阅读本书进行自我反思，并能够在有朝一日对与你一起相处的婴幼儿及其家庭产生影响。在每一章的结尾，我们都邀请你反思自己在开始阅读该章前已经具备的素养，在阅读和使用《0—3 岁婴幼儿教师指导手册使用指南》时发展的素养，以及你想在不久的将来培养的素养。请继续反思你的知识、态度倾向和技能，这对于保持和提高你所提供的早期保育和教育的质量非常重要。当你反思在本书中获得的经验和学习时，请使用表 10.1 来回顾你在本书的每一章中培养的素养，并根据你想成为的婴幼儿教育专业人员，为自己设定目标。

表 10.1　反思自己在各领域的新素养和目标

素养领域	新素养	目标
开展反思性实践		
建立并支持关系		
与家庭协作并提供支持		
引导婴幼儿的行为		
支持婴幼儿发展和学习		
评价行为、发展和环境		
接纳需要额外支持的婴幼儿及家庭		
领导、指导与辅导		
专业化发展		

- 你对婴幼儿课程的理解有什么变化？
- 你会如何向他人描述关系在婴幼儿保育和教育中的作用？

第十章 专业化发展

- 作为一名婴幼儿教师,你将继续成长的方式是什么?
- 作为一名婴幼儿教师,你设定的一个新目标是什么?

与婴幼儿及其家庭打交道是一项崇高的工作,婴幼儿教师在这个不同于生命的其他阶段的发展时期,负责支持和促进婴幼儿的发展和成长。你为婴幼儿所做的工作对婴幼儿及其家庭的健康和幸福、对整个社会的健康和幸福都是必要的。我们感谢你的奉献精神,并祝你工作顺利。

附录 A 婴幼儿在每个领域的发展顺序（DVL-K2）

关于儿童发展的基础知识包括了解婴幼儿在前三年中发展的行为和技能的顺序。我们强调顺序而不是时间，因为所有的婴幼儿都以自己的速度发展，而且在不同的领域内的发展有所不同。因此，知道婴幼儿发展某种技能的"平均年龄"，对了解当前所照护的婴幼儿并没有多大意义。然而，根据可预测的技能顺序，认识婴幼儿拥有的技能和了解其下一步发展的技能，非常有助于为他们提供适时的机会，让他们通过游戏探索、推进自己的发展。为了更好地形成对儿童行为的适当预期，了解婴幼儿技能发展的一般年龄范围是很有帮助的。因此，我们罗列了一般年龄范围的婴幼儿在各领域内的技能发展顺序，这些领域包括：

- 健康和安全
- 行为调节
- 情绪情感
- 感知运动
- 认知
- 语言
- 社会性

健康和安全

进食

像其他技能一样，学习进食需要时间。婴儿在出生时就有动作反射，这能够帮助他们学会找到母亲的乳房并吸吮乳汁，但他们仍然需要时间来发展这些基本技能。到 3 岁时幼儿不仅能自己用餐具进食,还能理解并遵守用餐常规,包括用餐前的准备和用餐后的清理。表 A.1 描述了进食技能的发展情况。

表 A.1 进食技能的发展

年龄	口腔运动技能	手和身体的运动技能	身体意识和自我护理	饮食技巧
0—3 个月	生根反射,舌头推动,吞咽反射	将手放在嘴边,吃饭时需要头部支撑	自己感到有饥饿感、满足感	在被哺乳或奶瓶喂养时,协调吸吮—吞咽—呼吸的动作
4—7 个月	张开嘴让勺子进入;能在口腔内移动食物,包括吞咽;在咀嚼时上下移动下颌	吃饭时能抬头;在支撑物的帮助下能坐立;尝试用手指抓取小块食物;开始用手握住勺子;把食物或勺子送到嘴里	对食物和饮食过程表现出兴趣	用勺子吃软的食物,吞下时不会呛到(美国儿科医师协会建议,6 个月后再食用固体食物);由他人拿着杯子,小口喝东西;开始吃捣碎的食物;用勺子吃;开始自己用手抓握食物进食
8—12 个月	咀嚼食物	在没有支撑的情况下坐立;很容易用手指抓住食物并送到嘴里;开始用两只手拿杯子;眼—手—口协调发展	显示出对食物质地、味道的喜欢或不喜欢	可以吃磨碎、切细以及小块的软食;咬各种食物;喜欢自己进食
12—18 个月		使用叉子和勺子自己进食;开始使用敞口的杯子,较少溢出	学会进食的步骤;学会饭后自我清洁的步骤和顺序,包括洗手和刷牙	饥饿时用语言或手势表达,可能要求特定的食物;尝试一些经常出现的新食物
18—36 个月		了解自己需要或喜欢哪些器皿(碗、盘子、杯子)和餐具(叉子、勺子);学会使用工具(如大勺子、夹具)为自己或他人提供食物	掌握餐前准备及餐后清理的步骤;了解自己的一般食物偏好	吃饱时会进行交流;尝试各种食物,表示喜欢或不喜欢;可能会对同伴的食物偏好的相似性和差异性进行评论;会为自己和他人从公共餐食中盛取食物;饭后能够在指导下进行清理

附录 A 婴幼儿在每个领域的发展顺序（DVL-K2）

睡眠

婴幼儿的睡眠模式和需求的发展。在前两个星期里，婴儿清醒的时间很少，睡眠的时间也零散而不确定，大多数新生儿每天有 16~17 小时在睡觉。到 2 个月大时，她每晚有固定的睡觉时间，清醒的时间越来越多。在 4—9 个月时，她在大多数的晚上都通宵睡觉，虽然白天的小睡仍然不规律，但她在一天内的睡眠和清醒周期与正常的情况更接近了。到 10 个月时，她在一天中的大部分时间都是清醒的，在大多数的夜晚都能通宵睡觉，每天白天会有规律地小睡一两次。

婴儿对睡眠的需求在第一年内迅速变化，所以对于 1 岁以下甚至年龄稍大的婴幼儿，教室里通常没有统一的"午睡时间"。在 12—18 个月，婴幼儿通常会从每天睡两次变成只睡一次，这时建立一个适用于一群婴幼儿的统一午睡时间就会更容易。对于学步儿来说，在午餐后有 2~3 小时的休息时间，有助于他们得到所需要的睡眠。婴幼儿在睡眠需求方面会有差异，这受他们的气质、晚间的睡眠时间和运动量的影响。

如厕

学会如厕是婴幼儿在调节和照顾自己的身体方面的一大进步。在大多数父母看来，这是很重要的一步，对婴幼儿来说也值得庆祝。但是，受到他们的生理发育、其他领域的技能和经验（包括他们家庭的文化习俗）的影响，婴幼儿在准备好学习如厕方面的年龄差异很大。婴幼儿准备好学习如厕的迹象有以下几个方面。

- 感知运动：能够坐在马桶上，感受并意识到小便和大便的感觉。
- 生理：认识到需要如厕的感觉和具有"保持干燥"两小时的身体能力。
- 认知：理解因果关系的概念。
- 语言：能够用语言或手势表达如厕的需求。
- 社会性：对自主的行为感兴趣，对如厕感兴趣。

行为调节

表 A.2 显示了婴幼儿的自主和规范行为的发展顺序，并针对每个领域的发展情况，列举了实例。婴幼儿在学习自我控制的"停止"行为（铺浅灰）之前，先学习自我指导的"做"的行为（楷体）；最后他们可以将这些行为组合成自主的、受规范约束的行为

（铺深灰），从而在遵循社会标准的同时达成自己的目标。完全规范的行为要到3岁以后才会出现，而且即使在成年后，这种行为也是情景性的（受自己的内在状态和外部环境影响）。也就是说，即使是成人有时也会在生气时大喊大叫，在悲伤时暴饮暴食，在新的或可怕的情况下更难保持冷静（特别是在没有社会支持的情况下）。《开端计划儿童早期学习结果框架》（ECLKC，2015）为婴幼儿的情绪、行为调节、主动性和好奇心提供了相关的目标，这些因素都是自主性的组成部分，相关的内容被列在表A.2的最后一行。

表A.2　各领域内自我指导、自我控制和行为调节的发展情况

年龄	动作	情感	语言	认知	社会性	成人支持
3个月	发起动作，探索手中的物体	身体不适时会做出反应	对声音做出回应；警觉时发声	警惕时能短暂地集中注意力（注视）	对与成人的接触会做出反应	为婴幼儿达到目标和调节情绪提供身体支持
6个月	伸手取物；系统地探索物体	当行动受到限制时，会有沮丧的反应	希望得到成人的关注时会发出声音	有简单的目标导向行为	寻求成人的关注与互动	
9个月	为拿取物品，移动身体；会用新的方式组合物体	对目标受阻有沮丧的反应；对照护者的安抚行为有反应	受挫时发出声音	在成人的支持下能保持注意力	与成人关注同样的事情；通过触碰探索同伴	
12个月	有意识地移动身体探索空间、获得物品	对实现目标报以喜悦	通过语言或手势表达简单的愿望	能持续关注任务	通过成人的面部表情和声调了解什么是安全的，当不确定时，会采取相应的行动	为婴幼儿提供言语指导、身体支架和情感支持，以帮助他们控制行为并实现目标
15个月	在成人的肢体引导、支持下停止行动	不高兴时会寻找照护者	以摇头或点头的方式回应他人的提议	能在尝试失败或分心后，重新集中注意力	开启并维持与他人的互动	
18个月	在成人的口头指示（"从桌子上下来""温柔地触碰"）下停止自己的行动	不舒服时尝试自我安抚	对成人的"不"表示理解并做出反应；说"不"或拒绝他们不想要的东西	当目标受阻时，能想出替代解决方案	利用攻击性从同伴那里获得他们想要的东西	

附录 A 婴幼儿在每个领域的发展顺序（DVL-K2）

（续表）

年龄	动作	情感	语言	认知	社会性	成人支持
24个月	根据目标改变自己的行动	对所取得的成就感到自豪（在完成一项任务时微笑）	能对来自成人的语言指示做出反应	当目标受阻时，改变行为并解决问题	积极参加有共同目标的共享活动	提供口头指导、规则提醒和情感支持，帮助婴幼儿调节自己的行为和情绪，在遵守社会规则的同时，实现自己的目标
30个月	有时会停止打人或其他攻击性行为	能调节情绪，坚持完成一项具有挑战性/挫折性的任务	能叙述自己的行动；用语言来达成目的（提出要求，指派他人）	预测问题并制订相应的计划	与他人分享实现目标的兴奋感（"我成功了！"）；参与常规活动	
36个月	能始终如一地按照规则约束身体行为	能延迟满足当下的目标/欲望，以实现更大的目标	通过自我对话以调节行为（计划和改变行为，以完成一个目标）	主动采取行动，自主地参与常规活动（当被告知要外出时，开始穿上靴子）	记住规则，有时会运用规则来指导行为	
48—60个月	始终管束着自己的身体行为以符合规则	预测并回应他人的情绪反应	使用语言进行协商、解决问题	执行计划以达到细致的目标，能改进行动并在需要时求助	始终记得规则并将其应用于指导自己的行为	
《开端计划儿童早期学习结果框架》	儿童在熟悉的成人的支持下管理行为	儿童在熟悉的成人的支持下控制自己的情绪情感		儿童对物体、材料或事件表现出兴趣和好奇	儿童在互动、体验和探索中表现出主动性	

情绪情感

表 A.3 概述了《开端计划儿童早期学习结果框架》（ECLKC，2015）所确定的情感情绪方面的四个主要领域。这四个领域包括情绪情感体验和表达，对情绪情感的认识和理解，以及共情和情绪调节。从生命的最初几个月开始，婴儿就在体验、观察自己和他人的情绪情感。在成人的支持下,婴儿逐渐开始学习如何认识自己和他人的情绪情感,学习如何管理自己的情绪情感,以及如何回应他人的情绪情感。婴幼儿需要很多年来发展这些技能——远远超过前三年的时间,但开始于婴儿期和学步期。

表 A.3 情绪情感领域行为和技能的发展

年龄	情绪情感体验和表达	对情绪情感的认识和理解	共情	情绪调节
出生	体验主要情绪(感兴趣、苦恼、厌恶、快乐);通过哭泣来传达需求	在视觉上关注人脸	情绪传染(当一个婴儿哭时,另一个婴儿也哭)	入睡成为一种情绪调节方式;被人抱着和安抚时会感到安慰
3个月	体验过喜悦、愤怒、恐惧、悲伤;通过哭、看、身体移动以及面部表情来传达情绪;通过微笑和大笑来表达积极的情感;对熟悉的成人微笑;喜欢被抱着	开始对他人的情绪情感表达(如微笑)表现出兴趣		通过吸吮手指或手掌,使自己平静;将看着父母/教师作为一种安慰的方式;开始借助于熟悉的声音和人脸平静下来;视线会离开令其不安的刺激
6个月	如果刺激物枯燥不变,就会通过哭闹或愤怒来显示无聊;模仿一些情绪表达;通过移动身体、发出声音来寻求关注;带有表情地发声	对他人的情绪表达做出反应(例如,用微笑回应微笑);观察他人,对微笑和皱眉做出不同的反应;模仿面部表情		将注意力/关注焦点从烦恼的源头移开
9个月	表现出面对陌生人的焦虑,依恋熟悉的成人;希望熟悉的成人在视线范围内;当有人叫他的名字时,他就会盯着看;享受探索物体和材料的机会	会区分快乐和愤怒的面部表情;对他人的情绪表现做出反应(例如,表现出视觉兴趣);能识别他人的不安;会模仿他人的手势	通过观看来回应他人的不安	通过接近或移动,朝向成人,主动寻求安慰;用声音/发声引起注意;坚持完成具有挑战性的任务/游戏
12个月	可能开始通过手指、手势来表达需求;显示出对人和物的偏好;向熟悉的成人展示物品,以作为一种分享兴趣的方式;与熟悉的成人分离时感到痛苦;表达兴趣和(或)在挑战性任务中的积极情绪	会运用社会情感参照评估所处的情境;意识到他人的情绪状态及情绪表达的意义		寻找过渡性客体以获得安慰

（续表）

年龄	情绪情感体验和表达	对情绪情感的认识和理解	共情	情绪调节
18个月	使用带有情绪的声音表达（如"呃哦！"）；开始体验复杂的自我意识情绪（内疚、羞愧、骄傲）；希望自己做事或为自己做事；可以通过手势表达情绪；会表示喜欢或不喜欢；在目标导向的任务中表现出对成就的认识	运用视觉和听觉线索来关注他人的情绪	向处于不安的同伴提供自我中心的解决方案（例如，向处于不安的儿童提供自己的安抚物品，而非其他儿童的物品）；向成人寻求帮助；能做出简单的帮助行为；拍拍悲伤的同伴等	能将自己的注意力从痛苦的源头转移或寻找快乐的来源；可以调整自己的行为，以对成人的情绪做出回应；开始参与替代活动（例如，跟随重定向活动）。
24个月	通过"发脾气"表达强烈的情绪；通过语言表达情绪情感；与其他熟悉的儿童在一起体验并表达快乐和喜悦；认识镜子中自己的形象；表达独立的愿望，包括将反抗作为一种自主性和自我意识的表达形式；可能使用"我（me）"来指代自己	开始标记情绪（特别是在涉及情绪的谈话中）；可能会问关于他人情绪的问题（例如，"莎娜难过吗？妈妈走了？"）	通过对他人情绪感兴趣，继续表现出对他人的关注；越来越意识到人们有独特的喜恶；代表另一个苦恼的孩子，寻求成人的帮助	可能使用一些自我对话来管理情绪和行为（例如，在接近禁止触碰的物品时说"不许碰"）；继续寻求成人的帮助；可以使用语言来表达需求，但仍然会用身体（如打人）来表达需求；开始按社会所期望的那样掩饰情绪
30个月	通过面部表情、手势、身体动作，以言语和非言语的方式表达各种情绪；对同伴表示喜爱；可能使用"我（me和I）"来指代自己	对他人的情绪和情绪表达方式感到好奇并提出问题	询问同伴的感受（例如，"你难过吗？"）	对来自成人和同伴的支持和安慰做出积极回应；对同伴说"我的""停止"或"不"

(续表)

年龄	情绪情感体验和表达	对情绪情感的认识和理解	共情	情绪调节
36个月	更好地理解自我和他人的概念，如"我的""他的""她的""你的"；可能有恐惧感，如害怕黑暗		对他人的痛苦做出恰当的反应（例如，当有人哭泣时，拿来纸巾，试图安慰他人）；能做出更复杂的帮助行为	使用各种策略来管理情绪，包括自我交谈、寻找成人、转移注意力、将自己移离痛苦之源，在支持下等待轮到自己玩（例如，成人支持儿童在等待玩具时玩另一个玩具）
《开端计划儿童早期学习结果框架》	儿童学会一系列情绪的表达	在熟悉的成人支持下，儿童能识别并解释他人的情绪	儿童对他人表示关心与关注	儿童在熟悉的成人的支持下管理情绪

感 知 运 动

表 A.4 描述了 0—3 岁婴幼儿为了处理信息、理解世界、以目标导向的方式移动身体，努力地协调感知觉与运动技能的一般发展顺序。了解整个身体的多个感知觉及运动技能之间相互联系并相互支持地发展非常重要。例如，婴儿必须有能力清楚地看到物体（视觉），转向并找到声音的来源（听觉），知道自己手臂的位置（运动知觉），有力量控制手臂和手，以便找到物体（听觉和视觉），伸手（运动知觉及大肌肉动作）并抓住（精细动作）别人刚刚摇动的拨浪鼓。表格的最后一行呈现了《开端计划儿童早期学习结果框架》（ECLKC，2015）中相关的学习目标。

附录A 婴幼儿在每个领域的发展顺序（DVL-K2）

表 A.4 感知运动领域的反射和技能的发展

年龄	感知世界：视觉、听觉、味觉、嗅觉、触觉	精细运动：颈部和头部、口腔、手指、脚趾	感知身体：身体位置（动觉）和运动（前庭）	大肌肉动作：躯干/躯体、手臂、腿部
出生时的反射和技能	对突然的巨大噪音有反应；对触摸脸颊、手掌、脚底有反应；对在水中的感觉有反应；认识并偏爱母亲的声音；知道母亲的气味；对强烈的、难闻的气味有反应；能区分光明和黑暗	觅食反射：将头转向触及脸颊的东西 吮吸反射：吸吮接触嘴唇的东西 抓握反射：用手卷住触及手掌的物体 巴宾斯基反射：被抚摸脚底时，脚趾向外翻转	前庭系统感觉到重力以及与重力和地面相关的身体位置	惊吓反射：甩动手臂应对突如其来的巨大噪音 莫罗反射：当头部支撑物被移开时，伸出手臂，似乎在抓取 踏步反射：腿部直立，双脚接触地面时，可以移动 游泳反射：当被置于水中时，用胳膊和腿做出游泳动作
出生后不久的反射和技能	视觉集中，能看清楚20厘米以外的地方；分辨颜色，喜欢暖色（黄、红、橙），而不喜欢冷色（蓝、绿）；能感觉到声音的来源方向	颈拨正反射：转动身体，以跟随头部转动的方向		交替踢腿反射：如果被抱着时身体向外，则交替踢腿 降落伞反射：坠落时手臂向外延伸 俯卧悬垂反射：腹部被托举时，胳膊和腿向后伸展
3个月	喜欢高音调、有表现力的声音；眼睛能聚焦，但视线仍然模糊；能识别人脸，喜欢看人脸；喜欢甜味，对苦味有负面反应；能分辨任何语言的声音；能用眼睛追踪物体到身体中线	两侧的手臂可以同时做相同的移动（对称地移动手臂）；俯卧时，能将双手前伸合拢在身体中线上；看到有趣的玩具或物体时挥动手臂；在大部分时间轻握双手；用嘴探索物体（婴儿最具敏感性和控制力），以获得感官信息	学习通过身体运动与重力相互作用，有助于理解身体在空间中的位置（前庭）	俯卧时能将头抬起来，肩部得到支撑时也能抬起头；可以从侧面向后翻滚
6个月	能清楚地看到大多数物体；对音乐和歌声有反应；能区分不同的语言；用眼睛追踪物体，而不移动头部	大部分时间保持手掌打开的姿势；用手掌抓取物体；伸并抓取物体；用手探索物体，以获得感觉信息	意识到身体部位属于自己，并开始控制它们——找到并观察手，找到脚并把它们送到嘴里（动觉）	坐着时保持头部稳定并与身体位置一致；趴着时可以用手推起；可以依靠支撑物坐着；可以从后到侧翻滚

(续表)

年龄	感知世界:视觉、听觉、味觉、嗅觉、触觉	精细运动:颈部和头部、口腔、手指、脚趾	感知身体:身体位置(动觉)和运动(前庭)	大肌肉动作:躯干/躯体、手臂、腿部
9个月	视力正常;喜欢母语中常见的语音	在两手之间转移物体;移动手腕和手来操作物体;伸出肘部并伸手抓取物体	通过进行和感受一系列模式化动作(运动学),在大脑中形成自己的身体地图;移动身体以保持平衡	在没有支持的情况下坐起来,可能用手平衡;扶着东西或人站起来;拉着站起来;向后爬;由躺着移动到坐着
12个月	只区分母语中常见的声音	在容器中取放玩具;独立使用双手;有意识地放下物体;用食指戳;用拇指和手指夹住小物体(钳子);拿勺子/叉子		用手和膝盖移动;从坐着移动到趴着;不扶着站一会儿;巡视(扶着家具走);通过伸展手臂和腿来辅助穿衣服
18个月	视觉—运动协调增加,以支持有意的物体操作	在身体中线处,以互补的方式使用双手;涂鸦;用手来有意地移动和放置多个物体(例如,形状分类器或拼图),堆放两三块积木;翻动木板书	通过运动再次感受前庭觉和运动觉	从趴着的状态站起来;不需要支撑就能走路;扔球;爬楼梯;走路时拉着或拿着玩具;随着音乐移动身体
24个月		握住蜡笔/记号笔;用蜡笔/记号笔画线和画圈;用勺子或叉子喂自己;翻书,并且一次翻几页;可能表现出使用某一侧手的偏好	转身、翻滚,以增加前庭感知	能扶着上楼梯,双脚踩在每个台阶上;弯腰或下蹲捡起玩具而不摔倒;会跑步但不能及时停下来;骑有轮子但没有踏板的玩具;跳跃/跳,主要是单脚跳
36个月		用手和手指来操作较小的物体(用具体的方式):一次翻几页书,穿大珠子,搓或挤橡皮泥;使用需要手部协调的工具(如剪刀);用拇指和食指、中指对着握蜡笔/记号笔;持续显示出使用一侧手的偏好	探索练习平衡的机会(例如,沿着直线行走,在台阶上行走)	跑步平稳,可以停下来,不会撞到东西;两脚离地跳跃;踮起脚尖走路;向后走;踢球;上楼梯,每一步都用一只脚走;通过攀爬来探索大型物体

附录 A 婴幼儿在每个领域的发展顺序（DVL-K2）

（续表）

年龄	感知世界：视觉、听觉、味觉、嗅觉、触觉	精细运动：颈部和头部、口腔、手指、脚趾	感知身体：身体位置（动觉）和运动（前庭）	大肌肉动作：躯干/躯体、手臂、腿部
《开端计划儿童早期学习结果框架》——3岁儿童	使用知觉信息来理解物体、经验和互动，并指导自己的行动、经验和互动	协调手、眼的运动以完成动作；用手进行探索、游戏和日常工作；调整伸手和抓握，以使用工具	有效、高效地使用大肌肉进行运动及定位，并探索环境；使用感官信息和身体意识来了解身体与环境的关系	

认 知

儿童在生命的前三年从物理世界中学到了什么？他们发展什么技能来继续了解这个世界？在认知领域，我们关注的是认知技能（如注意、记忆、解决问题）和知识（如数字和计数、物理因果、动物和植物的类别）。表 A.5 描述了婴幼儿在出生后发展的认知技能，这些技能将支持他们一生的学习。

表 A.5　了解世界的认知技能的发展

年龄	注意和计划（执行功能）：注意观察世界	记忆：记住所学的关于世界的知识	探索与发现（科学技能）：了解世界如何运作	解决问题：弄清如何在这个世界上工作
3个月	对视线和声音有反应；警觉时，能短暂地集中视觉注意力（注视）	能认出熟悉的人；根据物体的视觉特征形成短期记忆	用身体部位进行简单、重复的动作（如将手移到脸前、踢脚）；用感官进行探索（如看手机、听音乐）	将手指放到嘴边；抓握放在手中的物体
6个月	观察正在移动的物体；寻找声音的来源	寻找熟悉的人，知道主要的照护者	用手和嘴系统地探索物体，显示出对物体的好奇；环顾房间，注意到新的人或事物	将物体从一只手传到另一只手

（续表）

年龄	注意和计划（执行功能）：注意观察世界	记忆：记住所学的关于世界的知识	探索与发现（科学技能）：了解世界如何运作	解决问题：弄清如何在这个世界上工作
9个月	每次玩物体2~3分钟；在成人的支持下保持对游戏的注意力；注意转移（例如，从看书转向看照护者的脸，然后又看书）	即使看不到物体，也知道物体仍然存在	通过对物体施以多种动作（如敲击、放到嘴里、摇晃），更灵活地展示好奇心	会搜寻离开视线的物体（例如，被其他物体挡住，从桌子上掉下来）
12个月	保持对任务的注意；通过指点来指引他人的注意力	理解一些物体的名称（例如，根据名称看正确的物体或物体的图片）	通过组合物体，看它们能用来做什么，系统地检测物体的功能	克服路上的障碍
15个月	在尝试失败或分心后，重新集中注意力	理解并遵守带有手势的简单指示（例如，伸手示意"把球给我"）	按照物品的原有功能来使用它们（例如，敲打玩具锤，将玩具车沿地板推动）	观察并模仿他人所做的简单动作
18个月	用手势和语言吸引他人的注意力；理解他人注意的焦点（例如，看成人指的地方）	理解并遵守简单的指示（例如"拿你的毯子""指你的嘴"）	观察并模仿他人所示范的简单动作序列	当目标受阻时，能产生替代策略
24个月	通过小故事或视频保持注意力；在同一任务或游戏中保持几分钟的注意力	寻找并找到藏起来且看不见的物品；记住物品归属于哪里；理解并遵循两步指示（例如，"把车拿过来，放到篮子里"）；在说出物品名称时，指着书中相应的图片；能记住完成熟悉任务（如洗手）的顺序	根据某个熟悉的特征（如颜色或形状）对物体进行分类；了解物体的功能，并有意义地使用它们；知道如何启动机械玩具；根据熟悉的日常活动顺序进行简单的假装游戏	当目标受阻时，修改行为并解决问题
36个月	在成人较少的帮助下，在一项有多个步骤的任务上（例如，帮助搅拌面团，然后制成饼干），保持注意力	自主地参与熟悉的常规活动；可以报告最近发生的具体事件的各个方面（例如，他们跟祖父母做了什么事）	根据多种特征（如颜色和形状）对物体进行分类；更灵活地使用有活动部件的玩具（如将汽车放在轨道上，转动开关，使其行驶）；通过更精心设计的假装游戏，展示对世界的认识；理解自己行为的因果关系	使用多种策略来完成一项任务或目标（例如，拼成简单的拼图）

附录 A　婴幼儿在每个领域的发展顺序（DVL-K2）

（续表）

年龄	注意和计划（执行功能）：注意观察世界	记忆：记住所学的关于世界的知识	探索与发现（科学技能）：了解世界如何运作	解决问题：弄清如何在这个世界上工作
《开端计划儿童早期学习结果框架》——3岁儿童	在得到支持的情况下保持注意力，并在行动和行为上表现出持久性和灵活性	认识到熟悉和不熟悉的人、物、行动或事件之间的差异；认识到环境中人和物的稳定性；将记忆作为更复杂的行动和想法的基础	积极探索人和物，以了解自我、他人和物体，并利用因果关系对社会及物理环境采取行动	使用各种解决问题的策略，探究问题的原因，以及提前计划以解决问题

语　言

婴幼儿在生命的前三年迅速掌握广泛的语言技能，并在学步期结束时习得一套读写萌发技能。正是与他人联系的愿望，促使婴幼儿学习交流，这就是为什么社会性技能的发展先于语言技能，并能预测其发展。在会说话或理解文字之前，婴儿就有"话"要说，他们开始用身体交流——使用面部表情、身体语言（弹跳、扭动、转身）和手势。接受性语言（也叫语言理解）是婴幼儿理解语言的能力，这主要基于他们的社会性技能的发展和对他人作为交流伙伴的认识。表达性语言（也叫语言产出），包括婴幼儿有意地表达他们的感觉、需要、思想和意图的所有方式，这早在婴儿能说之前就开始发展了。表 A.6 呈现了语言技能的发展顺序，包括语言的启蒙、接受性语言以及通过身体和声音表达语言。婴幼儿还发展了一套建立在语言基础上的读写萌发技能；我们可以阅读《开端计划儿童早期学习结果框架》（ECLKC，2015）中关于婴幼儿语言及读写的部分，了解更多相关的技能。

表 A.6　沟通、语言行为及技能的发展

年龄	语言的启蒙	接受性语言	用脸、身体及手势的表达性交流	用声音、词语的表达性交流
3个月	追随照护者的脸		对照护者微笑	痛苦时哭泣；发出"咕噜咕噜"的声音；对着照护者咕咕叫；跟随声音转身
	寻求并回应目光接触；注视和做出面部表情			

（续表）

年龄	语言的启蒙	接受性语言	用脸、身体及手势的表达性交流	用声音、词语的表达性交流
6个月	倾听他人谈话；面对面的互动时间较长	更加关注熟悉的语言；学习语言的模式，了解词语的开始和结束；能听到任何语言中微妙的语音；开始将词语与物体联系起来	兴奋时会挥舞手臂、弹动腿；当照护者在附近时，会伸手去拿够不着的东西	用重复的声音咿呀学语；发出像动物的声音
	在他人说话时，注意说话人的眼睛和嘴巴；看他人看的地方			
9个月	分享对物体的共同关注，在人和物体之间来回看	能意识到自己的名字；在母语中能最好地听辨细微的语音	用指向手势（如伸手、指点）来提出要求；用指向手势引起他人注意	用各种声音咿呀学语；失聪的婴儿则用手指咿呀学语
			咿咿呀呀的声音听起来像话语	
12个月	会解释他人的意图；模仿他人的行动	在不熟悉的情况下需要引导时，会向照护者寻求帮助	通过指向手势分享信息；做出社交的常规手势；做出象征性手势	会说第一句话；失聪的婴儿会使用第一个手势
15个月		听过12次就能学会新词；能遵循简单的指示；能听懂约100个单字	能做出社交回应手势；对手势进行组合	学习新词（口头或文字）；能说出有意义的单字
			简单的词语—手势组合	
18个月	利用社会性提示将字词与物体配对		更复杂的词语—手势组合	
		理解通过名称对物体命名；开始快速学习词语		会说约50个字；会说两个字的词语
24个月		在语境中听过一次后，就能学会新词（快速映射）	将指向及社交手势与语音结合在一起	
			在找不到词语时，使用象征性手势	说出约300个词；使用有意义的短句

附录 A 婴幼儿在每个领域的发展顺序（DVL-K2）

（续表）

年龄	语言的启蒙	接受性语言	用脸、身体及手势的表达性交流	用声音、词语的表达性交流
24—36个月		理解许多句子类型；能利用句子中的信息推断新词的含义		所使用的短语和句子变得更长；应用基本的语法规则，经常过度概括；提出问题（哪里、什么、谁、如何、为什么）；在成人的提示下对话；掌握600多个词汇
《开端计划儿童早期学习结果框架》——3岁儿童	儿童注意、理解、回应，并从他人的交流、语言表达中学习；儿童能理解更多与他人交流时使用的词汇		儿童使用非语言沟通和口头语言来表达需求和愿望，让他人参与互动，学习并获得信息	儿童在与他人的交流、沟通中使用更复杂的语言及更多的词汇

社 会 性

社会性互动在婴儿、学步儿的生活中发挥重要作用。婴儿与熟悉的成人产生第一次社会关系，在这种关系的背景下，婴儿开始获得与同伴进行社会互动的技能。在表A.7中，我们呈现了一些里程碑式的行为，这些行为表露出婴幼儿在与成人和同伴的关系中发展社会性的特征。该表的结构与《开端计划儿童早期学习结果框架》（ECLKC，2015）中相关内容的结构非常一致。

表A.7 社会性领域的行为和技能的发展

年龄	与成人的社会关系	与儿童的社会关系
出生	会朝向一个熟悉的声音（如父母的声音）	
3个月	对成人试图发起的互动做出积极响应；通过共同的目光接触，参与社会互动，然后微笑；当熟悉的成人走近时，通过面部表情、目光接触和身体动作表示期待被抱起；喜欢被熟悉的成人抱着	对同龄人表现出视觉上的兴趣；寻求目光接触
6个月	参与分享，轮流发声；寻求目光接触	试图通过发声、眼神接触和身体动作来引起同伴的注意

（续表）

年龄	与成人的社会关系	与儿童的社会关系
9个月	举起手臂，表示希望被人抱着；显示出对成人的偏好；接受他人的物品	通过触摸别人的脸、头发、身体来探索同伴的身体；婴儿可能会在对方身上爬行
12个月	通过发声，轮流发言，继而用口语发起互动；使用简单的社交手势（如挥手）；当陌生人靠近时，会提出抗议；参与社交游戏（如与人来回滚球）；玩社交游戏（如拍手游戏和躲猫猫游戏）	可能通过观察他人、从他人那里拿玩具、跟随他人，表现出对同伴的社交兴趣；将物品拿出来给同伴看；向同伴挥手（例如，在到达和离开时）；主要进行独自游戏
18个月	参与假装游戏，通常涉及模仿家庭和社区的社会环境中熟悉的程序（例如在家里照顾娃娃或假装坐车上学）；听从成人的简单指示；通过拉手或胳膊来寻求成人的帮助，以表示想要什么；对熟悉的成人表示好感	在同伴面前表现出兴奋；模仿同伴的动作，并主动与同伴进行一些互动；轻轻地抚摸同伴，用一根手指触摸同伴的头发；将物品/玩具递给同伴；喜欢重复游戏；参加集体游戏（如"围着玫瑰花转"）；当被问及"××在哪里？"时，看或指向同伴
24个月	喜欢在教室和家里帮忙完成任务和家务；可能会对成人提出要求，但会努力遵守成人的要求；寻求独立，但依赖与熟悉的成人亲近；当熟悉的成人提醒他们并强化简单的规则时，他们会感到安全	参与平行游戏，也开始与其他儿童进行简单的社交游戏（如追逐游戏）；跟随同伴，以表达社交兴趣；寻找同伴；保卫物品和领地，如将一个玩具或一个区域标记为"我的"；知道一些同伴的名字；在多人活动中分发物品；可能向同伴提供食物或物品
30个月	在成人的支持下，与成人进行共享目标的假装游戏；表现出与熟悉的成人游戏的愿望	与同伴深情相依；可能会做出与同伴开玩笑的行为；意识到同伴的缺席（例如，问"××在哪里？"）；与同伴游戏时变得更积极，冲突更少；在成人的支持下，为了共同的目标而结伴活动
36个月	渴望取悦成人；对熟悉的成人表达关爱	参与联合游戏，有共同的活动，但不一定有共同的目标；开始参与简单的轮流游戏；评价自己和他人的成就（如为自己和他人鼓掌）；改变行为以应对冲突情况（如当同伴想要玩具时，他们会玩类似的玩具）；当同伴对社交邀请说"不"时，他们会走开
《开端计划儿童早期学习结果框架》——3岁儿童	儿童通过与熟悉的成人建立安全的关系，对一致、积极的互动产生期望；利用这些期望来发展与其他成人的关系；将成人作为资源来满足需求	儿童对其他儿童表现出兴趣，与其互动，发展个人关系；模仿并参与同伴的游戏

附录B 行为与发展中的危险信号和错误警报（DVL-K4）

关于儿童发展的基础知识包括对婴幼儿及其家庭需要的额外支持以促进健康、发展和学习的指标（危险信号）的认识。这些指标包括身体健康、心理健康、疾病、残疾和有警示意义的延迟发展，这要求教师和家长为婴幼儿提供额外的支持。然而，对婴幼儿行为发展的期望及对发育的理解，也可以防止我们陷入误区（错误警报）。在此，我们提供了一些婴幼儿在健康和发展方面需要额外支持的指标（危险信号），以及可能引起父母或其他照护者担心的常见错误觉知（危险信号），具体涉及以下领域：

- 健康和安全
- 情绪情感
- 感知运动
- 认知
- 语言
- 社会性

健康和安全

疾病

当婴幼儿生病、恶心或有其他不愉快的感觉时，他们不会用语言告知我们，但他们可以通过体温、饮食、大小便、睡眠、精力和活动水平的变化来告知我们。此外，婴幼儿的情绪也能向我们告知他们的不适，我们从他们的暴躁、挑剔、哭闹，或者从他们对灯光、声音、活动、照护者等变化的敏感且强烈的反应中可以察觉到。表B.1描述了教师可能会遇到的一系列症状和状况，以及教师应该如何应对它们（包括错误警报）——

教师需要观察情况,并在一天结束时与家长沟通发生的情况;如果有危险信号,则表明婴幼儿应该被立即送回家;当有紧急情况时需要立即采取行动。决定送婴幼儿回家的主要标准是他们的症状或疾病的实际状况:①他们在你的照护下仍不舒服;②他们需要你提供更多的照护,同时你要保证其他儿童的安全和健康;③婴幼儿有可能将疾病传播给他人。

表 B.1　婴幼儿的症状和疾病征兆以及如何应对

症状	错误警报:与家长沟通症状,对婴幼儿进行照护,但不需要将婴幼儿送回家	危险信号:婴幼儿生病了;暂时送婴幼儿回家,直到症状消失或医生允许他们回到机构中	紧急情况:寻求紧急帮助并立即联系家长
体温	口腔温度在38.3℃以下,直肠温度在39℃以下,腋下温度在37.8℃以下,并不表示感染疾病,可能是由于环境炎热或出牙所致	口腔温度为38.3℃,直肠温度为39℃,腋下温度为37.8℃或更高,表明可能有感染	对于2个月以下的婴儿,任何程度的发烧都应该被紧急处理
精力	由于睡眠需求或模式的改变而感到困倦/疲惫	昏昏欲睡	不能被唤醒
呼吸	呼吸声刺耳	呼吸困难,要么非常快而浅,要么非常费力	婴幼儿停止呼吸,通常表现出皮肤颜色的变化;呼吸困难和快速蔓延的皮疹都可能表明有危险的过敏
情绪与行为	悲伤、沮丧或烦躁,是婴幼儿的典型表现,也可能与环境有关;婴幼儿对食物的兴趣可能因多种原因而变化;如果婴幼儿对进食或饮水缺乏兴趣,那么应引起注意,并考虑是否与其他症状有关	不明原因的烦躁或异常持续的哭闹,无法得到缓解;任何持续2小时的腹痛迹象;疼痛时断时续,并与发烧相伴	
大小便	婴幼儿的大便可能会随着他们的饮食而改变浓度或颜色;以牛奶为主食的婴儿可能会有松散/水样的大便;只吮吸母乳的婴儿可能会一个星期不大便	连续两个或更多的干尿布,可能表明婴儿有脱水现象;与饮食变化无关的腹泻(稀便/水样便),通常表明有感染;粪便中带有与饮食或药物无关的血液或黏液,需要受到重视	

附录B 行为与发展中的危险信号和错误警报(DVL-K4)

（续表）

症状	错误警报：与家长沟通症状，对婴幼儿进行照护，但不需要将婴幼儿送回家	危险信号：婴幼儿生病了；暂时送婴幼儿回家，直到症状消失或医生允许他们回到机构中	紧急情况：寻求紧急帮助并立即联系家长
皮肤/皮疹	皮疹：皮肤发红或有肿块，没有发烧	皮疹并伴有发烧；鼻子、嘴和（或）手脚上的红疮破裂，可能是白癜风或手足口病，开始治疗后，婴幼儿必须在家里休息24小时；通常在手和脚上有红色、发痒的皮疹和水泡，可能是疥疮，一旦开始治疗，婴幼儿可以返回机构	快速扩散的皮疹，呼吸困难，可能表明是危险的过敏
黏液/分泌物	任何颜色的鼻涕；由于干燥或被碰撞而鼻子流血	流口水，有口腔溃疡	
眼睛的颜色和分泌物	眼睛有水样的黄色或白色分泌物，或眼睛上有结痂，眼睛没有发红；眼睛呈粉红色/红色，眼睛的黏液呈黄色/白色，眼睑斑可能是红眼病的表现——与家长协商护理问题，但不需要将婴儿送回家		
呕吐	24小时内呕吐一次；婴儿常常在进食后不久或打嗝时吐出一点；如果剧烈咳嗽或玩耍，婴幼儿可能会在进食后不久就呕吐	24小时内呕吐两次或更多次；如果有两个或两个以上的婴幼儿呕吐，那么这是传染病或食物中毒的迹象	持续呕吐；呕吐时带血
咳嗽	过敏或其他与传染病无关的原因引起的咳嗽	婴儿患有传染病，持续咳嗽，却无法被包裹，以防止传播	咳血
慢性感染	如果存在没有明显症状的慢性感染，婴幼儿不需要被送回家，包括那些患有金黄色葡萄球菌感染疾病、乙型肝炎和艾滋病的婴幼儿	活动性肺结核；活动性甲型肝炎	
诊断出的暂时感染	有以下症状的婴幼儿应该接受治疗，但他们可以留在机构里：长虱子或有虱卵、癣、鹅口疮（口腔、脸颊或牙龈上有白色斑点）、红眼病	婴幼儿应接受治疗，并在发现症状和（或）开始治疗后的若干天内待在家里。水痘——6天，需要所有的皮肤破损干结；风疹——6天；百日咳——5天；腮腺炎——5天；麻疹——4天；甲肝——7天；新型冠状病毒肺炎——指导建议在不断变化，但至少要居家14天	婴幼儿有被诊断出的病情，疾病症状表明需要紧急护理

自我探索和与性别相关的行为

大多数对自己和他人身体的探索是婴幼儿好奇心的自然表现,也是其学习过程中的一部分。下文列出了在婴儿和学步儿身上常见的与性别相关的行为。

- 脱下衣服和(或)尿布,想要裸体。
- 试图在别人裸体或上厕所时看他们。
- 询问有关自己和他人的身体或身体表现的问题。
- 与儿童或成人谈论身体的功能(如大小便)。
- 在公共或私人场合探索和触摸自己或他人的乳房、下体或生殖器。
- 用手或通过撞击物体来摩擦自己的生殖器。
- 向他人展示自己的乳房、下体或生殖器。
- 触摸或试图触摸女性(母亲或其他人)的乳房。

识别与性相关的行为中的危险信号。 我们要注意那些表明婴幼儿可能正在遭受性虐待的行为,以便我们能够干预和保护他们。表 B.2 描述了在婴幼儿性发育方面的错误警报和可能涉及虐待行为的危险信号。

表 B.2 自我探索及与性相关的行为中的危险信号和错误警报

典型行为的错误警报	性虐待的危险信号
行为发生在年龄相仿的朋友之间,他们经常在一起玩耍,并且相互了解	行为发生在年龄或发展能力截然不同的儿童之间(例如,一个学步儿与一个 10 岁儿童一起玩"医生游戏",一个学步儿持续地触摸一个不能移动的婴儿的阴茎或外阴)
行为是自发的,不是计划的	行为涉及攻击性、威胁或武力
行为不是很频繁,儿童很容易被转移到其他活动中	儿童经常且持续地做出这些行为
行为是自愿的(两个/所有儿童都同意;没有人感到不安)	一个或多个儿童对发生的事情感到不安(悲伤、生气、受伤、害怕、羞愧或焦虑),其中包括开始这项活动的儿童
行为在本质上具有探索性和游戏性	儿童似乎在模仿成人的行为,而且明显超出其发育/年龄水平(例如,一个儿童假装亲吻成人的生殖器)

附录 B 行为与发展中的危险信号和错误警报（DVL-K4）

虐待行为

虐待的征兆是什么？ 虐待对婴幼儿的健康、行为和发展有直接的影响，了解虐待的迹象有助于我们识别并保护需要帮助的儿童。你需要了解表 B.3 中的虐待类型、定义、危险信号和错误警报。请参阅补充材料 10.1，了解当你担心儿童受到虐待时，你该如何应对。

表 B.3 虐待的类型、危险信号和错误警报

虐待类型		定义	身体上的危险信号	行为上的危险信号	错误警报
虐待	身体虐待	故意伤害儿童，包括焚烧、殴打、踢打、拳击和其他类型的攻击	很多不明原因的瘀伤；不同阶段愈合的不寻常的瘀伤、伤痕或其他痕迹；成人的咬痕；不寻常的秃斑；不明原因的骨折、割伤、刺伤或擦伤；嘴唇肿胀或牙齿缺损；脸颊或太阳穴部位因拍打而产生的线状痕迹；因挤压而产生的月牙形瘀伤；有刺伤；耳朵后面有淤青	自毁/自我伤害行为；极度孤僻或具有攻击性；对身体接触感到不舒服；表示害怕在家里或与家人在一起；抱怨身体酸痛，好像在移动身体时感到痛苦	由于剧烈玩耍、摔倒或撞到东西而造成的瘀伤；割伤、烧伤或其他因意外事故造成的痕迹，并且这些痕迹不经常出现
	性虐待	任何为了性唤起、性满足或其他不正当目的的故意触摸；性交；胁迫儿童进行性接触（包括卖淫）	生殖器部位的疼痛或瘙痒；生殖器部位的瘀伤或出血；性传播疾病；复发性尿路感染或酵母菌感染	退缩和类似抑郁的行为；对儿童年龄来说，过于超前的性行为；性诱惑行为	对自己的性器官进行自我探索；表现出好奇心，看或试图触摸其他儿童的身体；谈论身体部位（包括性器官）
	心理虐待	以残忍的方式对待儿童或使他们遭受过度的痛苦，包括排斥或隔离儿童（例如，将儿童锁在壁橱里或关在屋外），或者羞辱他们（例如，强迫儿童在晚餐时用狗碗吃饭，羞辱尿床的儿童），以作为惩罚；以身体伤害或遗弃威胁儿童	极度退缩；害怕做错事，犯错时焦虑不安；行为极端（如极度顺从和被动、要求苛刻或具有攻击性）；似乎不依恋父母或照护者；以不适当的方式表现得像成人，试图扮演成人的角色；在儿童有更高级的技能后，表现得幼稚或退行到婴儿阶段		当父母抱起他们时，他们会哭泣；假装自己是一个婴儿，想要像婴儿一样被照顾；假装自己是一个成人；羞怯；恐惧陌生人

（续表）

虐待类型		定义	身体上的危险信号	行为上的危险信号	错误警报
忽视	身体忽视	未能为儿童提供或试图提供必要的保证其安全、健康的食物、衣服和住所；这部分排除了因贫穷而导致的供应不足	极度消瘦，肋骨突出，胃部肿胀；持续有饥饿的迹象；穿着与天气不相符；持续卫生不良（尿布不干净，衣服未洗，不洗澡）；体重突然变化	经常疲倦、无精打采，在不合常理的时间睡着；挨饿、囤积或索取食物，或不断地要求食物	有头虱不是被忽视的标志；在大多数州，缺乏免疫接种不被认为是忽视；贫困或无家可归导致家庭无法供养儿童，不被视为忽视
	监管不当	使儿童处于一个需要判断力或超出儿童发展水平的情境中（例如，在无人看管的街道上玩耍），从而造成危险或伤害	由于看管不力造成受伤	儿童说家里没有照护者/父母	即使有人看管也可能发生的家庭事故所造成的伤害
	医疗忽视	未能寻求或跟进对儿童的医疗护理，从而有造成额外伤害的风险	未得到满足的医疗需求		家庭努力寻求但因贫困很难为儿童提供良好的医疗护理
	保护不力	故意允许他人虐待或忽视儿童；在一些州，这包括让儿童在家里目睹暴力			
	遗弃	将儿童交给某个机构或个人，而没有得到该人/机构对儿童负责的协议			

注：本表改编自 Mandated Reporters' Resource Guide, Department of Health Services, State of Michigan。

情绪情感

大多数婴幼儿都会不时地经历焦虑的时刻，或者在调节自己的行为或交流方面遇到暂时的困难。这种暂时性困难往往与生长发育迅速、家庭或班级日常照料的暂时变化所引起的焦虑、疲劳或疾病，以及正常的家庭压力源（如弟弟妹妹的出生）有关。当成人

附录B 行为与发展中的危险信号和错误警报(DVL-K4)

做出支持性反应、环境压力源得到缓解时,婴幼儿的典型的正常行为会恢复。表B.4概述了婴幼儿心理健康问题的危险信号和错误警报。心理健康问题可能出现在生命的最初几个月和(或)整个早期阶段。鉴于此,我们没有列出危险信号可能出现的具体年龄。对于下表中的大多数危险信号,症状的来源可能是神经系统问题、运动发育问题和(或)对压力与创伤的反应。

表B.4 婴幼儿心理健康问题的危险信号和错误警报

危险信号	错误警报
极度伤心、强烈哭泣;不能接受安慰	所有的婴儿都会哭,有时婴儿不能被立即安抚。哭泣是婴儿和学步儿的一种重要的交流形式。哭泣也是一种释放能量和紧张的方式。在成人的情感支持下(抱着婴儿,跟婴儿说话等),有时婴儿会哭到结束。哭完后,婴儿可能会很累,但他们应该能够恢复到一个平静的状态。 高达25%的新生儿可能会在一段时间内哭得无法被安慰。这就是所谓的肠绞痛导致的哭泣,一般婴儿每次哭泣会超过3小时(通常在下午晚些时候或晚上),每周超过3天,持续3周以上。这类哭泣通常在出生后的几周开始,在6—8周时可能最强烈,一般在3—4个月时开始减轻或消失
对触摸有抵触情绪;拱背、哭闹、转身逃避触摸	婴儿通过触摸获取关于环境的大量信息。同样,触摸也是一种重要的交流方式。不过,有时拒绝触摸也是正常的。不熟悉的成人如果试图抱着或搂着婴儿,那么可能会使他们感到害怕或焦虑,导致他们试图避免触摸。 对大多数婴儿来说,轻微(如羽毛般)的触摸是异常的,他们可能会移开以避免触摸。忙于练习新的运动技能的学步儿可能不愿意坐着不动并接受抚摸和拥抱
反应过度/高度警惕;出现焦虑、担心、惊讶,或容易变得失调	过度刺激的环境(例如,大量的活动、噪音、新的人和材料)会使婴儿感到焦虑和失调
反应迟钝——对周围世界的反应很少;无精打采,被抱着或移动时显得"软绵绵"	打瞌睡/困倦/疲惫或生病/不舒服时,婴儿可能看起来反应迟钝,无精打采
缺乏微笑和积极情绪的表达	社交性微笑通常在6—8周出现,也可能到3—4个月时才出现。气质在情感的表达中起着重要的作用。烦躁或羞怯的婴儿可能比灵活的婴儿笑得少
缺少/回避眼神接触;很少或从不主动眼神接触	当婴儿受到过度刺激时,他们可能会短暂地避免眼神接触,以屏蔽刺激。 一些文化观念提倡避免与婴儿眼神接触,或减少与婴儿进行社交活动;因此,来自这些文化的年龄较大的婴儿和学步儿可能会避免目光接触(这是其典型的社会互动表现)

(续表)

危险信号	错误警报
不发起互动或无意努力交流	羞怯的婴儿可能不会主动与不熟悉的人进行互动；有些婴儿用非常微妙的暗示来交流和互动
持续的睡眠困难，如夜惊、不明原因的多次夜醒、入睡困难	新生儿和小婴儿不会整夜睡觉。当他们开始睡更长的时间时，"整夜入睡"往往意味着睡5~6小时（例如，对于3—6个月大的婴儿来说）。随着时间的推移，他们的睡眠状态变得更加稳定。 母乳喂养的婴儿比用奶瓶喂养的婴儿更频繁地醒来进食。这是因为母乳比配方奶更容易消化。 作息时间的改变、暂时性的家庭压力和其他暂时性的环境特征可能会引起焦虑，导致婴儿和学步儿的睡眠中断，并可能导致他们在夜间做梦
极端的饮食问题，如拒绝进食或饮水；持续拒绝某些质地的食物；吞咽或咀嚼困难	学步儿可能会经历这样的时期——喜欢某些特定的食物（或者食物的质地和颜色）而不是其他食物，这是正常现象。学步儿有时食欲不振，有时又感到非常饥饿，这也是正常现象。挑食对很多学步儿来说是正常的
技能退步，如运动技能的丧失（如坐、走），交流技能的丧失（如微笑、发声）	技能的暂时退步可能是对压力源的典型反应，这些压力源包括弟弟妹妹的出生、儿童保育/早期教育环境的改变，或家庭环境的变化（如搬家）

影响婴幼儿心理健康问题的危险因素	
生物学危险因素	情境性危险因素
早产/出生时体重低 慢性身体疾病 神经系统缺陷 早期语言发育迟缓 学习迟缓 未能茁壮成长	家庭药物滥用 父母的心理健康问题和障碍 虐待和忽视 家庭暴力 与亲人分离及亲人去世 其他创伤性事件 贫穷 惩罚性管教 亲子关系受损

附录 B 行为与发展中的危险信号和错误警报（DVL-K4）

感知运动

与其他领域一样，婴幼儿在感知运动领域可能存在发育迟缓，我们应予以识别和解决，以支持婴幼儿的发展，并防止后期在其发展和学习的过程中存在相关的问题。一些行为和其他的身体症状可能表明婴幼儿有障碍，可以在其早期发展的过程中加以解决。婴幼儿的感知运动表现还可能是神经和认知方面的发育迟缓或障碍的早期指标，因此，密切关注婴幼儿的感觉反应和运动行为很重要。要为每名婴幼儿提供其所需要的支持，以发挥他们的潜力。

表 B.5 感知运动技能方面的危险信号和错误警报

年龄	危险信号	错误警报
2个月	对响亮的声音没有反应；对附近物体的移动不关注；不把手放进嘴里；俯卧时腹部向上用力，但头抬不起来	没有注意到房间里的东西，婴儿只能看到近距离的东西；不能长时间地抬头，抬头是件很困难的事；小婴儿只能抬一会儿头
4个月	不会观察物体的移动；不能稳定地抬起头；不会把物体送到嘴边；当脚放在硬的表面时，腿不会往下压；一只眼睛或两只眼睛在向各个方向移动时有困难	不能自己坐起来，还没有足够强的核心/躯干肌肉力量，即使背后有支撑，也会经常向前倒或侧倒
6个月	对周围的声音没有反应；很难把东西送到嘴里；不会向任何方向翻身；身体看起来非常僵硬，肌肉紧绷；身体看起来松软，像一个布娃娃	不会爬行，该年龄段的大多数婴儿都想活动，但不是所有的婴儿都能自己走动
9个月	在有支撑的情况下，不会用腿承受重量；在有帮助的情况下，不会坐着；不会将物体从一只手转移到另一只手	不会自己站起来，这个年龄段的一些婴儿正在学习站起来，但大多数婴儿要等到1岁左右才能站立
12个月	不会爬行；在有支撑时不能站立；失去曾经拥有的身体技能	不会自己走路，一些婴幼儿在1岁左右就会走路，但更多的婴幼儿在12—16个月学会走路
18个月	不会走路；失去曾经拥有的身体技能	经常摔倒，刚会走路的儿童还在学习如何面对不同的地面和斜坡，经常摔倒；不会跑，或跑得很笨拙，学步儿还在学习如何控制自己的身体（特别是在快速移动时）

（续表）

年龄	危险信号	错误警报
24个月	不能自己平稳地行走；失去曾经拥有的身体技能	经常摔倒或撞到物体，学步儿还在学习如何在空间中控制自己的身体（尤其是当他们想快速移动时）；走楼梯时不会一只脚踩在一个台阶上，学步儿仍然很小，而台阶是为成人准备的
36个月	经常跌倒；上楼梯时有困难；失去曾经拥有的身体技能	不能单腿跳跃或单脚站立，他们需要时间来培养这种协调能力；不能正确地握住笔，很多儿童仍在努力提高这种精细运动能力和协调能力

认 知

照护者需要了解婴幼儿在生命的前三年中的典型和非典型行为，以得知他们在何时表现出可能的认知发展延迟迹象。影响婴幼儿认知的发育障碍包括自闭症谱系障碍、广泛性发育迟缓、唐氏综合征、胎儿酒精综合征，以及对感觉和运动技能有重大影响的障碍。表B.6按年龄列出了可能是认知领域发育迟缓的行为指标，以及可能引起照护者关注但不是迟缓指标的常见错误警报。

表B.6 认知技能的危险信号和错误警报

年龄	危险信号	错误警报
2个月	不会将手伸向嘴	不伸手够玩具，婴儿仍在学习控制自己的双手，他们不知道可以用手去拿自己看到的东西
4个月	不会把玩具放到嘴里探索	不按玩具设计的方式玩玩具，婴儿仍处于探索模式，只是在了解物体的作用
6个月	不试图拿触手可及的物体	不玩躲猫猫或其他有来有往的游戏，婴儿仍在学习如何协调互动；没有注意到玩具不见了或不会寻找你藏起来的物体，婴儿不明白即使自己看不到，物体仍然存在
9个月	不能把物体从一只手转移到另一只手	以非常规的方式使用玩具和物体（例如，把梳头发的梳子当成鼓槌），婴儿还不知道很多物品的用途，仍然在探索如何使用它们
12个月	不寻找他们看到你隐藏的物体；不指向物体	仍然把一切物体放在嘴里，婴儿对嘴的控制能力仍然比手强，所以他们用嘴唇和舌头来了解物体和感觉

附录 B 行为与发展中的危险信号和错误警报（DVL-K4）

（续表）

年龄	危险信号	错误警报
18个月	不知道勺子或杯子等常见物品的作用；不模仿他人	不玩假装游戏，一些学步儿会用普通的家居物品简单地进行假装游戏，但更复杂的假装游戏在2—3岁时开始
24个月	不知道如何使用常见的物品（如刷子、电话、叉子、勺子）；不模仿动作或话语；不能遵循简单的指令；失去原有的认知能力	不会玩简单的拼图，一些学步儿对拼图不感兴趣，或者没有什么经验；倒着看图画书或不能正确地翻页，学步儿在理解如何看书之前，必须知道图片是如何呈现的，并有与书相关的经历
36个月	不会操作简单的玩具（如钉子板、拼图或可移动的手柄）；不能跟随简单的指令；不玩假装或扮演游戏；失去原有的认知能力	不能遵循三段式指令（例如，"捡起你的袜子和鞋子，把袜子放到鞋子里，把鞋子放到篮子里"）；记住一系列事情是很复杂的，需要工作记忆和计划能力，3岁儿童仍在发展这些技能

语　　言

学步期是语言快速发展的时期，也是语言发育迟缓首次出现的时期，因此也是可以通过早期干预最有效地解决迟缓问题的时期。语言发育迟缓是最常见的发育迟缓的类型；10%~20%的学步儿会比同龄人更晚学会说话（American Speech, Language, Hearing Association，2020）。这种延迟可能是暂时的，有些儿童在3—5岁时会赶上同龄人，但是这种延迟也可能是一种更普遍的疾病的迹象。尽管每个发展里程碑都有一个范围，而且儿童以自身的速度发展，但能够识别可能发生的语言发育迟缓是至关重要的，以便婴幼儿能够得到其发展所需的支持。语言发育迟缓会影响到婴幼儿的社会性、情感和认知发展，以及新出现的识字能力的发展。语言和交流技能（包括社交前兆），都是识别发育障碍的关键。表B.7列出了在关键的年龄段可以识别的危险信号（可能存在延迟或障碍的指标），以及可能令家长或教师担忧但实际是正常发展的错误警报。接受性语言（理解力）或表达性语言方面的危险信号都值得关注，特别是当婴幼儿在这两方面都存在危险信号时。如果你在同一时间看到两个或更多的指标，请立即与婴幼儿的家长进行沟通。

表 B.7　语言发展的危险信号和错误警报

年龄	社交前兆和接受性交流中的危险信号	表达性交流中的危险信号	错误警报
3个月	对响亮的声音没有反应；不看旁边正在动的物体	不对他人（或偶尔）微笑；不咕咕叫或发出任何声音	在照护者说话时没有发声回应，小婴儿还不能协调地与人对话。对自己的名字没有反应，婴儿刚刚开始理解语言是有意义的，但还没有学会自己的名字
6个月	对近处的声音没有反应	没有表现出对照护者的喜爱；很少发出声音，如发出咕咕声、元音（啊、嗯、哦）、笑声或尖叫声	不懂"不"的意思，婴儿还在学习普通词汇的含义；不会咿呀学语（"爸爸爸"），但这很快就会出现，婴儿会先发出元音，然后用嘴唇发出辅音（bbbb，ppp），再把它们组合到一起
9个月	对自己的名字没有反应；不看你指的地方	不会咿呀学语（"妈妈""爸爸""大大"）	不会用手指或挥手，一些婴儿很早就会使用手势，但很多婴儿要等到1岁左右才会使用手势；不会模仿别人的声音或手势，婴儿在1岁以后才会模仿他人；不说任何话，大多数婴儿在1岁左右才会说出第一个真正意义的字
12个月	不看你指的地方；不会通过眼神交流来看你在看什么	不会说"妈"或"爸"之类的单字；很少使用任何手势（如指、挥手或展示等手势）	只使用一两个词，大多数1岁婴幼儿只会根据他们每天看到的物体，说几个有真实意义的词；不太理解你说的话，在接下来的6个月里，婴幼儿会开始理解更多的话语
18个月	不模仿别人的行动	使用很少的手势；使用少于6个字词；不学习新词；沟通能力退步	主要通过咕哝和指指点点进行交流，学步儿心里的想法比嘴里的语言多，所以他们用其他方式进行交流
24个月	不遵守简单的指令；不模仿他人的行动	还不会使用两个字的短语；不会模仿别人的话；沟通能力退步	不会说完整的句子，很多2岁儿童只是把两三个词组合在一起
36个月	有限的假装游戏；不能遵循三段指示；对与同伴玩耍不感兴趣；很少有眼神接触	不会说句子；所说的话难以理解；沟通能力退步	没有正确使用"我"或"你"，学习代词对这个年龄的孩子来说可能很复杂

附录 B 行为与发展中的危险信号和错误警报（DVL-K4）

社 会 性

在婴儿期，社会互动主要存在于婴儿及其照护者之间；而在学步期，学步儿的社会注意力开始向同伴的身上转移。婴儿期社交技能的延迟将影响沟通技能的发展，而沟通和语言的延迟往往会影响婴幼儿与同伴的社交技能以及情绪调节能力的发展。早期社交技能的延迟也可能是自闭症谱系障碍的征兆，这在"语言"部分有所描述。

表 B.8 社交技能的危险信号和错误警报

年龄	危险信号	错误警报
2 个月	不看他人，也不对人脸表现出兴趣	不对人微笑，很多婴儿在 3—4 个月时才第一次露出社交性微笑
4 个月	不对他人微笑	不认识熟悉的人，也不表现出对照护者的偏爱——婴儿刚刚开始认识他们熟悉的人
6 个月	不对照护者表示喜爱	对自己的名字没有反应——婴儿刚刚开始理解言语是有意义的，还没有学会自己的名字
9 个月	不与照护者玩任何有来有往的游戏；对自己的名字没有反应；似乎不认识熟悉的人；不看你指的地方	不知道"不"的含义——婴儿还在学习普通词汇的含义
12 个月	不指着任何物品；对自己的名字没有反应	在陌生人面前害羞或紧张——这完全是正常的，并让你知道他们知道自己熟悉的人是谁
18 个月	不指东西给他人看；不模仿他人；似乎不注意或不关心照护者何时离开和返回	不想和其他儿童一起玩——很多年龄较小的学步儿喜欢独自玩耍或和成人一起玩耍，因为这个年龄的学步儿不具备共同玩耍的社交技能和语言技能
24 个月	不会模仿动作或语言；失去曾经拥有的一些社交技能	对其他儿童有攻击性——很多学步儿用身体而不是语言来交流，他们还不明白自己的行为是如何伤害别人的。违抗成人——2 岁的婴幼儿正在学习坚持自己的观点。这被认为是一个重要的发展里程碑
36 个月	不愿与其他儿童一起玩耍或一起玩玩具；不与他人进行眼神交流；失去曾经拥有的一些技能	分不清什么是真实的，什么是假装的——年龄较大的学步儿仍在了解故事和电视节目，以及这些与现实的区别

全书参考文献[1]

Ainsworth, Mary. 1979. "Infant-Mother Attachment." *American Psychologist* 34(10): 932–37.

Bowlby, John. 1982. *Attachment and Loss*. Vol. 1. 2nd ed. New York: Basic Books.

Bronfenbrenner, Urie. 2005. *Making Human Beings Human: Bioecological Perspectives on Human Development*. Los Angeles: Sage.

Dewey, John. 1933. *How We Think: A Restatement of the Relation of Reflective Thinking to the Educative Process*. Chicago: Regnery.

Heckman, James J. 2008. "The Case for Investing in Disadvantaged Young Children." In *Big Ideas for Children: Investing in Our Nation's Future*, 49–58. Washington, DC: First Focus.

Pawl, Jeree H., and Maria St. John. 1998. *How You Are Is as Important as What You Do . . . in Making a Positive Difference for Infants, Toddlers and Their Families*. Washington, DC: Zero to Three.

Sameroff, Arnold J. 2009. "Conceptual Issues in Studying the Development of Self-Regulation." In *Biopsychosocial Regulatory Processes in the Development of Childhood Behavioral Problems*, edited by Sheryl L. Olsen & Arnold J. Sameroff(1–18). Cambridge: Cambridge University Press.

Bates, Celeste C., Stephanie Madison Schenk, and Hayley J. Hoover. 2019. "Quick and Easy Notes: Practical Strategies for Busy Teachers." *Teaching Young Children* 13 (1).

Bretherton, Inge. 1990. "Communication Patterns, Internal Working Models, and the Intergen-

---

[1] 为了环保,也为了节省您的购书开支,本书参考文献不在此一一列出。如果您需要完整的参考文献,请通过电子邮箱 1012305542@qq.com 联系下载,或者登录 www.wqedu.com 下载。您在下载中遇到问题,可拨打 010-65181109 咨询。

erational Transmission of Attachment Relationships." *Infant Mental Health Journal* 11 (3): 237–52.

Brown, Kirk Warren, and Richard M. Ryan. 2003. "The Benefits of Being Present:Mindfulness and Its Role in Psychological Well-Being." *Journal of Personality and Social Psychology* 84 (4): 822–48.

Esaki, Nina, and Heather Larkin. 2013. "Prevalence of Adverse Childhood Experiences (ACEs) among Child Service Providers." *Families in Society: The Journal of Contemporary Social Services* 94 (1): 31–37.

Gibbs, Graham. 1988. *Learning by Doing: A Guide to Teaching and Learning Methods*.Oxford: Oxford Center for Staff and Learning Development, Oxford University.

Grazzani, Ilaria, Veronica Ornaghi, Alessia Agliati, and Elisa Brazzelli. 2016. "How to Foster Toddlers' Mental-State Talk, Emotion Understanding, and Prosocial Behavior: A Conversation-Based Intervention at Nursery School." *Infancy* 21 (2): 199–227.

Kim, Sohye, Peter Fonagy, Jon Allen, and Lane Strathearn. 2014. "Mothers' Unresolved Trauma Blunts Amygdala Response to Infant Distress." *Social Neuroscience* 9 (4): 352–63.

Kwon, Kyong-Ah. 2019. "Are Early Childhood Teachers Happy and Healthy?" Jeannine Rainbolt College of Education at the University of Oklahoma.

Kwon, Kyong-Ah, and Lieny Jeon. 2019. "Happy Teacher Project: Supporting Early Childhood Teachers' Physical, Psychological, and Professional Well-Being." Presentation at Child Care and Early Education Policy Research Consortium, Washington, DC.

Lomanowska, Anna M., Michel Boivin, Clyde Hertzman, and Alison Fleming.2017. "Parenting Begets Parenting: A Neurobiological Perspective on Early Adversity and the Transmission of Parenting Styles across Generations." *Neuroscience* 342 (7): 120–39.

Muzik, Maria, Katherine L. Rosenblum, Emily A. Alfafara, Melisa M. Schuster,Nicole M. Miller, Rachel M. Waddell, and Emily Stanton Kohler. 2015. "Mom Power: Preliminary Outcomes of a Group Intervention to Improve Mental Health and Parenting among High-Risk Mothers." *Archives of Women's Mental Health* 18 (3): 507–21.

Slade, Arietta. 2005. "Parental Reflective Functioning: An Introduction." *Attachment & Human Development* 7 (3): 269–81.